勤思・善学・跨越

上海市第一届自闭症教育科学研究成果集

上海市自闭症儿童教育指导中心 主编

上海社会科学院出版社
SHANGHAI ACADEMY OF SOCIAL SCIENCES PRESS

编委会

主　编

沈志萍　吴筱雅

编　委

（以姓氏笔画为序）

于素红　马红英　王和平　刘春玲

沈志萍　吴筱雅　陈莲俊　昝　飞

编辑校对

（以姓氏笔画为序）

王闻馨　祝泽红　桂　潞　梅媛媛

序

这是需要特殊关注的群体——自闭症,也称孤独症,是一种神经性发育障碍,以社交交流和社交互动缺陷,行为模式、兴趣或活动刻板为主要特征,这类儿童也常被称为"星星的孩子"。近年来,全球自闭症发病率呈逐年上升趋势,有越来越多的自闭症儿童进入我们的视野,给教育工作带来许多新问题、新挑战和新机遇。随着对这些孩子越来越深入的关注,他们在沟通、社交和行为方面不同于常人的表现被了解,他们拥有的梦想、渴望也被逐渐理解和接纳。

作为教育工作者,我们有责任和义务,用爱心和专业,帮助他们发掘潜能,为他们提供更有针对性的支持与服务。20世纪90年代,上海的特殊教育工作者就开始探寻并摸索适合自闭症儿童的教育。近年来,上海不断加强优质教育与康复资源的建设与整合,保障包括自闭症儿童在内的所有特殊儿童在进行医教结合的综合评估后,都能根据不同的障碍类型和程度,进入特教学校、普通学校特教班、普通学校随班就读,或者为他们提供送教上门服务。同时,我们也持续深化自闭症儿童教育服务,组织教师参与自闭症教育方面的通识培训和专题培训,不断深入研究自闭症儿童教育重难点问题,积极促进自闭症儿童适宜融合发展。2024年,全市第一所专门招收自闭症儿童的特殊教育学校创立,开始自闭症儿童教育的新模式和新路径的新探索。

为进一步提升特殊教育专业指导与服务水平,为自闭症儿童群体提供更有针对性的教育教学及相关服务,上海市教委于2020年12月决定建立"上海市自闭症儿童教育指导中心"。2021年1月8日,上海市自闭症儿童教育指导中心正式在宝山区成立,这是中国大陆地区第一家省级教育行政部门成立的自闭症儿童教育指导中心。该中心的成立,旨在集中更多优质资源和专家力量,开展自闭症儿童教育研究、指导、培训和服务,提升自闭症儿童教育康复干预质效。该中心的成立对于破解自闭症儿童的教育难题有着重要意义,致力于突破瓶颈、探索新路、分享经验、普及推广,承担起上海在自闭症儿童教育领域"排头兵"的重任。

该中心成立以来,努力践行以课题兴教学、以科研促发展的理念,结合自闭症儿童教育实践开展了系列化的教科研工作。2021年5月,上海市自闭症儿童教育指导中心首次面向全市教师组织开展自闭症教育科学研究课题申报工作,通过开题指导、中期辅导、中期论证、结题辅导、结题论证等环节成功推进了19项课题顺利结题。为促进课题研究成果推广与交流,又将该19项自闭症教育科研课题的结题报告提炼总结为优秀成果,结集出版。

纵览该成果集,具有三个鲜明特点。

一是专业性。在两年多的时间里,上海市自闭症儿童教育指导中心特别聘请华东师范大学特殊教育领域6名专家为19名课题负责人进行了全程陪伴式的一对一指导,从研究内容的确定、研究方法的设计、研究成果的撰写等多方面提供支持,保证了研究开展的科学性、规范性和专业性。

二是丰富性。课题成果集收录的19篇成果,内容上不仅聚焦到了自闭症儿童的社交沟通核心症状,还涵盖了自闭症儿童情绪行为问题的干预、自闭症儿童课堂教学的实施、自闭症儿童转衔服务与职业教育,以及自闭症儿童家庭支持与陪读指导等多个领域。

三是实践性。本成果集的19名课题负责人大多是一线的教师,还有少数是一线的教育管理者,他(她)们脚踏实地、深耕实践,从自闭症儿童教育教学的真问题出发,进行真研究,不懈探索,力求找到解决问题的真办法。

本成果集的出版能够为包括特殊教育教师、资源教师、特教班教师等在内的众多一线教育工作者们提供有益参考和借鉴。同时,也希望通过本课题成果集的分享与推广,激发更多教育工作者投身于自闭症儿童教育的科学研究,拓宽教育视野和思路,共同推动上海市自闭症儿童教育的发展,为自闭症儿童提供更优质的教育,成就自闭症儿童的精彩人生。

杨振峰

(上海市教育委员会副主任,教授)

2024年11月

目 录

序 ·· 001

■ 自闭症儿童社交与沟通 ■

运用同伴介入提升自闭症儿童社交技能的个案研究 / 王沙 ················ 003
适应性体育活动对自闭症儿童社会交往能力的影响 / 胡铭玮 万蓓等 ······ 015
阶梯式疑问句训练策略提升自闭症儿童主动使用特指问句提问能力的干预
　研究 / 金黎明 ··· 028
融合教育中同伴介入对于自闭症学生的干预研究 / 姚秦 ··················· 042
随班就读阿斯伯格学生同伴关系个案干预研究 / 郑苏雯 ··················· 052

■ 自闭症儿童情绪行为问题 ■

自闭症谱系障碍儿童饮食问题行为的现状与干预研究 / 许烨 ··············· 069
基于积极行为支持的自闭症学生青春期问题行为的干预研究 / 黎和敏 ······ 091
辅读学校自闭症学生问题行为干预机制与策略的实践研究 / 马占刚 ········ 106
知觉动作训练改善自闭症谱系障碍学生情绪行为的实践研究 / 曾庆 ········ 121
以主题绘本为载体开展中度自闭症儿童掌握情绪管理策略的个案
　研究 / 倪蕴 冯晶 ··· 142

■ 自闭症儿童课堂教学 ■

集体教学环境中自闭症儿童识字教学干预策略研究 / 张燕 …………… 161
RDI 游戏教学在自闭症学生数学教学中的运用研究 / 王懿 …………… 177
运用"涂鸦"手段支持自闭症学生美术学科融合教育的个案研究 / 朱莹姣 …… 190
录像示范法对自闭症儿童轮流行为的干预研究 / 浦德豪 …………… 205

■ 自闭症儿童转衔服务与职业教育 ■

随班就读自闭症学生义务教育阶段转衔服务的探索与实践 / 范珂佳 ……… 221
《自闭症学生职业教育项目式教学指导手册》编制与实施研究 / 沈立 …… 234

■ 自闭症儿童家庭支持与陪读指导 ■

个人工作系统应用于自闭症幼儿家庭训练的案例研究 / 蔡家春 ………… 255
积极行为支持理念下自闭症家庭教育指导工作体系的构建与
　实践 / 王志琴 …………………………………………………… 267
小学自闭症学生陪读人员指导策略研究 / 盛萍 ……………………… 280

编后语 ………………………………………………………………… 293

自闭症儿童社交与沟通

运用同伴介入提升自闭症儿童社交技能的个案研究

王 沙[*]

摘 要：为了解同伴介入对自闭症儿童社交技能的影响，本研究采用单一被试方法，对两名个案实施了同伴介入的社交技能训练。结果表明，同伴介入的社交技能训练显著提升了自闭症儿童的社交技能，表现在：社交技能目标行为的增加、社交行为独立性的增强、口语表达频率的提高和社交技能应用的多样化。然而，这些促进效果在个体之间存在一定的差异性。根据这一研究，得到了以下启示：拓展同伴群体和优化同伴培训、根据自闭症儿童特征开发个性化的干预方案、密集且一致的实施干预等。

关键词：同伴介入 自闭症儿童 社交技能

一、研究背景

社交技能的缺陷给自闭症儿童的学习、生活带来了巨大的挑战，使他们难以与他人建立关系、融入集体、回归社会。同伴介入法是指由研究者训练有社交能力的普通儿童，通过指导他们与自闭症儿童建立恰当的社交模式、强化自闭症儿童合适的社交行为，从而提高自闭症儿童社交能力的一种干预方法（Heather，2006）。它是一种技能取向的方法，以行为主义和社会学习理论为基础，强调利用多种同伴介入形式，通过强化自闭症儿童合适的社交行为来提高他们的社交技能。目前，国内已经有众多利用同伴为中介，开展自闭症儿童社交技能训练的实践研究，均证实这种方法不仅能够显著提高自闭症儿童的社交技能，还有利于技能的迁移和长期保持（郑群山，2017；廖进，2019；田金来，2014；邓欢，2021 等）。

为探究在辅读学校中，同伴介入对自闭症儿童社交技能的影响，本研究选取了上海市某辅读学校中的两名自闭症儿童为研究对象，选取一名轻度智力障碍的脑

---

[*] 作者单位上海市青浦区辅读学校

瘫儿童作为同伴。用单一被试设计进行干预研究，以期为自闭症儿童的社交技能教学提供实践参考。

二、研究方案

（一）研究个案

根据需要，依据教师访谈和预观察的结果，选取了同一班级的两名自闭症儿童作为研究个案。研究个案信息汇总见表1。

表1 研究个案信息汇总

基本信息	能力现状	社交技能发展现状	
个案A，男，8周岁3个月，3年级，中度自闭症，伴有注意力缺陷多动，情绪比较稳定	能命名并正确使用常见的玩具、物品等；具有观察、模仿能力，对成人的语言、动作模仿最佳；喜好操作类任务，能理解言语指令并执行	发起交往	
		优势	劣势
		1. 在教师的言语引导下，能够说"你好"或者跟同学挥挥手； 2. 能够在教师的言语或者动作示范后，用恰当的方式向同伴提要求或者邀请同伴	独立性差，需要引导和辅助。基本上只有在面对小乐时，才会主动发起交往
		回应交往	
		优势	劣势
		1. 当同伴获得他的注意后再发起互动，他能用恰当的语言或行为回应同伴打招呼、叫名字； 2. 基本采用动作回应他人的要求，会用"不要"来回应特别厌恶的要求； 3. 在教师的言语或动作示范的辅助下，能够回应同伴的邀请	能回应"王××你好""你好"和叫名，其他开启方式他都无法恰当回应；很少用语言回应同学的要求
个案B，男，7周岁11个月，3年级，重度自闭症，伴有注意力缺陷多动，情绪比较稳定	能命名并正确使用喜欢的玩具、物品等；在喜欢的活动中，会观察和模仿同伴；能理解	发起交往	
		优势	劣势
		能够在教师言语示范的辅助下，用挥挥手的方式打招呼、再见，偶尔能够出现鹦鹉学舌式的词语回应	独立性差，主动性差

(续表)

基本信息	能力现状	社交技能发展现状		
	简单的言语指令，配合度不高	回应交往		
		优势	劣势	
		1. 当同伴获得他的注意后再发起互动，他能用恰当的语言或行为回应同伴打招呼、叫名字； 2. 基本采用动作回他人的要求，会用"不要"来回应特别厌恶的要求； 3. 在教师的言语或动作示范的辅助下，能够回应同伴的邀请	能回应"王××你好""你好"和叫名，其他开启方式他都无法恰当回应；很少用语言回应同学的要求	

分析上表可知，个案 A 基本具备了回应社交的技能，但发起交往的技能较差。个案 B 的社交技能相对较弱，回应社交的独立性差、方法单一。

研究选取了两名个案的同学小乐作为同伴，她是一名脑瘫儿童，轻度智力障碍。口齿清晰，具有良好的言语理解和表达能力。理解并能遵守社交规则，平时在班级里就像大姐姐一样，爱护、照顾着其他同学，并能够积极主动地和两名个案交流。具有良好的社交技能，特别是在发起交往和回应交往方面能力很突出，能够用语言恰当地应对各种发起和回应交往的情境。两名个案也都很乐意跟小乐互动，尤其个案 B，在预观察中出现的极少数的主动交流，对象都是小乐。

（二）研究设计

1. 研究的自变量

根据同伴介入理念，以及预观察中获得的个案日常社交情境，研究者开发了包含 24 次干预的《同伴介入自闭症儿童社交技能训练项目》。每次干预都由主题式教学和团体游戏组成，主题式教学包括《我会打招呼》《我会邀请》《我会提要求》3 个主题，每个主题中包括回应和发起两部分。根据个案的喜好确定了团体游戏的内容，包括"玩沙子""钓鱼""木头人""我说你做"等。

2. 研究的因变量

本研究中，社交技能是指言语的或非言语的，能促进个体适应社会环境的人际反应，是个体主动学习的、能被社会接受的、能与他人产生良好互动的行为。基于本研究中个案的社交发展水平和需求，将发起和回应交往确定为目标技能。发起交往指在特定的情境中,运用符合社会规则的言语、动作,向同伴发起互动的行为;回应交往指在特定的情境中,运用符合社会规则的言语、动作,回应同伴交往的行为。社交技能的具体界定、目标行为举例详见表2。

表2 本研究中的目标技能界定及行为举例

目标技能	界定	目标行为举例
发起交往	指能够在特定的情境中,运用符合社会规则的言语、动作,向同伴发起互动的行为	打招呼 1. 用"早上/下午好""你好""我是……"等言语向他人打招呼; 2. 用摆摆手、看向某人、对着某人微笑等动作向他人打招呼
		邀请 1. 用"一起玩""过来玩""玩""给"等言语邀请同伴一起玩; 2. 用招手、拿玩具给同伴,一手拿玩具一手拉同伴等动作邀请同伴一起玩
		要求 1. 用"帮我……""我要……""要""飞"等言语的方式,向同伴提要求; 2. 用动作(比如拉别人手去拿某物品、指着物品等)提要求;
回应交往	指在特定的情境中,运用符合社会规则的言语、动作,回应同伴交往的行为	回应打招呼 1. 用"早上/下午好""你好""我是……"等言语回应打招呼; 2. 用摆摆手、看向某人、对着某人微笑等动作回应他人的打招呼
		回应邀请 1. 用"嗯""好""好的""我不要"等言语回应他人的邀请; 2. 用摆摆手、摇头、点点头、参与游戏或活动的行动等,来回应他人的邀请
		回应要求 1. 用"嗯""好""好的""不要"等言语回应他人的求助; 2. 用摇头、摆手,或者提供帮助的行动来回应他人的求助

3. 研究的过程及实施

本研究采用单一被试的A-B研究范式,主要包括基线期和处理期。基线期共持续两周,每周一到四,在每天自由游戏和小组活动时间(共105分钟),采用非参与式的观察,收集个案社交技能目标行为的数据。并运用示范、角色扮演、强化等策略,对小乐进行了密集的指导。旨在帮助她掌握以下技能:引起个案的注意、向个案发起互动、辅助和奖励个案的行为。

处理期共持续八周,每周3次、每次40分钟,实施同伴介入干预方案。方案的实施,主要包括主题式教学和团体游戏两个环节。主题式教学以教师为主导,使用绘本和视频等材料,运用示范、角色扮演(教师—同伴、同伴—个案)、强化等策略,教授个案和同伴社交技能。在团体游戏中,同伴要在教师营造的游戏情境中,运用主题式教学中学习的技能,与自闭症儿童建立关系,恰当回应、强化他们的行为,帮助他们提升社交技能。在每周四自由游戏和小组活动时间(共105分钟),采用非参与式的观察,收集个案社交技能目标行为的处理期数据。

(三)研究数据的收集与分析

研究者设计了《自闭症儿童社交技能观察记录表》来收集数据和信息。该表包括:基本信息(个案姓名、观察日期、观察时间段、观察记录人员),个案社交技能目标行为的信息(序号、发生的情境、具体行为、有无辅助)。具体见表3。

表3 自闭症儿童社交技能观察记录表

个案姓名_____ 观察日期_____ 观察时间段_____ 观察记录人员_____

序号	发起/回应	类型		有无辅助	
		口语	动作	独立	有辅助

研究结合使用折线图和单一被试实验数据分析的 C 统计方法,处理数据、分析研究结果。并采用半结构化的访谈,对同伴介入自闭症儿童社交技能的社会效度进行考察。

三、研究结果与分析

(一)个案社交技能的研究结果与分析

1. 个案 A 社交技能的研究结果与分析

根据所得数据,绘制了个案 A 社交技能目标行为发生次数变化的折线图(见图1),采用单一被试实验数据分析的 C 统计(简化时间序列分析)方法检验了基线期和处理期数据的差异(见表4)。

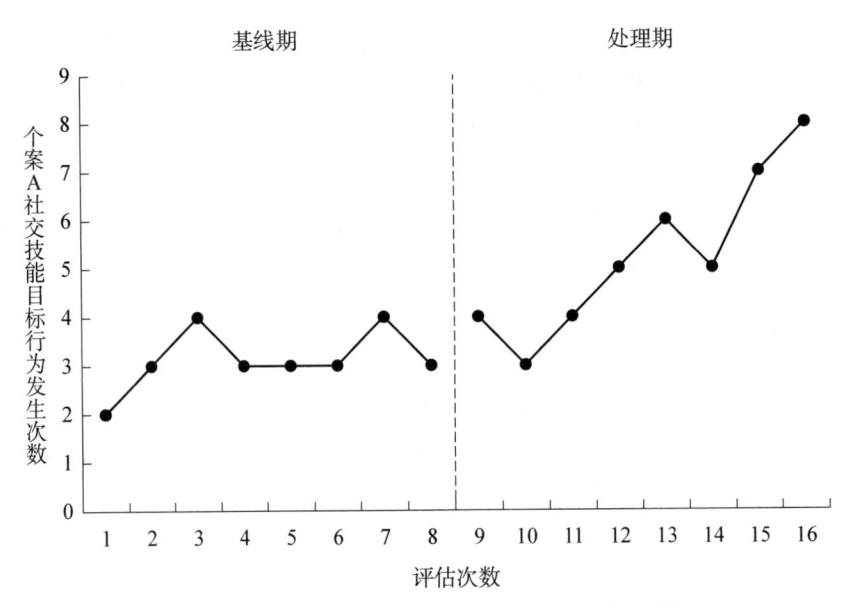

图 1 个案 A 社交技能目标行为发生次数变化折线图

表 4 个案 A 社交技能目标行为发生次数 C 统计

研究阶段	M	C	S_c	Z
基线期	3.125	0.2345	0.3086	0.7599
处理期	5.25	0.6877	0.3086	2.2285**
基线期+处理期	4.1875	0.7873	0.2343	3.36**

注：其中 * 代表 $p<0.05$，** 代表 $p<0.01$，+表示把两期数据作为一个整体进行分析；$Z=C/SX$，$Z(n=8)$ 的临界值，$a_{.01}=2.1664$，$a_{.05}=1.6486$；$Z(n=16)$ 的临界值，$a_{.01}=2.2423$，$a_{.05}=1.6492$；以下表同。

由表 4 可知，基线期个案 A 的社交技能目标行为发生次数的 Z 值为 0.754，未达到 0.05 的显著水平。说明，基线期个案 A 的社交技能目标行为的发生次数是随机分布的。处理期个案 A 社交技能目标行为发生次数的 Z 值为 2.2113，达到了 0.01 的显著水平。基线期和处理期的社交技能目标行为发生次数的 Z 值为 3.36，达到 0.01 的显著水平。结合图 1 可说明，个案 A 基线期和处理期数据的发展趋势存在极显著的差异，处理期他的社交技能目标行为的发生次数呈现出稳定的上升趋势。

个案 A 社交技能目标行为的独立性、类型分布情况见表 5。分析表 5 发现，干预后个案 A 社交技能的提高比较明显。第一，社交技能目标行为的平均发生次数从 3.1 次，提升到了 5.3 次。第二，社交技能的独立性提高比较明显。独立完成的次数从 5 次增长为 17 次，所占各期总发生次数的比率从 20% 提高到 40.5%。第三，社交的主动性增加了。主动发起社交的行为从 5 次增长到 12 次，所占各期总发生次数的比率从20%提升到28.57%。第四，社交中使用口语的频率增加了，从16次增长为35次，所占各期目标行为总发生次数的比率由64%增长到了83.3%。

表5 个案A社交技能目标行为的独立性、类型分布情况

独立程度		案例A			
		基线期		处理期	
自主独立完成	发起	0次	20%	4次	40.5%
	回应	5次		13次	
辅助下完成	发起	5次	80%	8次	59.5%
	回应	15次		17次	
总数		25次		42次	
行为类型		基线期		处理期	
口语		16次	64%	35次	83.3%
动作		9次	36%	7次	16.7%
总数		25次		42次	

2. 个案B社交技能的研究结果与分析

根据所得数据，绘制了个案B社交技能目标行为发生次数变化折线图（见图2），采用单一被试实验数据分析的C统计（简化时间序列分析）方法检验了基线期和处

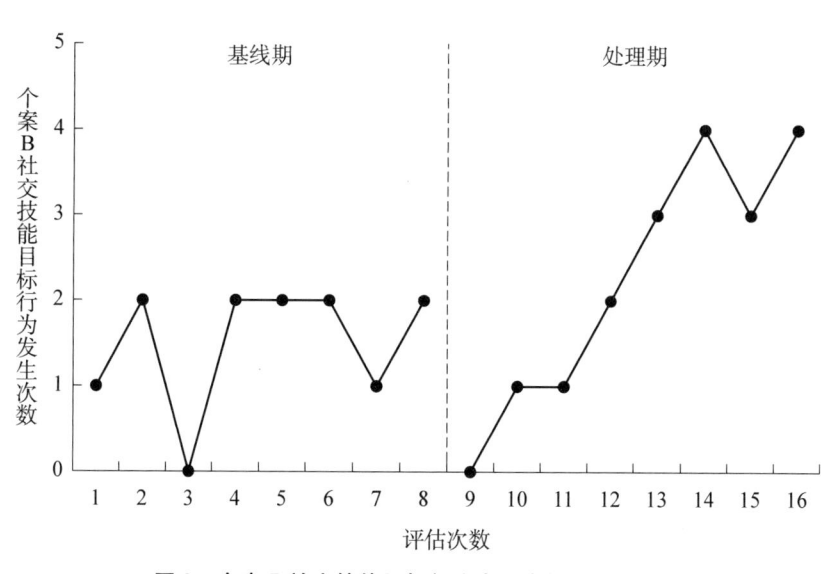

图2 个案B社交技能目标行为发生次数变化折线图

理期数据的差异(见表6)。

表6 个案B社交技能目标行为发生次数C统计

研究阶段	M	C	S_c	Z
基线期	1.5	0.125	0.3086	0.4051
处理期	2.25	0.8047	0.3086	2.6076**
基线期+处理期	1.875	0.5172	0.2343	2.2074*

由表6可知,基线期个案B社交技能目标行为发生次数的Z值为0.4051,未达到0.05的显著水平。这说明,基线期个案B社交技能目标行为发生的次数是随机分布的。处理期个案B社交技能目标行为发生次数的Z值为2.6076,达到了0.01的显著水平。基线期和处理期社交技能目标行为发生次数的Z值为2.2074,达到0.05的显著水平。结合图2可说明,个案B基线期和处理期数据的发展趋势存在显著的差异,他的社交技能目标行为发生次数在处理期第四次,开始超越基线期并逐渐上升,第五次时超越了处理期的平均值。

个案B社交技能目标行为独立性、类型分布的情况见表7。分析表7发现,干预后个案B的社交技能有提升。首先,社交技能目标行为的平均发生次数,从1.5次提升到了2.25次。其次,社交技能的独立性有提升。独立完成的次数从0次增长为7次,所占各期总发生次数的比率从0%提高到38.89%。最后,社交中口语

表7 个案B社交技能目标行为独立性、类型分布的情况

独立程度		案例B			
		基线期		处理期	
自主独立完成	发起	0次	0	2次	38.89%
	回应	0次		5次	
辅助下完成	发起	3次	100%	2次	61.11%
	回应	9次		9次	
总数		12次		18次	
行为类型		基线期		处理期	
口语		5次	41.7%	10次	55.6%
动作		7次	58.3%	8次	44.4%
总数		12次		18次	

的运用频率增加了,从 5 次增长为 10 次,所占各期目标行为总次数的比率由 41.7%增长到了 44.4%。

(二)干预成效的质性分析

个案 A 在接受了干预后,其社交技能得到了明显的提升。第一,发起和回应社交的次数增加了,技能的独立性也有了明显的提升,运用口语发起或回应社交的行为大幅增加。个案 A 会用"我要玩……"等简单的语句,要求自己喜欢的物品(最常见的是食物、沙盘玩具)或活动(最常见的是户外骑车、"毛毛虫爬呀爬"的游戏、看动画)。在遇到困难时,他会用"太难了"来求助老师。也会走到同伴小乐跟前,用言语或行动要求帮忙。他会用"来玩、来"或者叫别人名字配合勾手指的动作,邀请别人一起玩。他能够用"不要……""王××不要……"等语句,明确表示拒绝。会用"××好"主动跟自己喜欢的教师和同学打招呼,也能用语言恰当地回应其他教师和同学的问候。第二,社交技能的运用上呈现出了多样性、灵活性。干预前个案 A 的社交行为主要集中在简单的打招呼和回应上。而干预后他能够使用更复杂的社交技能了,如主动提要求、邀请他人参与游戏、表达拒绝等。

个案 B 在接受了干预后,其社交技能也有提高。第一,社交技能目标行为的发生次数增长很明显,但独立性变化不是很大。多数情况下都需要教师的引导或示范,只有在面对特别喜欢的食物、玩具或活动时,会出现主动要求的行为。第二,表现出了对同伴的关注和模仿,比如当他发现一个学生举手回答问题获得老师的零食奖励后,他就会迫不及待地举起手。第三,在理解他人社交行为的意图方面有进步,能够更好地识别同伴的邀请和要求,并作出相应的反应,如在同伴提出请求时能够通过点头或摇头来表达自己的意愿。

四、讨论与建议

(一)同伴介入对自闭症儿童社交技能的影响

1. 同伴介入对自闭症儿童社交技能的发展有促进作用

本研究采用单一被试研究设计,通过对比分析,证实了同伴介入法在提升自闭症儿童社交技能方面的显著效果。首先,同伴介入提升了自闭症儿童社交的独立性。两名个案在干预后均显示出社交技能独立性的提升,表明同伴介入法不仅增加了社交行为的发生频次,也促进了自闭症儿童在社交互动中的自主性,这对于他们长期的社会适应具有重要意义。其次,同伴介入提升了自闭症儿童口语交流的能力。特别是个案A在干预后口语交流的使用频率显著增加,这可能与同伴介入法中语言模仿和社会交流机会的增加有关。最后,同伴介入发展了自闭症儿童社交技能应用的多样性和灵活性。特别是个案A,他的社交行为在基线期主要是简单的打招呼和回应,而到了处理期,他能够使用更复杂的社交技能,如主动提出要求、邀请他人参与游戏、拒绝他人等。

选取的同伴合适,且对同伴进行的培训有效。选取的同伴性格特征鲜明,非常有利于开展同伴介入,小乐如大姐姐般照顾着两名个案,把干预潜移默化地迁移到了个案的日常生活中,为个案提供了更多的社交支持和契机。研究者对同伴进行了系统的培训,包括与自闭症儿童互动、强化自闭症儿童的社交行为、在不同的社交情境中提供适当的支持等,对提升同伴与自闭症儿童交流交往的能力非常有效。

本研究实施的干预密集且一致。干预集中在8周内,以每周三次的频率开展。这样集中密集的干预,帮助我们的个案在短时间内习得了发起和回应社交的基础技能。干预每次实施的过程是明确且固定,确保了干预实施的一致性。干预情境源于真实生活,确保了干预与现实生活之间的一致性。这样密集且一致的干预,有助于自闭症儿童更好地理解和习得目标社交技能。

2. 同伴介入对自闭症儿童社交技能的促进作用存在个体差异

同伴介入对个案A与个案B产生的效果存在差异,与两方面的原因相关。第一,个案的初始社交技能水平、个性特点,导致他们对干预的适应性不同。第二,干预项目与个案的适配度不同,导致个案在干预中的收获不同。

个案的初始社交技能水平、个性特点,是产生干预效果差异的主要原因。首先,个案A由于具备一定的社交技能基础,能够更快地适应同伴介入的干预措施,其社交技能目标行为的发生次数迅速提升,并很快就呈现出了稳定上升的趋势,并且随着时间的推移,增长的趋势愈加明显。个案B由于社交技能基础较弱,需要更长的时间来适应干预措施,社交技能的提升过程也较为缓慢,且在某些时段出现了波动。其次,个案A的情绪稳定且配合度高,个案B的配合度不高。个案A的高配合度,使得他能够更好地参与和响应社交技能训练,在短时间内就习得了目标技能。而配合度不高的特性,导致个案B在干预初期的适应性和反应上存在困难,技能习得缓慢且不顺利。再则,两名个案虽然都伴有注意力缺陷多动障碍,但是个案A的注意力发展水平明显高于个案B,在同伴介入这种需要通过观察和模仿同伴,习得良好的社交行为的干预中,个案A的表现会更加优秀。

干预活动虽然是根据两名个案的喜好选择和设计的,但每个活动的内容与两名个案的适配度不同,导致他们的参与度不同,最终的干预成效也不相同。本研究中,两名个案在某些干预中的表现就证实了这一点。比如个案A在处理期的第2

次(捡树叶)和第 6 次(抓滚动的小球)干预中的参与度不高,个案 B 处理期的第 1 次(木头人)、第 2 次(捡树叶)、第 3 次(搭积木)、第 4 次(抓气球)、第 7 次(天黑请闭眼)干预中的参与度不高。

(二) 同伴介入自闭症儿童社交技能训练的建议

1. 拓展同伴群体,优化同伴的培训

本研究的结果证实,同伴的选择和培训对干预效果的影响显著,建议进一步优化同伴选择的标准和培训程序,以提高同伴介入的有效性。同时拓展同伴群体,让自闭症儿童感受到更多的支持和指导,也创造更多的社交契机,帮助他们迁移、泛化社交技能。

2. 根据自闭症儿童的特征开发个别化的干预方案

未来的研究应当深入分析个案,以识别影响干预效果的核心要素,如初始社交技能水平、个性特征等。基于这些分析结果,开发出更加个性化、针对性更强的干预方案。为自闭症儿童提供更符合其个人需求的支持,如现实生活中的社交指导、创造丰富的练习机会以及持续的支持与引导,以提高干预计划的适应性和有效性。

3. 干预的实施要密集且一致

持续而密集的同伴介入训练对于自闭症儿童的社交技能训练至关重要,这有助于他们掌握新技能。同时,干预的一致性能够增强其可接受性和持续性,有利于自闭症儿童将目标社交技能迁移和泛化到日常生活中,从而不断提升其社交能力。

(指导专家:马红英)

■ 参考文献

[1] Weiss M J, Harris S L. Teaching Social Skills to People with Autism [J]. Behavior Modification, 2001,25(5):785 - 802.

[2] Jennifer Holloway, O. H., Martina Dwyer & Sinead Lyndon, Social Skills Deficits in Children with Autism Spectrum Disorders: Evidence Based Interventions, in Comprehensive guide to autism [M]. New York: Springer, 2014:1133 - 1158.

[3] 顾泳芬,贺荟中. 自闭症儿童社交技能训练的研究综述[J]. 幼儿教育(教育科学),2015(30):35 - 40.

[4] 魏寿洪,王雁. 自闭症儿童社会技能评估的研究进展[J]. 中国特殊教育,2010(10):51 - 56+68.

[5] 周宗奎. 儿童的社会技能[M]. 武汉:华中师范大学出版社,2002:50 - 60.

[6] Heather B H. Peer-mediated interventions to facilitate social interaction for children with

autism [C]//American Psychological Association, Convention Presentation, 2006.
[7] 李雪.同伴介入法应用于自闭症谱系障碍儿童社交能力干预的综述[J].现代特殊教育(高等教育研究),2018(4):75-80.
[8] 卢雅楠.增强现实技术应用于自闭症谱系障碍儿童社会交往技能教学的研究[D].上海:华东师范大学,2019.
[9] 赵伟志.自闭症儿童社会交往干预课程的研究与实践[D].上海:华东师范大学,2020.
[10] 潘前前,杨福义.学前自闭症儿童以同伴为中介的社交技能干预研究综述[J].幼儿教育(教育科学),2014(7/8):69-75.
[11] 连福鑫,王雁.融合环境下自闭症谱系障碍儿童社会交往同伴介入干预研究元分析[J].教育学报,2017(13):88-93.
[12] 范秀辉等.同伴支持干预度提升自闭症儿童课堂适应能力的个案研究[J].绥化学院学报,2019(4):83-86.
[13] 做看听说-自闭症儿童社会与沟通技能介入手册[M].杨宗仁,等译.新北:心理出版社,2010.

适应性体育活动对自闭症儿童社会交往能力的影响

胡铭玮　万　蓓　罗杨珏　施　敏　王宜韵　赵静怡　金佳奇*

摘　要：本研究探讨了适应性体育活动干预对自闭症儿童社会交往能力的影响。选取20名7~10岁的自闭症儿童，平均分为实验组和对照组。实验组采用半结构化适应性体育活动方案进行干预，对照组参加常规体育课程。在干预前后，采用TGMD-3对所有被试的基本动作技能进行评估并统计得分，采用社会反应量表（SRS-2）调查所有被试的社会交往障碍程度，将实验组和对照组在干预前后的得分进行对比。研究发现：①在社交反应总分、社会沟通和社会动机方面，实验组基线期的数据与干预期、维持期的数据存在显著性差异（$p<0.05$）；②适应性体育活动干预给自闭症儿童提供了更多适应他们的社会交往机会和社交成就体验，能改善其社会交往反应。

关键词：适应性体育活动　自闭症　社会交往

一、研究背景

自闭症谱系障碍（Autism Spectrum Disorder，ASD）简称"自闭症"，又称"孤独症"，它是一组以社会交往和沟通障碍、重复刻板和兴趣狭隘行为模式为核心特征的广泛性神经发育障碍[1]。2015年，我国发布《全国精神卫生工作规划（2015—2020）》，将自闭症儿童防治工作列为重点，提出早识别、早干预。2019年《中国自闭症儿童发展状况报告Ⅲ》蓝皮书显示，自闭症患病率为1%，总人数超过1 000万，其中儿童约200万，并以每年近20万的速度增长。

目前，针对自闭症儿童的有效干预方法繁多，如应用行为分析、结构化教学、药物治疗、音乐治疗、适应性体育活动等。大部分干预通常周期长、训练密集、以静坐活动为主，一定程度上限制了患儿的选择，活动时间较少，增加肥胖风险。其中适

---

*作者单位上海市杨浦区扬帆学校

应性体育活动干预具有易开展、成本低、安全无副作用、选择面广等优势,对自闭症儿童的身心发展有积极康复作用,且符合自闭症儿童生理、心理特点,颇受青睐。身体活动是人类最基本、最能增进健康的重要发展领域,儿童的身体活动能力可以反映出其生长发育水平,因此身体活动也是儿童独立自理、社会交往、改善行为的重要突破口。适应性体育活动既能满足自闭症儿童的身体活动需求,活动过程中自然呈现的社交情景和交往环境也为患儿提供了优质的生态干预媒介,能有效促进患儿身心健康发展。

近年来,学界逐渐开始重视运动对自闭症儿童健康促进的影响。董良山等提出以基本运动技能为基础的运动干预能够有效促进自闭症儿童基本运动技能和社会交往能力[2];杨宏昌提出交互式身体活动相较于传统体育课更能显著提高学前自闭症儿童的社交能力[3]。本研究采用准实验设计,分析运动干预对自闭症儿童基本运动技能与社会交往能力的即时和维持效果,为相关研究提供参考。

设计符合自闭症儿童身心特点的适应性体育活动,可为不同障碍程度儿童体育活动内容的选择提供参考,进而有助于丰富我国培智学校义务教育阶段体育实践研究。适应性体育活动方案设计涵盖多学科之间的交叉融合,不仅有利于改善自闭症儿童的社会交往障碍,还有助于丰富我国特殊儿童动作发展的理论体系。适应性体育活动方案的构建与行动研究是以自闭症儿童运动和社交课程开设与身体健康的实际现状为出发点,方案的构建、实施、调整全面呈现,从一定程度上丰富了自闭症儿童的社交情境,挖掘了其社交潜力,并为运动课程的开展提供新思路,具有较强的实践意义。

二、研究设计

(一) 核心概念界定

1. 适应性体育活动

适应性体育活动是指参照健全人的身体活动规则、设备等,使活动满足特殊人群的参与需求,最终达到个体与环境最佳状态的身体活动。本研究所指的适应性体育活动是指"以发展自闭症儿童社会交往能力为目标而设计,活动内容适应自闭症身心特点的系列体育游戏"。

2. 社会交往能力

目前,社会交往能力存在不同取向定义,康斯坦丁博士从认知与行为相结合的角度进行界定,他把社会交往能力称为社会技能(social skills),是指儿童在社会情境中感知社会环境的能力(perceive social)、参与社交的动机和能力(motivation and participation)、语言和非语言的社交互动能力(verbal and nonverbal social interaction)、社交中的自我监控和调节的能力(social self-monitoring and regulation)。因自闭症儿童社交方面存在认知和行为双重障碍,本研究所指的社会交往能力主要指自闭症儿童的社交沟通、社交动机和社交行为。

(二) 研究内容

本研究的目的在于通过探究自闭症儿童运动发展和社会交往能力之间的关系,运用适应性体育活动干预,促进自闭症儿童社交能力的发展。研究从以下3方面开展。

(1) 调查分析自闭症儿童基本运动发展与社会交往能力之间的关系,为适应性体育活动方案的构建与实施提供依据。

(2) 系统构建自闭症儿童适应性体育活动方案。通过理论依据、方案目标、组织形式、内容选择、干预实施等方面,为长期开展自闭症儿童社会交往能力干预提供参考与指导。

(3) 实践验证适应性体育活动干预方案对自闭症儿童社会交往能力的积极影响。

(三) 研究路线

基于上述内容,在文献综述和调查的基础上,本研究分析了自闭症儿童运动发展和社会交往的特点,形成了适应性体育活动干预方案,开展了实践研究。课题研究路线如图1所示。

(四) 研究方案

1. 研究对象

本研究采用随机对照实验设计,对实验组开展以基本运动技能为框架、适应性体育活动为载体的社会交往能力团体训练,对照组开展常规的体育教学和活动。选取本校1~4年级自闭症儿童为实验组样本,实验组被试纳入标准:①年龄为7~10岁;②符合《精神疾病诊断与统计手册》第五版(DSM-5)中自闭症诊断标准;③家长或监护人签署知情同意书。实验组被试排除标准:①视听语言障碍;②家长或监护人自愿退出本次研究。最终选取实验组和对照组共20名被试(男16名,女4名)。所有监护人签署知情同意书。被试基本信息见表1。

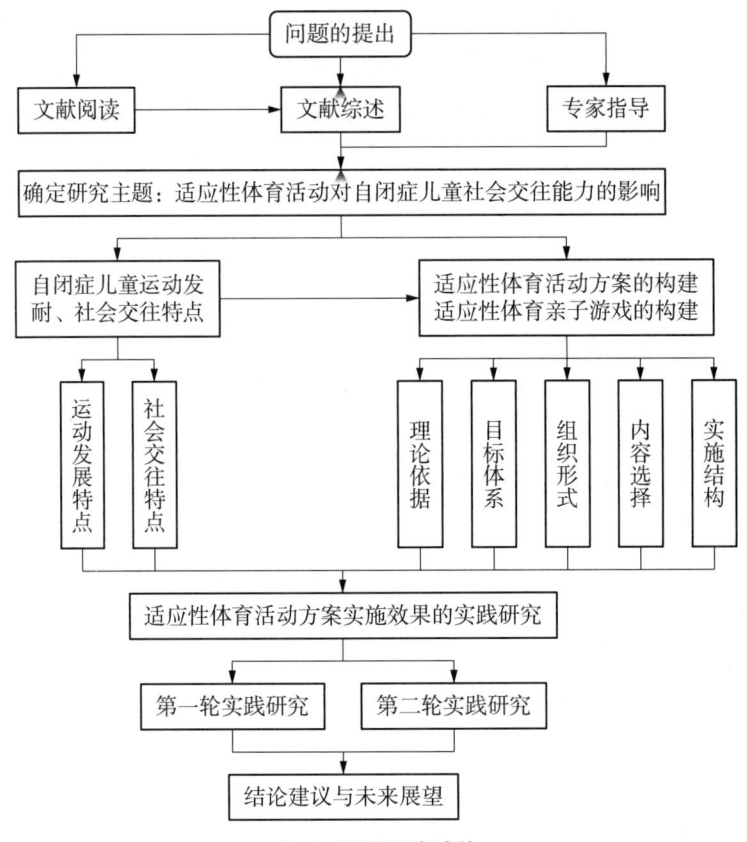

图 1　课题研究路线

表 1　实验组和对照组被试基本信息表(N=20)

类别	实验组	对照组
年龄/岁	8.57±3.13	8.31±2.89
身高/m	1.32±0.88	1.32±0.78
体重/kg	31.73±12.07	33.38±10.58
BMI(kg·m^{-2})	17.76±5.16	18.76±4.69
性别		
男	9	7
女	1	3
CARS 评分	38.27±9.42	39.48±10.21
WPPSI 评分	38.43±11.78	38.75±12.97

2. 研究设计

本研究分为 A1－B1－A2,共 3 个阶段。

（1）基线期 A1。时间为一周，所有被试只接受常规体育教学，实验组不进行社交干预，收集受试者各项初测数据。

（2）干预期 B1。时间为 10 周，实验组参与适应性体育活动社交干预课程。对照组参与常规体育教学。干预结束后 1 周内再次收集受试者相关数据。

（3）维持期 A2。干预结束 4 周后，开始采集维持期数据，此期间不给予干预类教学，对受试者的相关数据进行重测。

参照美国运动医学学会的儿童运动时间（45～60 min/次，3～5 次/周），实验组在干预期运动处方定于每周一至周四 15:30～16:30，60 min/次，共持续 10 周。每次干预活动以 1 类运动技能为载体，设计不同形式、难度渐进的适应性体育游戏，活动中渗透多个回合的社交互动。具体时间安排及内容分配见表 2。

表 2 实验组适应性体育活动干预时间与内容分配

流程	时间	课程内容	形式	目标
1	2～4 min	课堂常规	集体	规则意识、社交互动
2	5～10 min	热身活动	集体	热身、注意力、社交模仿
3	5～10 min	技能学习	小组	注意力、基本运动技能学习
4	12～15 min	社交技能新授	集体/小组/个训	注意力、社交回应
5	8～15 min	技能游戏	集体/小组/个训	注意力、功能性社交互动
6	3～6 min	放松练习（拉伸/冥想）	集体	注意力、社交模仿

3. 测试内容与方法

本研究采用基本运动技能和社会交往能力两项测试，收集两组被试的测试数据，进行对比，以验证实验效果。具体操作如下。

（1）运动技能测试。本研究以运动技能为干预载体，使用粗大动作发展测试第三版（Test of Gross Motor Development 3，TGMD-3）对自闭症儿童基本运动技能进行评估。该量表是由 Ulrich 于 1985 年编制，2013 年修订第三版，是一项常模参照和标准参照的测试。TGMD-3 适用年龄为 3～10 岁，主要包含：位移技能（Locomotion）和物体控制技能（Object Manipulation）2 项测试内容。其中位移技能包括跑步、单脚跳、跨步跳、前滑步、立定跳远及侧滑步，总分为 46 分；物体控制技能包括单手原地击球、单手原地拍球、原地双手接球、上手掷球、下手掷球及踢球，总分为 54 分。TGMD-3 在不同文化背景下均具有良好信效度。

本测试由教师和专业人员合作完成,示范者和评分者均完成相关培训。测试中,主试进行动作示范,讲解关键要领,每名被试完成1次练习和2次正式测试,全程录像,2名评分员根据录像独立进行择优评分,结束后对结果进行校对。2名受训研究生进行 TGMD-3 评分,位移技能量表、物体控制技能量表和 TGMD-3 总表测试的评分者间一致信度(Intra-rater Reliability)分别为 0.94、0.96 和 0.98,评分者间具有高度一致性和可靠性。为确保每名被试都能够理解主试动作,示范环节会根据被试特征提供个性化指导。被试如不能理解,可提供2次示范或辅助练习,完成每个动作,择优计分,以最大限度发挥被试潜能。

(2) 社会交往能力。康斯坦丁博士编制的社交反应量表(Social Responsiveness Scale-2,SRS-2)是评估人际交往障碍、筛查自闭症儿童的常用工具,适用于4～18 岁儿童,含有65个评分项目,在特殊教育和临床实践方面具有较大应用价值。它由监护人或教师根据儿童在家或学校的表现进行评分,包含社会知觉、社会认知、社会动机、社会沟通和行为方式5个维度。该量表用于评估社会交往障碍的严重程度,分数越高提示障碍越严重。研究表明 SRS-2 在中国自闭症儿童群体中具有良好信效度,可作为社交能力的有效评估工具。本研究采用问卷星形式发放问卷,由被试的父母完成填写。

4. 适应性体育活动方案设计

本研究根据基本运动技能测试内容,选取基本运动、过渡性运动及专门性运动3阶段作为适应性体育活动设计的梯度,形成了基本运动技能(12)、过渡性运动(4)和专门性运动(4),共20个活动主题,具体活动内容见表3。

表3 自闭症儿童适应性体育活动内容

训练阶段	训 练 内 容
基本运动技能	队列:横队走、横队跑、纵队走、纵队跑; 动作模仿:头部转动、躯体转动、踢腿、蹲起、轻跳、击掌、滑步、投掷
过渡性运动技能	韵律操、踢球、投掷、跳绳
专门性运动技能	乒乓球、滑板、篮球、田径

研究明确了每一个主题的适应性体育活动方案设计要求,需包含动作和社交训练目标,据此设计相应的干预方案并实施团体干预。自闭症儿童适应性体育活动方案设计说明见表4。

表4 自闭症儿童适应性体育活动方案设计说明

活动名称	横　队
活动说明	训练注意力、反应能力、规则意识和上下肢协调能力
动作目标	A类儿童能够有序横队站立；B类儿童能够在助教辅助下保持横队站立
沟通目标	A类儿童能够与教师、同伴间建立目光、点头、击掌、简单语言等交流；B类儿童能够在助教辅助下进行上述交流
活动材料	标识线、标识桶、简易图片提示卡、音响、强化物等

根据方案设计说明，课题组教师分工负责每个主题的方案设计，教学干预过程主要包含热身、问好、活动示范、师生互动、小组互动、组间互动、放松等步骤。第一轮干预实施过程示例见表5。

表5 自闭症儿童适应性体育活动干预实施过程示例

熊熊跑(横队)

活动过程：
1. 学生听指令成横队站立在标志点上，师生面对面站立。师点名学生，依次挥手问好。
2. 助教呈现跑步动作提示卡，主教讲解跑步要求及动作要领。
3. 主教示范跑步动作，要求学生复述动作要领：摆动手臂，小腿踢高跑。
4. 主教依次指导跑步动作。
(1) "看熊大熊二怎么跑的，手臂怎么摆动？小腿踢多高？"
(2) 学生复述"手臂摆动、小腿踢高跑"，边回应边模仿。
(3) 随机点名，点到学生跟着助教沿着标志物进行横队跑，根据指令完成熊熊跑—熊熊停，到达定点位置与教师击掌庆祝。
5. 小组游戏
(1) 学生2～3人一组进行横队跑练习，要求尽量和同伴保持同速，可提供长的软棒作为同速提示。其他同伴观察动作是否正确，进行互评。
(2) 小组间进行横队跑比赛，比一比哪一组跑得整齐。小组自评。
(3) 小结和放松。

第二轮干预于第一轮干预结束后1年进行，主要目标为设计自闭症儿童适应性体育亲子游戏活动，用于指导家长通过居家亲子体育游戏进行社会交往能力的干预，促进自闭症儿童社会交往能力的长效发展和社会性迁移。根据儿童社会交往能力的领域，从打招呼、轮流、双人合作、接力、模仿、多人合作等方面设计游戏活动。亲子社交游戏活动示例见表6。

表6　自闭症儿童适应性体育亲子社交游戏活动示例

亲子转转乐

训练目标：
1. 训练注意力、反应力、规则意识和四肢手眼协调能力。
2. 通过轮替游戏，掌握轮替规则，能和同伴有效互动，尝试表达轮替请求。
训练准备：
弹射小风筝、投掷球、蓝牙音箱
活动过程：
（一）热身
1. 学生听指令静坐在标志点，依次打招呼。
2. 示范用手、膝盖、脚打招呼，学生模仿复习身体打招呼游戏。逐一互动，学生模仿回应。比一比谁的注意力最集中，打招呼最热情。
（二）轮流游戏1：弹射小风筝
1. 示范弹射小风筝游戏方法，激发学生参与热情，模仿弹射动作。
2. 师生示范轮流游戏：教师玩一轮游戏，告诉学生："××，轮到你玩了。"
3. 助教指导学生根据游戏规则轮流玩游戏，轮替过程要清晰，遵守玩法和游戏频率。
4. 学生2人一组练习轮流玩游戏。
教师指导社交互动的过程和表达语句。
（三）轮流游戏2：投掷小球
1. 教师邀请一名学生，示范轮流玩投掷小球游戏，1人抱桶，1人向桶内投球，一次投掷5个小球，结束后交换角色，轮流投掷球。
2. 点评学生轮流游戏规则的掌握程度。请学生自由邀请伙伴进行轮流投掷小球的游戏。
3. 教师协助能力较弱的学生发起或回应邀请，并顺利完成轮流游戏。游戏中重复训练表达语句："××，轮到你玩了。"
（四）放松休息
训练评价：规定具体数量的轮流游戏活动，自闭症儿童能较好地掌握轮替规则；表达性语句："××，轮到你了"有待加强训练，儿童表达主动性普遍不足。
训练反思：丰富有趣的游戏材料、精简的语言和正向奖励有助于提高儿童的参与积极性和表达主动性。

5. 适应性体育活动干预实施

校内组建自闭症团训课题组，由课题组教师轮流担任主教、助教，负责干预方案具体实施，每次4名教师（2名主教、2名助教）。课题组教师在自闭症儿童教学方面均有丰富经验，干预过程进行录像、摄影等记录。1名来自体院的研究团队成员随堂观察教学执行情况，记录儿童活动表现，反馈教学实施情况，团队定期对教学进行调整。训练共进行两轮。第一轮训练以基本动作技能为内容框架，形成适应性体育活动干预方案集，第二轮训练以社交互动行为为内容框架，形成适应性体育亲子活动方案集。对于干预效果的分析，以第一轮训练的测试数据为样本。对照组接受常规体育教学，每周3次，每次一般是1名主教和1名助教教师。与此同时，对照组不接受任何社交训练。

6. 数理统计

采用 SPSS25.0 和 Graph Prism 对数据进行统计学分析。其中,使用描述性统计分析变量的分布情况;K-S 检验用于分析数据是否符合正态分布,独立样本 t 检验和单因素方差分析变量的差异性;重复测量方差分析组别和时间因素在组别因素不同阶段(基线期、干预期和维持期)的效应及时间因素在组别因素(实验组、对照组)的处理效应。统计分析的显著性水平设置为($p \leqslant 0.05$)。

三、研究结果

(一)自闭症儿童基本运动技能和社交反应的相关性

通过对自闭症儿童基本运动技能和社交反应量表得分进行分析,结果显示自闭症儿童基本运动技能与社交障碍之间存在显著负相关,基本运动技能水平越低,自闭症儿童社交反应量表得分越高,社交障碍越严重。基本运动技能和社交反应量表各变量描述和正态分布 K-S 检验显示,所有变量的偏度值范围为 $-0.76 \sim 0.79$,$-0.36 \sim 0.37$,峰度值为 $-0.77 \sim 0.71$,$-0.88 \sim 0.64$,这表明基本运动技能和社会交往能力各变量近似服从正态分布。

采用皮尔逊相关分析,检验基本运动技能(TGMD-3)与社交反应量表(SRS-2)的相关性,结果显示,基本运动技能总分与社交反应量表总分呈显著负相关($r=-0.011, p<0.05$),位移类技能总分和物体控制类技能总分与社会交往能力之间呈显著性负相关($r=-0.063, p<0.05; r=-0.045, p<0.05$),这表明基本运动技能与社交反应之间存在显著负相关。

多重线性回归分析进一步分析自闭症基本运动技能得分与社交反应得分的关系,以基本运动技能得分为自变量,社交反应得分为因变量,结果显示,社交反应得分的 11.3% 能够通过基本运动技能的得分进行解释($R^2=0.113, p<0.05$)。标准回归系数显示,位移技能得分对社交反应得分解释具有显著性贡献意义($\beta=-0.103, p<0.05$),然而,物体控制技能得分对社交反应得分解释的贡献意义均未体现($\beta=-0.045, p>0.05$)。

调查结果表明,自闭症儿童基本运动技能的发展是学习和获得其他复杂技能的基石,特别是位移类技能。根据自闭症儿童的身心特点设计的适应性体育活动所提供的自然生态媒介,能有效预测改善其社交反应障碍,提升其社会交往能力。

（二）适应性体育活动干预对自闭症儿童社交反应的影响

采用 K-S 单样本非参数齐性检验对实验组和对照组自闭症儿童的社交反应数据进行正态分布检验，结果显示，各个变量的 K-S 单样本非参数检验均显示 $p>0.05$，这表明各个变量均服从正态分布。对两组数据进行独立样本 T 检验，结果显示，实验组和对照组社交反应得分（$t=1.563, p=0.135$）和 5 个子维度，即社会知觉（$t=1.797, p=0.089$）、社会认知（$t=1.028, p=0.318$）、社会沟通（$t=1.507, p=0.173$）、社会动机（$t=0.383, p=0.788$）、行为方式（$t=-0.437, p=0.667$），均无显著性差异，这表明两组自闭症儿童在基线期社会交往能力处于同一水平。

采用重复测量方差分析，将社交反应总分与 5 个子维度得分作为因变量，以时间（基线期、干预期、维持期）和组别（实验组、对照组）作为自变量，分析基本运动技能干预对自闭症儿童社交反应的影响。两组儿童社交反应总分及各维度重复测量方差分析见表 7。社交反应的时间效应显著（$p<0.01$），组别与时间的交互效应也显著（$p<0.05$），但组别效应不显著（$p>0.05$）。在 5 个子维度方面，社会知觉的时间主效应、组别主效应、组别与时间的交互效应均不显著（$p>0.05$）；社会认知的时间主效应显著（$p<0.05$），但社会认知的组别主效应、时间与组别的交互效应均不显著（$p>0.05$）；社会沟通的时间主效应与组别主效应均不显著（$p>0.05$），但时间与组别的交互效应显著（$p<0.05$）；社会动机的时间主效应显著（$p<0.01$），组别主效应不显著（$p>0.05$），时间与组别的交互效应显著（$p<0.05$）；行为方式的时间主效应显著（$p<0.01$），组别主效应不显著（$p>0.05$），时间与组别的交互效应显著（$p<0.01$）。

表 7 两组儿童社交反应总分及各维度重复测量方差分析

变量	组别	基线期 ($M\pm SD$)	干预期 ($M\pm SD$)	维持期 ($M\pm SD$)	F	p	partial η^2
社交反应总分	实验组	149.00±14.31	96.88±19.96	103.55±20.90	7.433	0.010*	0.319
	对照组	137.70±14.13	114.00±20.65	120.40±19.07			
社会知觉得分	实验组	22.22±2.99	20.56±2.51	21.22±2.49	2.714	0.110	0.138
	对照组	19.90±2.28	20.90±2.51	22.40±2.22			
社会认知得分	实验组	20.67±4.03	16.44±4.36	17.55±5.10	4.432	0.336	0.057
	对照组	19.20±2.62	17.40±4.84	18.70±4.27			

(续表)

变量	组别	基线期 ($M \pm SD$)	干预期 ($M \pm SD$)	维持期 ($M \pm SD$)	F	p	partial η^2
社会沟通得分	实验组	40.33±7.66	34.67±9.42	35.33±8.87	4.442	0.049*	0.207
	对照组	34.20±9.32	39.50±7.69	40.30±8.00			
社会动机得分	实验组	22.89±3.30	16.00±3.16	17.22±3.67	5.489	0.026*	0.244
	对照组	20.90±3.38	19.20±4.61	20.30±5.27			
行为方式得分	实验组	31.67±6.63	12.78±4.47	12.78±5.59	14.138	0.000**	0.454
	对照组	28.05±6.45	18.70±4.74	18.70±4.73			

进一步探究社会反应总体和子维度社会动机、行为方式等的交互作用,采用语法编程对两者进行简单效应分析。结果显示,在社交反应总分、社会沟通和社会动机得分方面,实验组基线期与干预期、维持期相比具有显著性差异($p<0.05$),干预期与维持期的变化无显著性差异($p>0.05$),对照组的各阶段变化均无显著性差异($p>0.05$)。

本研究探讨了以自闭症儿童基本运动技能为内容框架、社交交往训练为目标的适应性体育活动干预对儿童社会交往的影响,结果显示适应性体育活动干预对自闭症儿童的社会交往具有积极促进作用。

(三)研究结论

(1)自闭症儿童基本运动技能(TGMD-3)与社交反应(SRS-2)之间存在显著负相关,基本运动技能水平越低,自闭症儿童社交反应量表得分越高,提示社交障碍越严重。结果表明,通过提升自闭症儿童的基本运动技能,可以有效减轻其社交障碍,提升社会交往能力。

(2)以基本运动技能为框架的适应性体育活动社交干预,内容适切、频率科学、强度合理,为自闭症儿童提供了生态化的社交情境、多元化的社交对象、多样性的社交机会,对自闭症儿童的社会沟通、社会动机和行为方式都有积极促进作用,在一定程度上能改善自闭症儿童的社会反应障碍,提升社会交往能力。

四、讨论

(一)基本运动技能和社交反应的相关性

本研究采用了社交反应量表(SRS-2)评估自闭症儿童的社交障碍程度,它包含社会知觉、社会认知、社会动机、社会沟通及行为方式5个维度。研究结果表明，经过干预训练，自闭症儿童的社会沟通、社会动机和行为方式表现出显著的时间效应，提示儿童的社交障碍得到一定的改善。调查研究发现，自闭症儿童的基本运动技能和社会反应量表得分呈负相关，说明基本运动技能得分越高，社交障碍越小，虽然这能够说明两者的相关性，但从正向干预的角度来看，不能很好地从社交反应量表中提取社会交往能力训练的系统框架。

（二）社会交往能力训练的系统性

本研究以基本运动技能为课程框架，在设计适应性体育活动方案中，采用了奖励、示范、视觉提示、辅助和结构化教学法等策略，去达成提升自闭症儿童的社会交往能力的训练目标。在第一轮的训练中，我们重点进行了目光交流、肢体语言回应（点头、击掌）、简单对话（自我评价、相互评价）、听从指令、共同注意、合作游戏、发起交往等方面的强化训练，取得了一定的成效。昝飞认为开展自闭症儿童的社交技能训练，需要强调共同注意、日常的交往情景、轮流和社交互动[4]。因此第二轮训练我们在社会交往目标上做了调整，第二轮训练从打招呼、共同注意、轮流、互动合作、接力等社交互动板块进行游戏设计，也有效促进了社交回应，并激发了一定的主动社交行为，但整体来说社会交往训练的目标设置还缺乏系统性。未来我们需要继续探索社交训练的系统性和序列性，思考如何将适应性体育活动和社交训练的目标进行有机整合，系统性、序列性地设置阶段目标、长期目标，以便更高效地提升自闭症儿童的社会交往能力。

五、研究反思

（一）适应性体育活动的融合性

自闭症儿童的运动兴趣、运动能力、运动习惯个体差异较大，社会交往的动机、能力、水平也参差不齐。适应性体育活动方案的设计必须具备通用设计的特性，增强游戏的融合性。首先要保证每个儿童的参与的量和度，让每个儿童在游戏中获得较为均衡的社会交往机会，才能有效促进其社会交往能力的提升。本研究的实践表明，适应性体育活动的设计需具备活动内容的趣味性、活动规则的灵活性、活动器材的多样性、活动过程的激励性和活动反馈的情境性，才能有效提升其融合性，真正适应每个儿童的活动和社交需求。

适应性体育活动的融合性还应体现在社交对象的全面性。在前两轮训练中，我们采用全自闭症儿童的实验组,因培智学校自闭症儿童障碍程度较重,多数儿童语言能力极弱,能够改善的社交能力主要体现在社交动机和社交回应方面,主动社交行为极少产生,不利于社交能力的迁移。下一阶段,我们将通过纳入其他单纯智力障碍儿童参与训练的方式,创设更多自然情境下的同伴交往机会,在更为真实的社交环境下有序提升自闭症儿童的社会交往能力。

(二)适应性体育亲子活动的重要性

父母和亲人在自闭症儿童的社交经验中占据着重要的地位。作为最熟悉、最亲近、最了解自闭症儿童的照料者,他们是非常重要的沟通对象和社交伙伴。在干预训练中,我们发现多数自闭症儿童有较好的运动兴趣和能力,在游戏过程中有较好的社交回应,能激发一定的主动社交行为。同时也发现,团体训练所提供的社交情境还比较单一,社交对象也比较固定,不利于社交行为的迁移,而亲子活动则是非常完美的补充,且便于实施。因此第二轮训练,我们侧重于设计便于在家庭中操作的适应性体育游戏,改编成亲子活动手册,通过家长学校进行推广,为自闭症儿童的家庭教育提供良好的参考,期望在更加自然、丰富的社交情境中,通过适应性体育活动这一轻松愉快的形式,提升自闭症儿童的社会交往能力,促进儿童更好地融合,进而提升儿童的生活品质。

(指导专家:王和平)

■ 参考文献

[1] M. Arlington, American Psychiatric Association Autism Spectrum Disorder, Diagnostic and Statistical Manual of Mental Disorder, 5th Edition(DSM - 5)[M]. VA: American Psychiatric Publishing, 2013:50 - 59.
[2] 董良山等.10 周运动干预对自闭症儿童基本动作技能与社会交往能力的影响[J]. 中国运动医学杂志,2021,40(3):171 - 180.
[3] 杨宏昌.自闭症学前儿童交互式身体活动方案的构建与实证研究[D]上海:上海体育学院,2021.
[4] 昝飞.自闭症儿童社交技能训练的实施策略[J]. 现代特殊教育,2020(13):17 - 20.

阶梯式疑问句训练策略提升自闭症儿童主动使用特指问句提问能力的干预研究

金黎明*

摘 要：目的：研究阶梯式疑问句训练策略对提高自闭症儿童主动提问能力的干预效果。方法：运用阶梯式疑问句训练策略对两名自闭症儿童进行干预。采用单一被试中的跨行为多试探实验设计，每周干预2次，每次35 min，个案A、B都持续4周共8次。在基线期、干预期、维持期和类化期评估疑问句主动发起的数量，并采用重叠率以及时间序列C统计来评价干预效果。结果：个案A和个案B特指问句"这是什么？""××在哪里？"的发起数量在干预期均显著高于基线期。结论：阶梯式疑问句训练策略帮助两名学龄自闭症学生建立了疑问句一问一答的角色分配意识，提高了两名学龄自闭症儿童特指问句"什么""哪里"的主动提问能力，为学龄自闭症儿童主动语言的学校康复和家庭康复提供了一定的实践依据。

关键词：阶梯式疑问句训练策略 自闭症儿童 主动提问

一、引言

主动提问是指个体对呈现在眼前的新奇物品、人物或事件能够根据所处情境或场合主动向他人发起提问，以获取相关方面的信息。主动提问包括对物品、地点、人物、时间、原因等的提问，是儿童重要的社会交往技能[1]。儿童通过主动提问得到关注，也可以通过提问获得许多重要的信息和知识，扩展沟通能力，减少破坏行为[2]。正常发展的儿童在1岁到1岁半之间会指向某件物品说出"那是什么"提示家长命名该物品[3—4]，然而，自闭症儿童几乎没有主动的社会互动行为，如提问题、寻求帮助、分享等[5—12]。他们很少主动向他人发起社交请求，仅仅用简单句来表达自己的需求，如吃饭、喝水、上厕所等。由于自闭症儿童共同注意的缺陷导致他们难以主动向他人发起对话，或是不合时宜地发起对话，因此他们的被

---

* 作者单位上海市宝山区培智学校

动回应要多于主动发起[13]。他们很少产生自发性的互动行为,平均每小时只会出现3～4次的自发性行为[14]。也有研究指出,自闭症儿童不会提问题,相应的他们得到的关注,在自然环境中学习语言和获取信息的机会和数量就大打折扣[15]。可见,自闭症儿童在主动提问能力上,既不具备提问意识,也没有主动提问的能力。

根据儿童语言发展规律、支架式学习理论以及最近发展区理论,华东师范大学刘巧云团队提出了阶梯式儿童干预模式(Child Language Intervention ECNU Model)简称阶梯模式,探讨了儿童语言康复的内容、策略和常见临床表现的应对方法,分为前语言、语音、词汇、句子及语篇5个板块[16—17]。阶梯式疑问句理解与表达能力训练策略是阶梯式儿童语言干预模式中句子训练的重要组成部分,如图1所示,横轴代表疑问句能力的发展水平,由低到高分别是体验、回应、发起、运用4个阶段。儿童需在生活中首先体验疑问句这种"一问一答"的形式,建立起有问有答的意识,然后学习理解不同的疑问词并准确使用含不同疑问词的问句,再建立起正确的提问形式,最终儿童才能在真实的生活情境中遇到疑问时,能灵活使用不同的问句询问他人,获取信息。纵轴代表训练的内容层级,由简到难依次为是非疑问句、特指疑问句、正反疑问句、选择疑问句。该模式对提升自闭症特指问句"这是什么?""××在哪里?"的干预效果如何以及是否可以类化到不同的使用者和情景中,目前尚缺乏实证研究。本研究运用阶梯式疑问句训练策略,对无法主动发起提问的自闭症儿童进行干预训练,以探究该训练策略对自闭症儿童主动提问能力的干预效果。

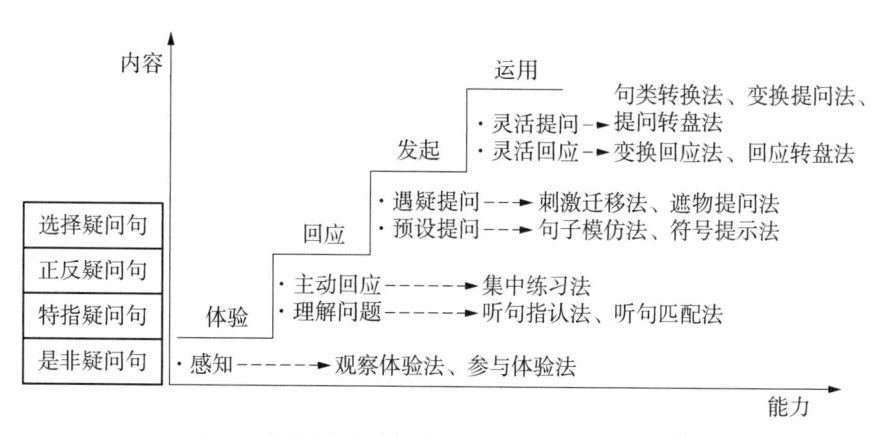

图1 阶梯式疑问句理解与表达能力训练的策略[17]

二、研究设计

(一) 研究对象

个案 A,男,上海市某特殊教育学校三年级学生,10 岁,能够正确命名常用称谓、衣物、常见动物和常见的动作动词、虚词;模仿句长为 7 字,自主表达平均句长 6 个字,能正确理解日常交流的简单句,能使用简单句进行日常表达,但主动提问意识较差。经测试,其 CARS 得分为 38 分,皮博迪词汇测试(PPVT-R)原始得分为 55 分,获得家长知情同意后参与本研究。采用《儿童兴趣调查表》(华东师范大学言语听觉科学教育部重点实验室 2016—2017 版)进行强化物调查,结果显示 A 的强化物分别是:薯片、糖果、可乐、贴画、小汽车。

个案 B,女,上海市某特殊教育学校三年级学生,10 岁,能够正确命名常用称谓、衣物、常见动物和常见的动作动词、虚词;模仿句长为 7 字,自主表达平均句长 5 个字,能正确理解日常交流的简单句,能使用简单句进行日常表达,但主动提问意识较差。经测试,其 CARS 得分为 36 分,皮博迪词汇测试(PPVT-R)原始得分为 58 分,获得家长知情同意后参与本研究。采用《儿童兴趣调查表》(华东师范大学言语听觉科学教育部重点实验室 2016—2017 版)进行强化物调查,结果显示 B 的强化物分别是:听音乐、跳舞、剪纸、果汁、山楂饼。

(二) 研究设计

本研究采用单一被试中的跨行为多试探实验设计,共有两个目标行为即特指问句"这是什么?""××在哪里?"。自变量为阶梯式疑问句训练策略,因变量为主动提问"这是什么?""××在哪里?"的次数,控制变量为教学时间、教学地点以及教学人员。每一个行为需经历基线期(A)、干预期(B)、维持期(M)及类化期(G)4 个阶段。

1. 基线期

研究者在基线期呈现自制材料《一日学校生活——我是小画家》,该材料有 20 个问句,其中 10 个是儿童指着 10 个不认识的物品问"这是什么?",10 个是画画时儿童找不到某种物品向他人提问"××在哪里?",并且自编《主动提问能力观察记录表》进行数据收集。在每周一、周三 12:00~13:00 午间俱乐部时间进行评量,共进行了 4 次评量,持续两周,期间不进行任何干预。在单一被试研究中,当个案在基线期 3~4 次评量都未出现目标行为,就可以进入干预期。因此个案 A 目标行为

阶梯式疑问句训练策略提升自闭症儿童主动使用特指问句提问能力的干预研究

1连续4次达到稳定水平时则进入干预期。当个案A干预期数据点稳定后对个案B进行评量,当个案A结束干预后个案B进入干预期。此阶段对个案A和个案B都进行了4次数据的搜集,共4周。

2. 干预期

基线期结束后,研究者选择了与学生生活密切相关的"逛超市""愉快的春游"这两个主题单元进行干预,干预时间在每周二、四的13:55～14:30。首先对个案A进行干预训练并进行录像,用于疑问句表达能力的分析。本研究的目标行为共有两个,即"这是什么?""××在哪里?",根据儿童特指问句的习得顺序、句子难度和儿童学习能力差异,干预顺序依次为"这是什么?""××在哪里?"。首先个案A每周干预2次,每次干预35 min,持续5周,共收集10次。当个案A疑问句发起数量在3次探测中稳定后进入维持期,个案B进入干预期。个案B的干预过程同个案A,持续5周,共收集10次。在个案A、B每次干预结束后使用《一日学校生活——我是小画家》进行后测,记录问句发起的次数。

3. 维持期

研究者在本阶段撤除干预,不进行任何提示。通过观察学生在生活语文、生活数学以及早锻炼中疑问句主动提问能力的维持情况,以了解阶梯式疑问句训练方法的成效如何。评估时间为一周,研究者在本阶段依据自编的《主动提问能力观察记录表》对目标行为共进行4次记录测量。

4. 类化期

当介入期数据连续3次达到80%后进入维持期,一周后进入类化探测期。评估者由家长担任,这时通过让家长带着学生去逛超市或者游乐园等,在自然情境中观察记录学生是否正确发起所学句式,评估儿童是否能将目标行为类化到其他人或情境。

（三）干预实施

根据儿童特指问句习得顺序选择使用频率较高以及儿童常用的"这是什么?""××在哪里?"作为目标句式,采用阶梯式疑问句训练策略进行干预,包括下列4个步骤。

1. 体验教学

2～3分钟。体验是疑问句训练的第一阶段,其目的是帮助儿童建立问答意识,使儿童明确问答双方说的内容是不相同的。在体验阶段儿童观看"这是什么?""××在哪里?"的问答游戏视频,帮助儿童建立问答意识,使儿童明确问答双方说的内容是不相同的。

2. 回应教学

7～8分钟。回应阶段的训练目的是培养儿童理解问题并做出回应的能力。回应阶段分为理解问题和主动回应。首先帮助学生理解疑问词"什么""哪里",当儿童理解了问题后,则进行主动回应能力的训练。

3. 发起教学

15～20分钟。发起提问是教学的重难点。在发起教学中,首先运用"角色转换法"帮助儿童从问题的回应者转变为问题的发起者,随后通过示范帮助儿童将所遇到的疑问与疑问词相匹配,最后经过多次练习儿童可以主动发起提问。

4. 运用教学

5分钟。通过创设不同情境与儿童进行自由问答,帮助儿童将所学问句运用到不同场景。

(四) 数据分析

研究结束后,通过收集的测试视频,使用自编《主动提问能力观察记录表》记录因变量行为出现的次数。

(五) 统计学方法

采用重叠率和时间序列C统计进行分析。重叠率是通过计算后一阶段与前一阶段数据点的重叠比例来判断介入的有效性,是单一被试的常用方法之一,它能够直观地反映数据在各阶段的具体变化,较好地反映出可能在统计学上无意义,但在教育层面上具有重要意义的数据变化[18]。重叠率越高说明两个阶段数据越一致,反之则说明数据差异越大。C统计能够检验不同阶段间的趋向变化是否存在显著性差异,若达到显著水平且趋向变化是正向,说明介入产生了显著的正向效果,反之趋向变化为负向,则说明介入产生了显著的负向效果[19]。

三、研究结果

(一) 个案A研究结果

1. 个案A的视觉分析

个案A的目标行为分别是:目标行为一关于物品的主动提问"这是什么?";目标行为二关于地点的主动提问"××在哪里?"。在本研究中每个目标行为都要经过基线期、介入期、维持期及类化期。各个阶段资料点的变化曲线如图2所示,在折线图中横轴代表测量的次数,纵轴代表主动提问技能出现的次数。从图2可以看出,在两种目标行为的干预后,介入期的数据明显高于基线期,并且在维持期和类化期表现效果较好,表明通过阶梯式疑问句训练策略能提升个案A的主动提问技能,并具有维持和类化的效果。

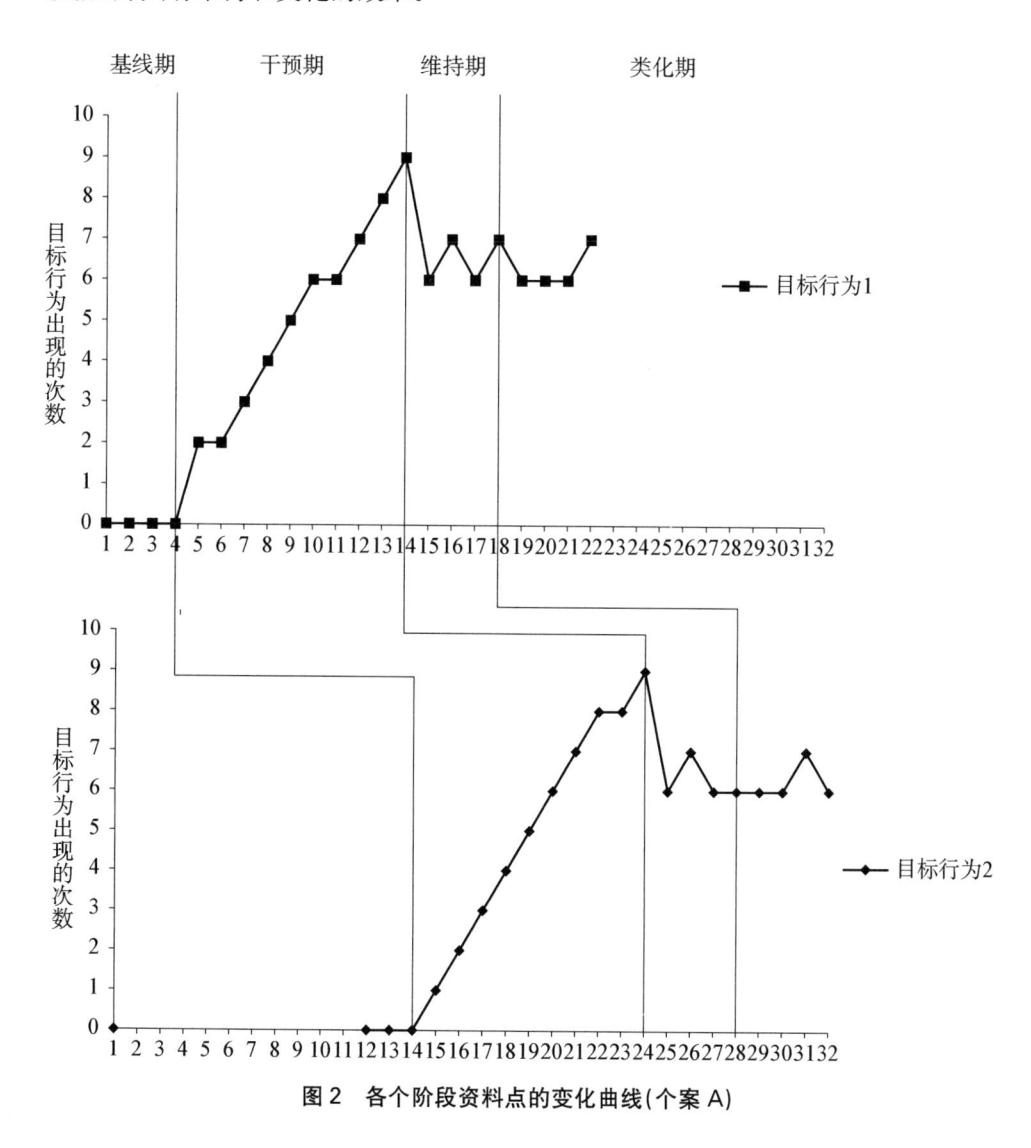

图2　各个阶段资料点的变化曲线(个案A)

2. 个案A行为一资料分析

个案A目标行为一资料分析情况见表1。可以看出个案A的主动提问次数在基线期的变化范围为0～0,基线期水准稳定度为100%,表明基线期处于稳定状态,可以进入干预期。处理期变化范围为2～9,变化明显,整体上主动提问次数在增加,并呈上升趋势,水准稳定度为20%,处于不稳定状态。维持期平均水准下降到5.2,水准稳定度为100%,说明干预的效果维持较好。类化期平均值高于维持期,与维持期的重叠百分比为75%,说明个案A的目标行为一具有良好的维持效果。基线期与干预期的重叠率为100%,两阶段发起数量存在显著差异($p<0.01$)。干预期与维持期的重叠率为100%,个案A在维持期与干预后期(后3个资料点)的问句发起次数无显著差异($p>0.05$)。类化期与维持期的重叠率为75%,两阶段会话发起数量无显著差异($p>0.05$)。结合图2可见,干预对个案A的疑问句发起产生了显著的提升效果,即使在维持期和类化期产生了波动但仍未达到显著性水平,说明干预效果在维持期和类化期得到了保持。

表1 个案A目标行为一资料分析情况

	项目	基线期	干预期	维持期	类化期
阶段内	阶段长度	4	10	4	4
	水准范围	0～0	2～9	6～7	6～7
	水准变化	0	+7	+1	+1
	平均值	0	5.2	6.5	6.25
	水准稳定度	稳定(100%)	多变(20.0%)	稳定(100%)	多变(50.0%)
阶段间	项目	A/B	B/M	M/P	—
	水准变化	+2	−2	+1	—
	重叠率	100%	100%	75.0%	—
	C值(Z)	0.93(3.86)**	−0.02(−0.06)	0.06(0.20)	—

注:** $p<0.01$,* $p<0.05$

3. 个案A行为二资料分析

个案A目标行为二资料分析情况见表2。可以看出,个案A的主动提问次数在基线期的变化范围为0～0,基线期水准稳定度为100%,表明基线期处于稳定状态,可以进入处理期。处理期变化范围为1～8,变化明显,整体上主动提问次数在增加,并呈上升趋势,水准稳定度为10%,处于不稳定状态。维持期平均水准提高到5.5,水准稳定度为100%,说明干预的效果维持较好。类化期平均值高于维持期,与维持期的重叠百分比为75%,说明个案A的目标行为二具有良好的维持效果。个案A目标行为二"××在哪里?"基线期稳定进入干预期后,问句发起次数呈上升趋势,基线期与干预期的重叠率为100%,两阶段发起数量存在显著差异($p<0.01$)。干预期与维持期的重叠率为100%,个案A在维持期与干预后期(后3个资料点)的问句发起次数无显著差异($p>0.05$)。类化期与维持期的重叠率为75%,两阶段会话发起数量无显著差异($p>0.05$)。

表2 个案A目标行为二资料分析情况

	项目	基线期	干预期	维持期	类化期
阶段内	阶段长度	4	10	4	4
	水准范围	0~0	1~9	6~6	6~6
	水准变化	0	+8	0	0
	平均值	0	5.3	5.5	5.5
	水准稳定度	稳定(100%)	多变(10.0%)	稳定(100%)	多变(50.0%)
阶段间	项目	A/B	B/M	M/P	—
	水准变化	+1	−1	+1	—
	重叠率	100%	100%	75.0%	—
	C值(Z)	0.97(3.91)**	0.32(0.10)	−0.33(−1.08)	—

(二) 个案B研究结果

1. 个案B的视觉分析

个案B的目标行为分别是:目标行为一关于物品的主动提问"这是什么?";目标行为二关于地点的主动提问"××在哪里?"。在本研究中每个目标行为都要经过基线期、介入期、维持期及类化期。各个阶段资料点的变化曲线如图3所示,在折线图中横轴代表测量的次数,纵轴代表主动提问技能出现的次数。从图3可以看出,在两种目标行为的干预后,介入期的数据明显高于基线期,并且在维持期和类化期表现效果较好,表明通过阶梯式疑问句训练策略能提升个案B的主动提问技能,并具有维持和类化的效果。

2. 个案B行为一资料分析

个案B目标行为一资料分析情况见表3。可以看出个案B的主动提问次数在基线期的变化范围为0~0,基线期水准稳定度为100%,表明基线期处于稳定状态,可以进入干预期。干预期变化范围为1~8,变化明显,整体上主动提问次数在增加,并呈上升趋势,水准稳定度为30%,处于不稳定状态。维持期平均水准上升

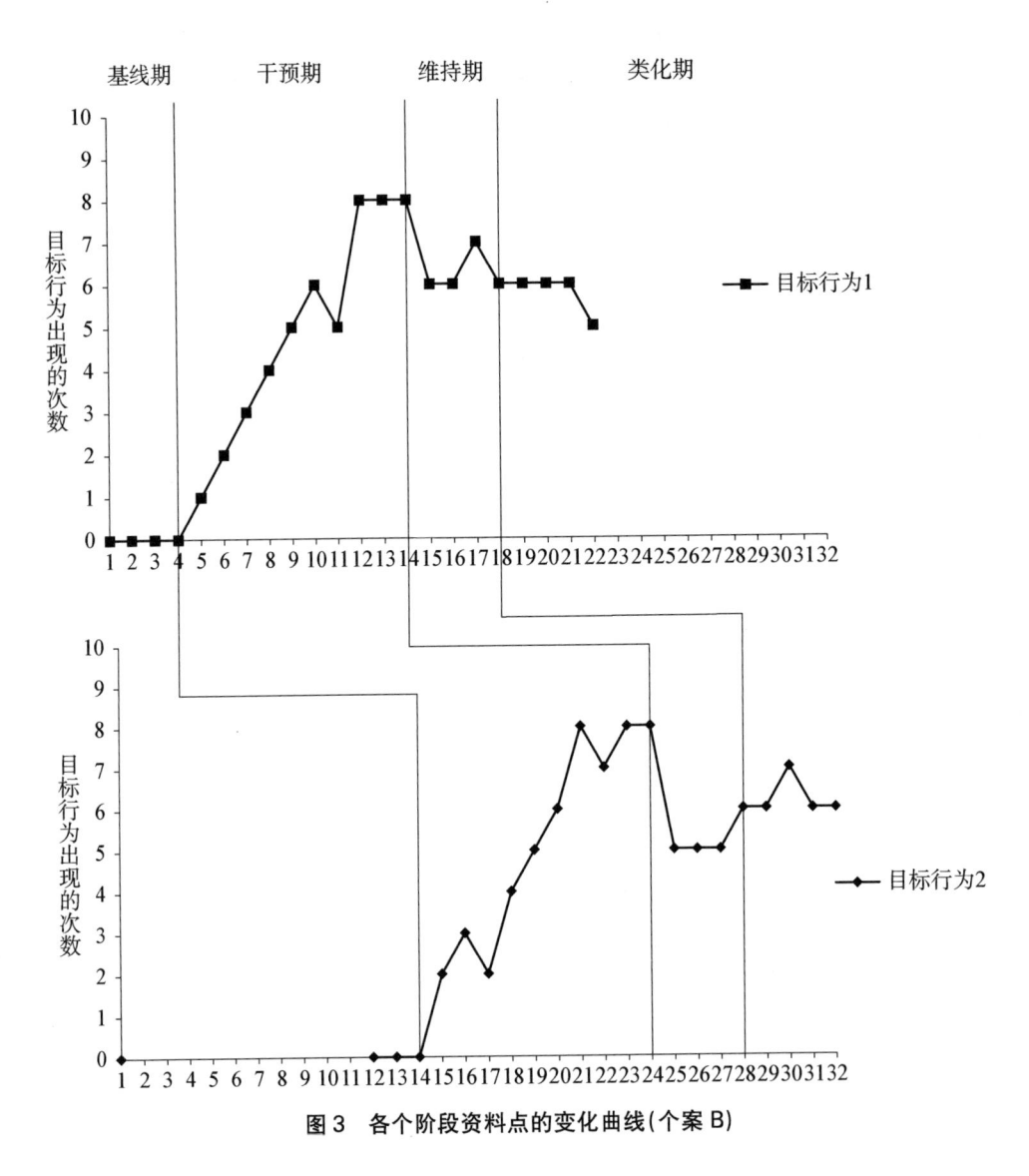

图 3　各个阶段资料点的变化曲线(个案 B)

到 6,水准稳定度为 75%,说明干预的效果维持较好。类化期与维持期的重叠百分比为 100%,说明个案 B 的目标行为一具有良好的维持效果。个案 B 目标行为一"这是什么?"从基线期稳定进入干预期后问句发起次数呈上升趋势,基线期与干预期的重叠率为 100%,两阶段发起数量存在显著差异($p<0.01$)。干预期与维持期的重叠率为 100%,个案 A 在维持期与干预后期(后 3 个资料点)的问句发起次数无显著差异($p>0.05$)。类化期与维持期的重叠率为 75%,两阶段会话发起数量无显著差异($p>0.05$)。

表3 个案B目标行为一资料分析情况

	项目	基线期	干预期	维持期	类化期
阶段内	阶段长度	4	10	4	4
	水准范围	0~0	1~8	6~6	6~5
	水准变化	0	+7	0	−1
	平均值	0	5	6	5.75
	水准稳定度	稳定(100%)	多变(30.0%)	多变(75.0%)	稳定(100%)
阶段间	项目	A/B	B/M	M/P	—
	水准变化	+8	−7	+1	—
	重叠率	100%	100%	100%	—
	C值(Z)	0.94(3.78)**	0.50(1.55)	0.25(0.81)	—

3. 个案B行为二资料分析

个案B目标行为二资料分析情况见表4。可以看出，个案B的主动提问次数在基线期的变化范围为0~0，基线期水准稳定度为100%，表明基线期处于稳定状态，可以进入干预期。干预期变化范围为1~8，变化明显，整体上主动提问次数在增加，并呈上升趋势，水准稳定度为10%，处于不稳定状态。维持期平均水准提高到6，水准稳定度为75%，说明干预的效果维持较好。类化期与维持期的重叠百分比为100%，说明个案B的目标行为二具有良好的维持效果。个案B目标行为二"××在哪里？"基线期稳定进入干预期后问句发起次数呈上升趋势，基线期与干预期的重叠率为100%，两阶段发起数量存在显著差异($p<0.01$)。干预期与维持期的重叠率为100%，个案A在维持期与干预后期(后3个资料点)的问句发起次数无显著差异($p>0.05$)。类化期与维持期的重叠率为75%，两阶段会话发起数量无显著差异($p>0.05$)。

表4 个案B目标行为二资料分析情况

	项目	基线期	干预期	维持期	类化期
阶段内	阶段长度	4	10	4	4
	水准范围	0~0	1~8	7~6	6~6
	水准变化	0	+7	−1	0
	平均值	0	5.1	6	5.5

(续表)

	项目	基线期	干预期	维持期	类化期
	水准稳定度	稳定(100%)	多变(10.0%)	多变(75.0%)	稳定(100%)
阶段间	项目	A/B	B/M	M/P	—
	水准变化	+8	−5	+1	—
	重叠率	100%	100%	100%	—
	C 值(Z)	0.94(3.79)**	0.52(1.61)	0.25(0.81)	—

(三) 社会效度

1. 教师访谈

在研究结束后,研究者运用教师访谈,对个案 A、B 的生活语文教师、生活数学教师进行了教学效果的调查。个案 A 的教师反映,过去个案没有任何主动提问的能力,受到语言能力的限制上课很少参与教师的互动。有问题时会去拉教师的手或指着某样物品表达需求,但是经过这几个月的教学后,个案主动提问的技能有很大进步,比如在一节语文课上,教师呈现出一张图片时,学生很快就能问出"这是什么"。个案 B 的生活数学教师反映,个案在训练之前课堂的主动性很差,在问到她不会的问题时她总是沉默不语,但是学会了问句之后,她能够在回答"不知道"后,向教师发起提问。

2. 家长访谈

在个案 A 家长的访谈中,其母表示个案 A 以前从来没有主动提问的技能,但是在参加完研究教学后个案 A 在家里会问"书包在哪里?""这是什么?";其父还表示领着他逛超市的时候,个案还会主动问问题"这是什么?""这是什么东西?"等。个案 A 的母亲表示,按照研究者的教学方法进行引导,儿童还能主动问出"这是谁?""为什么?"等问题。个案 B 的母亲表示经过此次教学,个案 B 的认识能力得到提升,认识了许多新的物品和人,还学会了表示请求的礼貌用语等。

四、讨论

(一) 阶梯式疑问句训练策略对主动提问"这是什么?"的教学效果

从以上研究结果可知,个案 A、B 在基线期有关物品的主动提问技能出现百分比为0,阶段内水准稳定,个案无主动提问"这是什么?"的技能。个案A、B经过了4周的教学干预,刚开始学生不知道该怎么问,只会拿着物品给康复教师看,进行相关或者不相关的描述。通过体验、回应、发起和运用等教学后,在第一次评估时就能主动提问,在之后的评估中稳定上升,说明阶梯式疑问句训练策略具有立即效果。在维持期撤销训练的情况下,研究者对个案A、B进行了4次评估,目标行为出现的平均次数均大于5,与干预期比较,重叠百分比为100%,表明教学具有维持效果。类化期的前两次评估是由个案的康复教师在课堂上穿插进行的,个案A、B主动提问的次数呈上升趋势,表明不同教学者的类化效果好。后两次的评估由个案的父亲和母亲在不同自然环境中各进行一次,目标行为的出现次数均大于等于5,表明在不同的情境下仍然有类化效果。由以上讨论可知,阶梯式疑问句训练策略对有关物品的主动提问"这是什么?"具有立即、维持和类化效果。

(二)阶梯式疑问句训练策略对主动提问"××在哪里"的教学效果

从以上研究结果可知,个案A、B在基线期有关物品的主动提问技能出现百分比为0,阶段内水准稳定,该个案无主动提问"××在哪里?"的技能。个案A、B经过了持续4周的教学干预期,刚开始学生不知道该怎么问,只会拿着物品给康复教师看,进行相关或者不相关的描述。通过体验、回应、发起和运用等教学后,在第一次评估时就能主动提问,在之后的评估中稳定上升,干预期的平均次数均大于5,与基线期的重叠率100%,说明阶梯式疑问句训练策略具有立即效果。维持期,研究者对个案A、B在撤销训练的情况下进行了4次评估,目标行为出现的平均次数均大于等于5,与干预期比较,重叠百分比为100%,表明教学具有维持效果。类化期的前两次评估由个案的康复教师在课堂上穿插进行,个案A主动提问的次数均大于等于5,表明不同教学者的类化效果好。后两次的评估由个案的父亲与母亲在不同自然环境中各进行一次,结果均大于等于5,呈上升趋势,表明在不同的情境下仍然有类化效果。由以上讨论可知,阶梯式疑问句训练策略对有关物品的主动提问"××在哪里?"具有立即、维持和类化效果。

五、反思

本研究采用阶梯式疑问句训练策略对两名学龄自闭症儿童进行了特指问句"这是什么?""××在哪里?"的干预,结果表明用阶梯式疑问句训练策略对提高学龄自闭症儿童主动提问能力具有良好的立即、维持效果。个案A、B在基线期几乎没有主动提问技能,在经过阶梯式疑问句训练策略教学介入后,该个案关于物品的主动提问技能、关于地点的主动提问技能的出现次数明显高于基线期,显示教学介入具有立即效果。个案 A、B 的主动提问技能出现次数在维持期的出现率均在 50% 以上,与介入期的重叠百分比均为百分之百,反映出了很好的维持效果。本研究中阶梯式疑问句训练策略对自闭症儿童主动提问技能教学后的类化效果较好,在类化期,个案 A、B 的生活语文、生活数学教师和父母对儿童在不同情境下的主动提问技能进行了评量,结果显示具有类化效果。阶梯式疑问句训练策略有良好的社会效度,在教师访谈中,教师认为阶梯式疑问句训练策略提升了自闭症儿童的主动提问技能;在家长访谈中,家长对阶梯式疑问句训练策略持肯定态度。阶梯式疑问句训练策略不仅可以提高学龄自闭症儿童的主动提问技能,而且有利于其认知、沟通的发展。

  本研究验证了阶梯式疑问句训练策略对学龄自闭症儿童的主动提问技能,具有立即、维持和类化效果,并且还可以促进其他技能的发展。通过比较类化期和维持期的结果我们可以看出,行为一和行为二的效果要好于维持期。分析发现由于两名自闭症儿童的认知能力处于中等、性格较为内向,在课堂教学中教师对其关注度不高,并且教师大多是知识的传授,忽略了学生探索思维的培养。因此,研究者建议教师在以后的教学中可以使用阶梯式疑问句训练策略,培养学生主动提问、不断探索的能力。除此之外,主动提问是社会交往的重要技能,在教学后的类化需要更多家庭成员的参与,建议学校或者教师可以教导家长阶梯式疑问句训练的方法,通过家校合作,共同促进学生的进步。

(指导专家:于素红)

■ 参考文献

[1] 凤华,周婉琪,孙文菊,等. 自闭症儿童社会——情绪教育实务工作手册[M]. 重庆:重庆大学出版社,2015:179.
[2] 林丽英. 家有学语儿游戏篇[M]. 上海:华东师范大学出版社,1996:100
[3] 李宇明. 儿童问句理解的群案与个案的比较研究[J]. 语言教学与研究,1997,19(04):96-97.
[4] 李宇明,陈前瑞. 儿童问句系统理解与发生之比较[J]. 世界汉语教学,1997(04):91-99.
[5] Koegel R L, Bradshaw J L, Kristen A, et al. Improving question-asking initiations in young children with autism using pivotal response treatment [J]. Journal of autism and developmental disorders, 2014(44):816-827.
[6] Goodwin A, Fein D & Naigles L Comprehension of wh-questions precedes their production in typical development and autism spectrum disorders [J]. Autism Res. 2012,75(5):109-

123.

[7] Jahr E. Teaching children with autism to answer novel wh-questions by utilizing a multiple exemplar strategy [J]. Research in Developmental Disabilities, 2001(22):407-423.

[8] Tracy Raulston, Amarie Carnett, Russell Lang, Amy Tostanoski, Allyson Lee, Wendy Machalicek, Jeff Sigafoos, Mark F. O'Reilly, Robert Didden, Giulio E. Lancioni. Teaching individuals with autism spectrum disorder to ask questions: A systematic review [J]. Research in Autism Spectrum Disorders, 2013,7(7).

[9] Carole Marion, Garry L Martin, Yu CT, Charissa Buhler. Teaching children with Autism Spectrum Disorder to mand "What is it?" [J]. Research in Autism Spectrum Disorders, 2011,5(4).

[10] Cheryl Ostryn, Pamela S Wolfe. Teaching children with autism to ask what's that? Using a picture communication with vocal results [J]. Infants & Young Children, 2011(26).

[11] Cheryl Ostryn, Pamela S Wolfe. Teaching Preschool Children With Autism Spectrum Disorders to Expressively Discriminate Between "What's That?" and "Where Is It?" [J]. Focus on Autism and Other Developmental Disabilities, 2011,26(4).

[12] Palmen A, Didden R & Arts M. Improving question asking in high-functioning adolescents with autism spectrum disorders: Effectiveness of small-group training [J]. The Autism, 2008,12:83-98.

[13] Tager-Flusberg H, Paul R, Lord C. Language and communication in Autism. In F. Volkmar, R. Paul, A. Klin, D. Cohen (Eds). Handbook of Autism and pervasive developmental disorders Vol. I (3rd) [M]. New York: Wiley, 2005:335-364

[14] 郝怡娜. PRT 的自我发起对学前自闭症儿童主动提问技能的干预研究[D]. 重庆:重庆师范大学,2016.

[15] 李丹. 自闭症干预的关键性技能训练法[M]. 北京:北京大学出版社,2014:1+30.

[16] 张蕾,刘巧云,郭强,等. 基于 ECNU 阶梯模式的语言发育迟缓儿童语音模仿技能干预个案研究[J]. 中国听力语言康复科学杂志,2023,21(01):72-75.

[17] 刘巧云. 儿童语言康复学[M]. 南京:南京师范大学出版社,2021:173-173.

[18] 钮文英,吴裕益,主编. 单一个案研究法——研究设计与后设分析[M]. 新北:心理出版社,2015:2-37.

[19] 杜正治,主编. 单一个案研究法[M]. 新北:心理出版社,2010:234-237.

融合教育中同伴介入对于自闭症学生的干预研究

姚 秦[*]

摘 要：本研究以自闭症学生天天为例，探讨了同伴介入策略在融合教育中的作用。研究设计包括课堂观察、同伴选择、同伴培训和课堂实践等环节。研究发现，同伴介入策略能够帮助天天改善语言沟通能力，提高其社会适应能力，为融合教育提供有效支持。此外，同伴介入策略有助于提升融合课堂的质量，使个案能够更好地适应课堂环境，减少不良行为的发生，并提升个案的学习效果。总体而言，同伴介入策略为自闭症儿童的融合教育提供了有效的支持途径，有助于提高他们的学习成效和适应能力。

关键词：融合教育 同伴介入 自闭症

一、研究背景

（一）基本情况

天天，男，8岁，智力发育迟缓、轻度自闭症，目前二年级。家庭成员有爷爷、奶奶、爸爸、妈妈和弟弟，父母两人均为IT行业工作者，家庭经济状况良好。平常以爷爷（在校陪读）陪伴为主，回家后以妈妈辅导为主，家庭氛围和睦，父母希望孩子能够快乐成长，好好学习。天天3岁左右发现成长异常，2016年在新华医院诊断为疑似自闭症，遂开始进行干预训练，初期在苹果树、大米和小米、北京首儿李桥儿童医院进行治疗，治疗以感统和语言等训练为主，后期增加针灸等治疗。父母周末会全程陪伴和户外游玩，康复情况良好。

本校是一所九年一贯制的公办学校，天天是本校的第一个低年级自闭症儿童。在此之前，我校的随班就读学生都属于程度较轻的智力障碍类型，一般通过制定个

---

[*] 作者单位上海市嘉定区金鹤学校

别化教育计划、提供个别化辅导来辅助学生可取得明显成效。但是，这种方式能否对自闭症学生起效？学校能否更有针对性地去帮助自闭症学生达到融合教育的理想效果？这都是值得我们思考的问题。研究者通过与班主任、家长的访谈以及自身的观察发现，该生社会适应能力较强：能知道自己的班级、能帮助家里做一些简单的家务、会操作普通的家用电器等；语言沟通能力比较弱：大多时候表达的内容比较简单，有时会出现表达混乱的情况，缺乏连贯性；在与他人沟通时，往往缺乏主动性，难以维持现有的话题，并且较为排斥与陌生人交流；对于教师的口令及要求仅能理解一些简短的语句。

因此，希望通过本课题的研究开展，改善该学生在语言沟通、社会适应、学业等方面的不足，促进其能力的提升。

（二）核心概念界定

1. 融合教育

融合教育是用来描述障碍学生融入主流班级、学校、社区环境，参加学习和社会活动的专业术语，其基本含义是不要把障碍儿童孤立于隔离封闭的教室、学校、交通设施和居住环境之内，主张那些有特殊需要的儿童能真正地和正常发展的同伴一起参加学前教育、基础教育和高等教育，最大限度地发挥有特殊需要儿童的潜能[1]。融合教育即让特殊儿童进入普通班级，和普通儿童在相同的环境中，接受特殊教育服务，并和普通儿童共同学习的一种教育方式。在我国，融合教育主要以随班就读的安置形式存在。

2. 同伴介入

同伴介入是一种有组织的服务形式，它基于同伴儿童之间友好相处的自然趋向，通过对同伴进行有关技巧的培训，可以在特殊需要儿童遇到困难的时候提供支持和帮助[2]。

3. 孤独症

孤独症是自闭症（自闭症谱系障碍）的别称，这是一种起病于婴幼儿时期，因神经心理功能异常而导致社会交往、情感沟通交流、行为障碍的精神发育障碍，并伴有明显的智能减退，是一种全面性发育障碍[3]。现在对自闭症的诊断标准主要依据美国精神病学会最新发布的《精神障碍诊断统计手册》(DSM-5)的相关标准，将自闭症按照社会交流、狭隘兴趣和重复刻板行为两方面的障碍程度进行等级划分。本研究中的个案属于轻度障碍自闭症，需要来自他人的有限帮助。

二、研究设计

(一) 同伴介入前的准备工作

1. 课堂观察

在对个案进行同伴介入干预之前,研究者首先通过课堂观察,记录个案在干预前课堂中的表现,包括个案对教师、同伴支持行为的反馈,以此来与干预后的课堂进行对比。干预前课堂支持实施情况观察记录见表1。

表1 干预前课堂支持实施情况观察记录

学生姓名	天天	班级	二(4)	学科	语文
观察时间	2021年11月4日	执教者	林	观察者	姚
环节		支持行为		反馈行为	
教师指令"上课!"		同伴用手拉		起立、弯腰,但没有问好	
翻书到P25		教师走近,轻敲桌子		翻到P25,但不知道接下来做什么,走神	
朗读		教师让同伴给个案指出朗读的内容		跟随班级朗读,但节奏不统一	
合上书本,看视频		教师眼神示意		观看视频	
教师提问其他同学				随意翻书,站立坐下	
教师提问天天		教师走近,重复问题		回答问题	
翻书到P26		教师让同伴帮助翻书			
教师指令"下课!"		同伴用手拉		起立、弯腰,大喊"再见"	
观察小结	通过观察,个案在课堂上能够理解简单的指令,但需要同伴的督促完成(同伴的动作、力气较大时有明显的抵抗);当教师提问其他同学时容易走神,甚至随意离开座位,而这时同伴并没有阻止;个案自己回答问题的时候反应较慢;对于重复多次的指令,如翻书这个行为,出现缺乏耐心的情况,以至于不愿配合执行。				

注:支持行为包括教师和同伴的支持行为;反馈行为包括个案情绪、语言、动作的反馈。

2. 选择同伴

在实施同伴介入策略之前,需要确保选择的同伴是有效的,能够对自闭症儿童起到积极的作用,结合个案自身的特点进行考虑:个案的学业成绩处于中下水平,虽然父母每天都会帮助个案复习课堂所学和讲解家庭作业,但个案接受每日课堂中的知识存在困难。与此同时，个案存在注意力不集中的问题，有时不能跟上教师的节奏，对教师的课堂作业或练习的要求也不能理解。

基于个案的以上特点，研究者选择同伴时考虑以下几个原则。

（1）学业水平。对于普通学校中的学生来说，成绩一直是最受关注的方面。所以，在选择同伴时，首先考虑班级中成绩比较优异，能够独立完成课堂和课后作业，并且学有余力的学生。

（2）社交能力。挑选在班级中比较活跃的学生，这类学生上课能积极发言，语言表达能力好，朋友数量较多，在同龄人中具备一定的领导力。

（3）接纳态度。在过去一年的相处中，班级里有的学生能够接受天天的"特殊"，而有的学生则认为他会影响到别人，不愿与其一起学习。所以，选择的同伴须对个案持有一定的包容度，能够释放善意，愿意帮助个案。如果不顾同伴的意愿强硬安排，会造成同伴的心理不适，难以保证后续干预工作的顺利开展。

（4）同伴人数。考虑到二年级学生的实际能力，同伴之间进行轮换可以减少担任同伴学生的负担，与此同时，同伴人数不宜太多，否则频繁更换同伴也会造成个案的不适应。

通过班主任提名推荐，从个案所在的班级中初选了10名成绩较好、社交能力较强的学生作为同伴介入的候选人，男女各5名，研究者会在对他们进行访谈后选出合适的4位同伴。男生用M表示，女生用F表示。同伴候选人访谈记录见表2。

表2　同伴候选人访谈记录

Q1:你觉得天天可以和你们一起学习吗？	
M1:可以，我跟他幼儿园就是一个班的。	F1:可以。
M2:可以，他也和我们一样是小学生。	F2:可以，小朋友就是应该上学校学习啊！
M3:可以。	F3:不可以，他不听话，会打扰别人。
M4:可以。	F4:可以。
M5:不可以，上课的时候他会随便走出位子，影响到我们了。	F5:可以。
Q2:天天在课堂或课间主动和你有过语言交流吗？	
M1:没有。	F1:没有。
M2:有，有一次我站在他位子旁边，我听到他说"走开！"	F2:没有。

(续表)

M3:没有。	F3:没有。
M4:没有。	F4:没有。
M5:没有。	F5:没有。
Q3:你在课堂或课间主动和天天有过语言交流吗?	
M1:有,老师让我在课间的时候多和他说说话,我说了,但是他不理我。	F1:有,我给他发作业的时候,说"天天这是你的作业本",他和我说了"谢谢"。
M2:有,体育课排队的时候我跟他说怎么站,他不听,我就拉他站好。	F2:有,老师也让我多和他说说话,但是他说的时候声音很轻,不知道是自言自语还是在和我说。
M3:有,有一次上课的时候我想问他借一下橡皮,他不回答,我就找其他人借了。	F3:有,上课了,我让他坐好。
M4:没有。	F4:有,我也让他坐好。
M5:没有。	F5:没有。
Q4:你愿意和天天做朋友吗?	
M1:愿意,我最喜欢交朋友啦!	F1:愿意,我和他多说点话,说不定就能成好朋友了。
M2:愿意,我有很多朋友,我们可以一起做朋友。	F2:愿意,他有困难和我说,我可以帮他。
M3:愿意,朋友可以互帮互助。	F3:不愿意,我和他说不了话,怎么做朋友呢?
M4:愿意,老师说一个班级的同学就是好朋友。	F4:愿意,如果他想和我做朋友,我就和他做朋友。
M5:不愿意,我不知道怎么和他交朋友。	F5:愿意,我也喜欢交朋友。
Q5:如果你能够帮助到天天,你会感到高兴吗?	
M1:会,帮助别人是最快乐的。	F1:会。
M2:会。	F2:会,这样我们都会很开心。
M3:会,我知道,这就是乐于助人。	F3:会吧,可是我能帮他什么呢?
M4:会,我帮到别人就会很高兴。	F4:会。
M5:可能会吧,老师说要乐于助人,帮助人会开心的。	F5:会,我可以帮他功课,这样他就不会被老师批评了,也不会生气了。

访谈主要从了解同伴候选人与个案沟通的现状及对于帮助个案的主观意愿出发,根据访谈结果,研究者最终选择了 M1、M2、F2、F5 这 4 位学生作为选定的同伴支持者。

3. 培训同伴

对于已经被选择的学生来说,虽然他们有意愿去帮助个案,但是对于如何帮助个案、在哪些情况下可以提供帮助等方面是缺乏了解的,所以干预前的培训是必不可少的。

(1) 向 4 位同伴简明扼要地介绍个案的基本特点,以便同伴们进行心理建设。同时,确保同伴在对待个案时具有正确的态度,并教导他们与个案进行沟通时采用正确的方式。此外,也需要教导同伴们在个案焦躁不安有激烈行为时如何保护自己。

(2) 在语言使用上的要求。针对个案常常对他人的话听而不闻、闻而不懂的情况,结合二年级学生的水平,指导同伴使用简单直接的语言。如"天天拿出笔""天天翻到第 5 页""天天看黑板"等。

(3) 针对课前准备活动。对于个案来说,提供结构化的环境有助于其保持较为放松的状态,并对学习课堂知识有所帮助。同伴们可以在每天早读前将当天的课表抄写一份,贴在个案课桌的右上角,提示个案在课前准备好课本和上课所需的工具。对于需要特殊工具的学科,如体育课需要携带跳绳、美术课需要携带水彩笔等,同伴们可以在前一天写在个案的备忘录上以便其回家做好准备。第二天上课前再提醒个案拿出相关物品。

(4) 针对课堂中的情况。①由于个案自闭症的特点,在课堂中偶尔会出现情绪焦虑、躁动不安或离开座位等情况。在这些情况下,上课的教师常常会停下讲课,去纠正个案的行为或指导他做其他的事情,然而,这种行为的频发影响课堂的正常进行。因此,需要培训同伴在这些时候通过动作或轻声语言来提醒个案坐下,或通过绘画等方式转移个案的注意力。②针对课堂练习的情况,有时候需要同桌相互检查作业,但个案每次只会将作业交给任课教师,导致任课教师在讲解时被个案打断。在这种情况下,同伴应主动拿过个案的作业进行检查。又比如在体育课上,当全班集体跑步时,个案会因为缺乏兴趣而脱离大部队提前停下来开始在操场上闲逛。在这时,同伴可以引导个案继续跑步,或者给个案安排一个固定的位置供其休息,避免因其乱跑导致的安全隐患。

(5) 针对课间活动。个案在课间的时候常常会独自在教室或走廊上徘徊,不与其他同学一起玩耍或沟通。如果同伴在课间能够与个案一起做游戏或聊聊天,有助于适当调整个案的习惯,并促进个案语言能力的发展。游戏可以选择"石头剪刀布""你画我猜"等,在游戏中尝试与个案进行简单的问答式交流。

(二) 同伴介入的实施工作

在选择同伴、培训同伴后,最关键的还是实施同伴介入,在实施中可能面临各种始料未及的情况,需要在实施中不断地调整计划,慢慢地让个案适应,再慢慢地改变个案。

1. 创建良好的环境

同伴支持的有效性取决于个案对这些同伴的接受程度以及他们之间是否能建立亲密友好的关系。自闭症儿童更容易适应结构化的环境,因此个案及同伴的位置应固定,需要让个案意识到这些同伴的存在。本研究中的4位同伴分别坐在个案的前方、左侧、右侧及后方,以接近个案,使其适应这几位支持者的存在,并在教师的引导下建立亲密的朋友关系。学生座位表如图1所示。

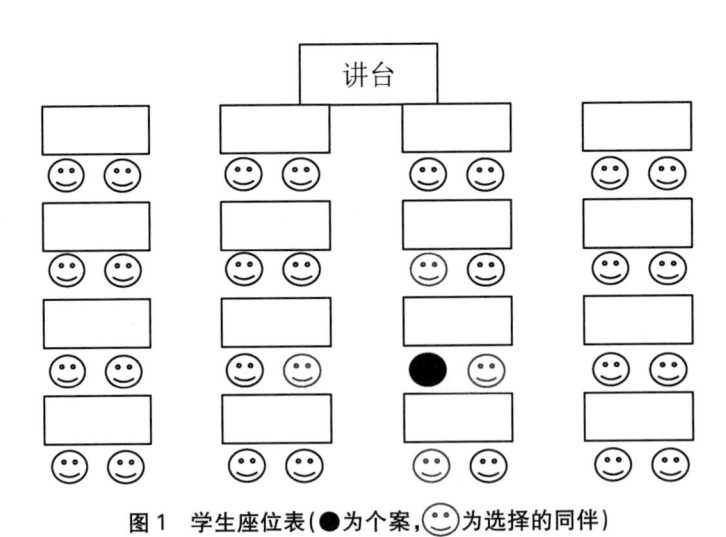

图1 学生座位表(●为个案,☺为选择的同伴)

2. 在课堂中纠正个案的不良习惯

由于个案无法理解规则的含义,也不知道遵守规则的意义,因此通常对于班级规则和教师的要求漠不关心,如个案有时会无故离开座位,当他有站起来的意图时,作为同桌的同伴应该及时轻轻拉住个案的手制止个案离开座位,并轻声提醒"天天,坐下来。"如果个案已经离开座位,可以由几个同伴一起引导其重新坐回座位。

3. 在课堂中促进个案学习技能的进步

个案的注意力经常不集中,同伴可以在个案开始走神时轻碰个案手臂,以拉回其注意力。当教师指定翻书时,同伴应帮助个案翻到相应页码,并在多次尝试后,慢慢转变成同伴示意,个案自己翻页。此外,如果教师在黑板上写内容时,同伴应提醒个案看黑板,专注教师的授课内容,以跟上教师的上课节奏。

4. 在课堂中减少个案问题行为的发生频率

同伴要争取在个案情绪不稳定之前察觉到,并提前准备纸张(个案喜欢在纸上画画),以安抚个案情绪。如果个案已经出现这种情况,同伴也应该先确保自己的安全,待个案稍微平静下来之后,再提供准备好的物品,以减少问题行为的再次出现。

5. 监督与管理同伴

在同伴介入策略实施的过程中,适当的监督是必不可少的。它既可以防止同伴出于长时间的支持工作而导致的消极怠工,也可以更好地发现实施过程中出现的其他问题,以便及时纠正,达到最佳的支持效果。

对于同伴支持者,可以从 3 个方面来进行评定:首先,个案自行评定,研究者在学期末采取询问的方式,引导个案说出这个学期他最喜欢的同伴是谁;其次,同伴之间互相评定,每位同伴可以通过讨论评定谁做得最好,并说明理由;最后,任课教师评定同伴的工作情况。班主任可以在班会课或其他契机公开表扬最负责的同伴,同时给予一定的奖励,这不仅能够提升他们对于这项工作的认真态度,也能让他们成为其他同学的榜样,引导更多的学生来关注并帮助个案。

6. 对同伴支持工作的调整

研究者不定期与 4 位同伴支持者进行深入的讨论,询问他们在工作中遇到的问题,并解决困难。最初阶段,常常会遇到一些问题,比如"我告诉他要翻到多少页,但他不动""有时他站起来,我拽不住他""我和他说话,他总是不理我"等。在这种情况下,研究者要耐心倾听他们的问题,并提供建议。在研究过程中,最初的阶段是至关重要的,因为个案对于 4 位同伴支持者的接受和适应需要一个漫长的过程。在最初的两个多月里,同伴需要时刻以身作则,示范如何做,甚至主动帮助个案,而到学期末,个案能够根据同伴的语言提示拿出相关的物品。

三、研究结果

(一)同伴介入策略有助于提升融合课堂的质量

教师在课堂上的时间是有限的,而内容也是有计划的,给予某个孩子过多的关注会影响课堂教学效果,也对其他学生不公平,而同伴支持恰好解决了这些问题。

干预后课堂支持实施情况观察记录见表3。

表3 干预后课堂支持实施情况观察记录

学生姓名	天天	班级	三(4)	学科	语文
观察时间	2023年1月6日	执教者	林	观察者	姚
环节	支持行为		反馈行为		
教师指令"上课!"	同伴提醒,轻拍手臂		起立、弯腰、问好		
观看视频			观看视频		
讨论	同伴引导,进行简单的提问		参与讨论,进行简单的回答		
翻书到P38			翻书,看内容		
教师提问其他同学	同伴提醒认真听讲		注意回答问题的同学		
教师提问天天	同伴提示帮助		回答问题		
做练习	同伴指导		完成练习给同伴检查		
教师指令"下课!"			起立、弯腰、说"再见"		
观察小结	通过观察,个案在课堂上不需要同伴每次督促才能完成指令,并且同伴在培训之后采取了更加温和的方式提醒个案;同伴能够及时注意到个案走神的情况,这时都会把个案的注意力拉回来;教师提问个案时,有了同伴的帮助,个案回答较为流畅;对于重复多次的指令,也能够耐心配合执行				

实施同伴介入策略后的课堂观察发现,同伴支持的水平得到了提高,同伴在课堂环节中知道自己应该在什么时候给予支持,并且知道通过恰当的方式去支持个案。在经过两学期的支持后,个案在班级中的适应度和学业、社交等方面都有所提升。从课堂中来看,个案随意离座的情况逐渐减少,在课堂中教师对个案的关注也减少了,课堂进展明显顺畅。

(二)同伴介入策略有助于提升个案的语言沟通能力

通过同伴介入策略干预后,个案尖叫、随意下座位的情况越来越少,取而代之的是清楚地表达需求,表达自己的情绪,偶尔还可以主动与熟悉的人进行问答等。个案的语言理解与表达、沟通功能都有较好的提高。语言理解方面,个案可以理解生活中大部分的语句;语言表达方面,能从词汇到简单句然后到复杂句。语言理解与表达能力的提高,使得个案能更好地与家长、教师、同学进行沟通,能更清楚地表达自己的需求与情绪,不再是尖声大叫或随意走动,这也帮助个案提升了沟通的有效性。

四、反思

在本研究中,同伴支持者们在研究初期很积极地做着支持工作,遇到困难也会实时跟研究者说,请求帮助。但在第二学期中,有的支持者对于这份工作不再感兴趣,不愿意继续下去,需要临时更换同伴,这意味着又要重新开始同伴培训,耗费不少时间。

另外,在确立了同伴支持后,应该把支持计划常规化、系统化,纳入到班级的日常考核管理中,让其作为班级的常态存在,让班级学生主动接纳、学习怎样帮助自闭症儿童。

(指导专家:陈莲俊)

参考文献

[1] 方俊明.融合教育与教师教育[J].华东师范大学学报(教育科学版),2006,24(3):37-42.
[2] 张玲玲,张文娟,李小玲.同伴支持:学校欺负干预的新视角[J].教育科学研究,2005(1):37-40.
[3] 华红琴.障碍儿童社会工作:理论与实务[M].北京:社会科学文献出版社,2018.

随班就读阿斯伯格学生同伴关系个案干预研究

郑苏雯[*]

摘　要：本文从一线班主任的视角出发，持续关注随班就读阿斯伯格综合征个案三至五年级的同伴交往情况，运用问卷调查、个别访谈、案例追踪等研究方法，对个案本人、班级同学、家长监护人和其他教师进行观察、问卷和访谈调查，收集了来自不同视角反馈的信息和不同类别随班就读学生的个案资料，并对数据资料进行了分析处理。调查结果表明，五年级之前个案在同伴关系上总体处于被忽视和被拒绝状态，主要原因是难以控制情绪、破坏规矩及其极少数出现的攻击性行为。五年级时，个案虽然在尊重规则和控制情绪上仍然有较大困难，但是其事后能够主动道歉和反思，总能看到同伴优点，这使他的同伴关系明显改善。同伴关系的改善离不开个案本人的努力、良好的同伴榜样、密切的家校合作及适宜融合的班级管理方式。

关键词：随班就读　阿斯伯格　同伴关系　个案研究

一、引言/研究背景/问题提出

随班就读（Learning in Regular Class）是20世纪80年代我国政府在解决残疾儿童入学问题方面采取的一种教育政策，指在普通教育机构对特殊学生实施教育，为我国特殊教育的主要形式之一。[1][2][3]我国各个地方的具体实施办法略有不同，其中上海市的规定是："随班就读对象的确定应严格执行残疾标准（参照第二次全国残疾人抽样调查《残疾标准》），必须根据残联部门指定的残疾鉴定医疗机构的鉴定结论，由家长向学校提出申请，区县教育行政部门应组织专家进行审核，如果学生情况符合残疾标准，可同意其作为随班就读学生，取得随班就读学籍。"[4]政策解决了特殊学生入学的困难，但在实际的学校生活中，随班就读学生及其家长，普校教师、普通学生及其家长都面临着较大的挑战。同伴关系主要指同龄人间或心理发展水平相当的个体间在交往过程中建立和发展起来的一种人际关系，对儿童和

---

[*] 作者单位嘉定区武宁路实验小学

青少年的社会性发展具有至关重要的作用。[5]本文主要研究影响随班就读学生与班级普通学生在交往过程中建立和发展人际关系的原因以及尝试进行干预的措施。

小陆(化名)男,家族无相关病史,3岁前除了不开口说话,其他发育状况良好,被诊断为自闭症谱系障碍(简称自闭症)中的阿斯伯格综合征(简称阿斯伯格)。之后,该生坚持上午在公立幼儿园正常上课,下午回家休息。幼儿园毕业以后,休学一年。期间,由母亲教授一年级知识,并在专业康复机构接受训练。小陆家庭氛围比较和睦,父母感情较好,母亲性格外向活泼,父亲性格较为内向。小陆与祖父母同住,外公外婆住在同市他区,经常来家里帮助照顾。之前家庭中只有母亲对于孩子的情况看待较为客观,一直在主动寻求专业人士的诊疗和帮助;家庭的其他成员在一年级入学前一直认为自己的孩子没有问题,只是语言发育比较迟缓。小陆性格更像母亲,活泼开朗,其语言和行为均具有明显的阿斯伯格综合征特征。

二、研究方法/研究设计

1. 问卷法

通过同伴提名问卷,研究个案学生在班级的受欢迎程度和社交地位;通过最好朋友限制提名法、友谊质量问卷,了解个案学生在班级的朋友数量和友谊质量;通过同伴交往问卷,了解个案学生与同伴交往程度、同伴交往意愿。

2. 观察法和访谈法

观察特殊儿童和访谈同伴、老师和家人,填写《ABC轶事观察记录表》,了解特殊儿童在校情况以及班级同学的同伴互动,梳理干预措施。

3. 评估

根据《特殊儿童语言与沟通能力评估手册》,对随班就读学生进行言语交际、会话技能及非言语交际3方面的评估。

三、研究结果

(一)四年级阿斯伯格个案同伴接纳程度较低且交往对象比较局限

1. 同伴接纳程度较低

在收到的44份《同伴提名问卷》中,小陆没有被积极提名,消极提名11次,其中男生9名,女生2名,其被消极提名情况在班级中处于第三位。说明小陆的同伴接纳处于被拒绝状态,特别是班级中的男生对他接纳程度更低。值得一提的是,小陆曾多次表达想要和男孩子一起玩,但总是不能很好地进行同伴交往。

2. 同伴交往对象比较局限

同伴的交往程度从学习和玩耍两个方面进行调查。在 44 份《同伴交往问卷》中,发现在学习方面,女生比较关注小陆,与小陆的交流较多,男生与小陆在学习上的交往较少。在玩耍方面,小陆的交往对象多为教师安排的同桌(女生),以及在《同伴提名问卷》中被消极提名最多的前 4 名男生。他们在班级的同伴接纳程度比小陆更低或者稍好于小陆。总之,在玩耍的交往中,小陆的同伴交往对象比较局限,是班级同样有同伴交往问题的同学,他们在班级里都处于不被欢迎的处境。

3. 同伴交往意愿不乐观

统计班级内 42 份有效问卷与本班随班就读阿斯伯格学生小陆的交往意愿选择,愿意与小陆组队学习的同学有 13 人,愿意与他组队玩耍的有 14 人,愿意指的是选择了"一定会"和"可能会"选项,大概占有效问卷人数的 30%,其中 5 位同学选择愿意的理由是"老师说要互相帮助"(女生)、"同学之间要加深感情"等因素。

选择"不太会"和"不会"28 位同学中,其中明确表达自己不愿意与小陆组队玩耍的原因主要集中在破坏规则和脾气不好两方面,调查中多次出现"烦"这个理由,结合同学日常的反馈,可估计为破坏规则和脾气不好两者皆有。

总体来看,无论是学习方面还是玩耍方面,小陆在班级中的同伴交往意愿不乐观。在同学们罗列的理由中,小陆脾气差的主要表现在于大喊大叫。在需要达到一定学习要求和目的的学习组队中,小陆因为脾气差(或太吵)而受到大部分同学的拒绝。即使在组队玩耍中,大部分同学也会因为小陆脾气差、吵闹烦人及破坏规则等拒绝他,不过,班级的部分女生和个别性格温和的男生能够发现小陆有趣、有想法和有比较优秀的学习能力。

(二) 同伴交往问题产生源分析

1. 家庭因素

个案中,阿斯伯格的家庭氛围比较和谐友爱,虽然一开始家人们不认为孩子需要专业的诊疗,但是还是会配合妈妈带他四处寻求专业的帮助。6 个大人 1 个孩子的家庭结构,小陆一直处于被过于宠溺的状况,家里只有妈妈稍微严厉一些。平时,妈妈负责与学校教师沟通,非常配合学校的各项建议。四年级上学期,小陆在学校出现比较严重的攻击性行为,爸爸来学校沟通,发现爸爸对他情况的处理非常不熟练,无法安慰小陆的情绪。校长在帮助处理的同时,笔者与爸爸详谈后更加客观和具体地了解到小陆异于同龄人的家庭生活状况。当时,11 岁的小陆在家里洗完澡后,爷爷会用毛巾帮他擦干净身上的水,还会非常仔细地用身体乳帮他擦拭全身。每次大便之前,爷爷会在马桶里放上纸巾,小陆上完厕所后,爷爷要看一下今天的排便情况,才会把粪便冲掉。在此之前,笔者只了解到小陆有比较严重的排便困难,无法在学校自主排便,有时候上课上到一半,需要打电话回家上厕所。在生活中,当小陆刻板行为发生的时候,家里的大人基本都会满足他的要求。

这让他在学校的集体生活中也非常以自我需求为中心,经常用吵闹等方式提出不合理要求。四年级上学期,小陆和同桌 L 一起坐的时候,他会把本子丢在地上,让同桌 L 帮他捡起来,L 不捡,他就发脾气,把手边的书本直接扔在对方身上。在课堂上,小陆经常因为个人的注意力不集中,比如默写没有跟上,而大声吵闹要求停止正常的教学进度,为他一个人服务。特别是在他出现刻板行为的时候,他自我为中心的特点更加明显。比如他今天一定要找到自己的笔盖(桌面太乱自己弄丢),他会在班级里用大喊、摔门、骂人等行为,让大家停下所有的事情,一起帮他找笔盖。

结合上文所分析的家庭环境因素,小陆性格开朗活泼,家庭关系非常和谐。即使在学校经常与同学和老师发生矛盾,但他大部分情况下依然热爱与人交往,有时候遇到不认识的同学家长,都会热情地问候对方,很自然地攀谈几句。虽然小陆在同伴交往中遇到了许多困难,但是他能够强烈地表达自己的交友需求并为之做出努力。

2. 自身因素

阿斯伯格综合征所具有的语言发展迟缓、兴趣刻板、情绪障碍、社交行为障碍等特征在小陆的同伴交往中给他带来了很多问题,特别是小陆在语言与沟通能力方面的发展较同龄人更弱,为他的同伴关系带来了巨大的困难。三年级下学期,笔者用特殊儿童语言与沟通能力评估表对其进行评估,结果表明小陆的言语交际能力较弱,特别是在交际规则的遵守方面存在明显的问题,这也与问卷调查的结果比较符合。另外,小陆对于交际环境的把握和交际策略的运用能力较弱,也是影响其同伴关系的重要因素。

3. 学校环境

小陆所就读的普通学校是一所新建立的学校。随班就读学生有 4 名,分别是自闭症、轻度智力障碍、脑瘫(肢体残疾)等类型,各方面的师资力量有限甚至不够齐全,一年级至四年级时学校还没有正式的心理老师。班主任老师作为一名新教师,外出的培训也比较多。虽然班主任老师一直在努力地学习特教方面的专业知识,也考取了资源教师岗位证书,但其专业性仍然不足以处理小陆在学校遇到的许多事情。对于其他的普通教师,他们一开始对于特殊教育不够理解,会认为小陆是故意搞破坏,比较严厉的教育方式会激发小陆的情绪障碍,不得已地让某件事情的影响范围更大,结果更严重,从而影响普通学生的学习进度,让同学们对小陆产生更多的抵触心理。虽然有时老师们对小陆的一些行为举止失去耐心,但是随着理解的加深,在班主任老师不懈的调节和家长的密切配合下,大部分任教的老师们能够更加了解小陆的特征,在教育教学中更加注重教育方法,让小陆在学校能够更好地参加正常的教育教学活动,不断练习同伴交往的能力。

总的来说,小陆在同伴接纳层次上目前还处于被忽视和被拒绝的同伴接纳状态,主要的理由是脾气差而发生的大喊大叫和极少数的攻击性行为。但小陆本身的性格特点、学习能力和特长兴趣,对同伴们也充满着吸引力。家庭环境和学校环境总体和谐,教师接纳程度比较好,师生关系比较友好,能够为小陆进一步的同伴交往提供较好的环境。

(三) 制定干预方案

1. 充分准备,建立稳固的情感联结

作为一名新教师,第一次面对较为特殊的学生,笔者在小学入学之前,开展了细致的家访工作。通过访谈,笔者充分了解个案的生长史、医疗史与康复训练史。因小陆在家访中表现较好,笔者更为细致地了解了个案学前教育的情况。通过与妈妈单独详谈,了解了家庭成员对于个案目前情况的不同看法,也从妈妈这里得到了关于阿斯伯格综合征的一些视频资料。此外,笔者在工作中更为主动地去查阅了相关论文和书籍资料,关注有相似成长经历的网络账号,积极参加学校和市区级各类培训,以求更加了解个案情况。其间,笔者和个案的妈妈沟通交流,分享自己的学习成果。在教育教学中,用发现美的眼光去看待小陆,不断发现他的优点。在小陆做出不恰当的举动时,并不是一味地告状,而是耐心地了解情况,尽最大的努力为他解决问题,因此笔者和小陆之间建立了较为稳固的情感联结,也得到了家长的充分信任,为工作的顺利开展创造了条件。

2. 专业评估,确定干预方向

阿斯伯格综合征所具有的语言发展迟缓、兴趣刻板、情绪障碍、社交行为障碍等特征在小陆的同伴交往中给他带来了很多问题,特别是小陆在语言与沟通能力方面的发展较同龄人更弱,为他的同伴关系带来了巨大的困难。为了改善以上情况,为其制定更好的个别化教育计划,三年级时,笔者用特殊儿童语言与沟通能力评估表对小陆进行了评估。随着小陆的成长和多重干预措施的开展,小陆的情况有了较大改善。五年级下学期,笔者再次对其进行评估,小陆三年级下学期语言与沟通能力总体发展情况和言语交际各维度发展情况分别如图1和图2所示。

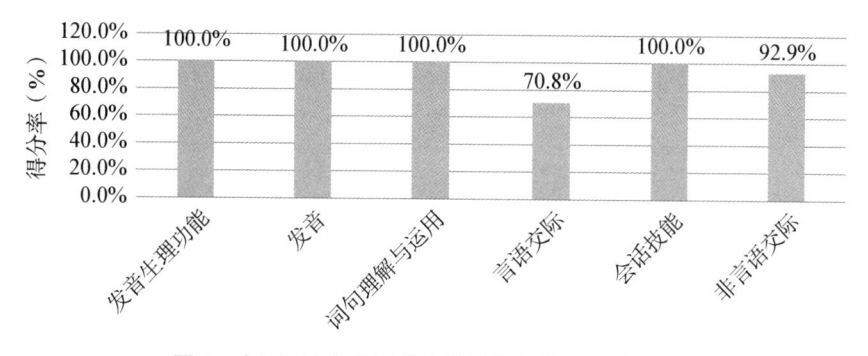

图1 小周语言与沟通能力总体发展情况（三年级下）

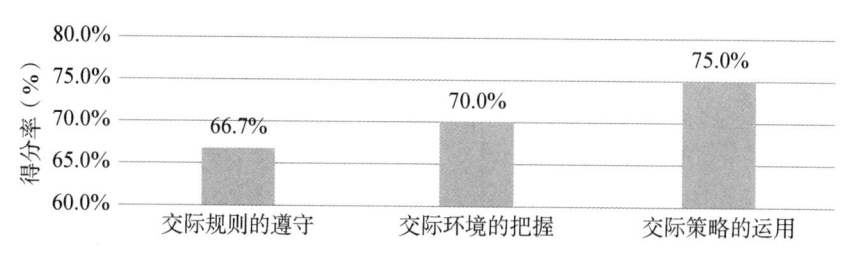

（发音生理功能 100.0%、发音 100.0%、词句理解与运用 100.0%、言语交际 70.8%、会话技能 100.0%、非言语交际 92.9%）

图2 小周言语交际各维度发展情况（三年级下）

（交际规则的遵守 66.7%、交际环境的把握 70.0%、交际策略的运用 75.0%）

（四）多重干预措施

1. 提升学校环境，寻求专业支持

在对个案小陆进行一年级入学家访时，妈妈已经详细地介绍了他的情况，作为班主任老师，笔者马上将小陆的情况上报给了学校。为更好地实现融合教育，学校安排笔者参加了上海市特殊教育岗位专业培训，每周二去华东师范大学听特殊教育专业的教授上课。在考取岗位证书后，笔者担任了学校特教教研组的组长，经常参加区特殊教育指导中心开展的各项培训。在充分的观察和思考后，笔者完成了区级随班就读口语交际方面的课题，以上学习和科研的过程中，笔者得到了校内外专业老师的教授和指导，有了极大的收获和思考。这让笔者从更加专业的角度了解了特殊学生，也切实地帮助到了班级随班就读学生小陆的在校学习体验。

虽然有了基本的特殊教育知识和经验，但是作为班主任老师不仅要关心随班就读学生的良好融入，更要心系普通学生的安全和健康，以及班级整体的教学进度和学习环境；面对其他家长的不满和个案家长的焦虑，还要设法做好家长的沟通工作，以上几方面的压力往往让班主任老师陷入比较无助的状态。对此，学校给予了充分的支持。在小陆出现特殊情况时，学校的教师以及门卫、保洁等职员，都能够给予更多的理解，帮助班主任老师处理各类情况。特别是当小陆在课堂上出现问题行为时,在学校领导的支持下,在个案家长和普通学生家长的配合下,笔者总结出了以下随班就读特殊情况处理流程,在实践中发挥了较好的作用。课堂应急处理流程如图3所示。

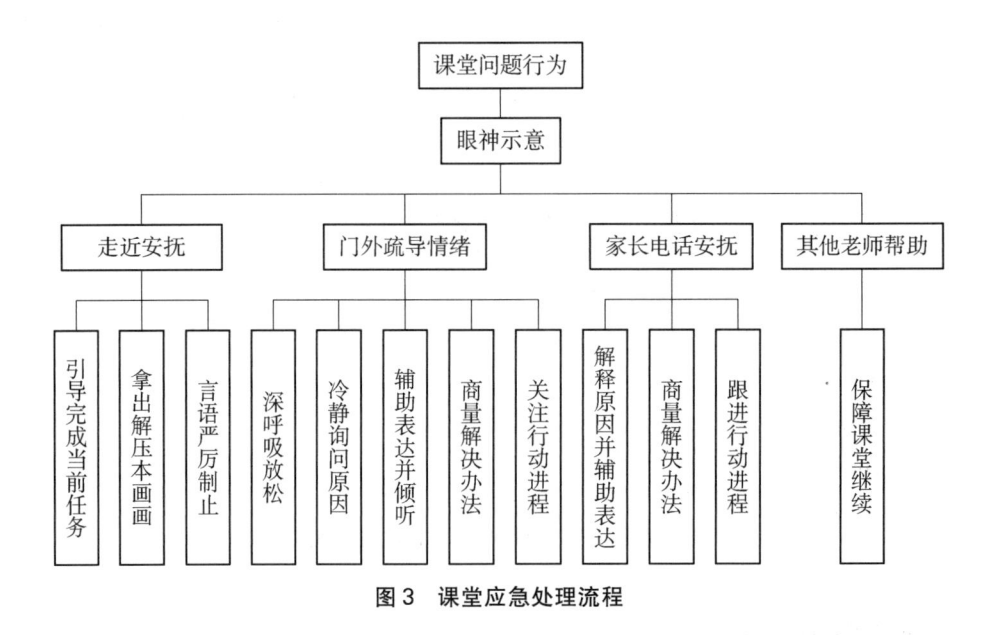

图3 课堂应急处理流程

五年级时,小陆所就读的普通学校已有正式的心理老师,在后续的干预中,给予更多的专业支持。班主任老师作为资源教师五年来积累了一定的工作经验,学校各级领导、教师和同学对小陆了解比较充分,特别是班主任老师针对小陆开展的班级管理策略,对小陆的同伴交往情况有一定的干预效果。

2. 班级管理策略,营造良好的班级接纳环境

(1) 集体后效班级管理策略。集体后效是一种根据小组中某个或某些学生的行为表现达标与否来提供预定的偏好物或活动的班级管理系统。笔者利用班级管理大师软件,建立学习小组,不仅把课堂举手、作业优秀等纳入积分,更把日常行规和参与班级活动也在集体讨论后给以加分。小陆默写较好,经常参加班级活动,因此加分的时候,他和小组成员都非常高兴,提高了班级同学的接纳程度,他也格外珍惜自己小组的积分,更加努力约束自己的行为。对于学习小组成员的分配,在学生自愿组队基础上,把小陆分到对其接纳程度较高的组员中,增加他完成任务的信心。

(2) 营造良好的班级接纳环境。在学习小组的基础上,鼓励同伴互助,通过结对帮助随班就读学生适应校园生活。经过观察,笔者在班级里选出了3位分工明确的结对伙伴,帮助教师处理紧急情况,密切关注小陆在校情况。女生同桌A和B

性格温和有耐心,对于异于常人的小陆较有兴趣,愿意帮助他,她们的家长能够体谅小陆的情况。在一至三年级里,她们轮流作为小陆的同桌,但总体的意外情况还是较多,比如铅笔芯戳到同桌的手指,朝同桌扔东西,哭闹时误伤身边的人等,因此会根据情况,让小陆冷静地一个人坐一段时间。在三、四年级时,小陆一直在努力约束自己,争取拥有一个长期的同桌。男生班委C作为班级比较有威望的班委成员,处理事情冷静有条理,是小陆在学校里比较崇拜的对象,他在小陆情绪失控时能快速控场,拉住小陆以免他做出较大的攻击性行为,给班长更多的时间叫老师到场解决事情。课间出现特殊情况时的应急处理流程如图4所示。

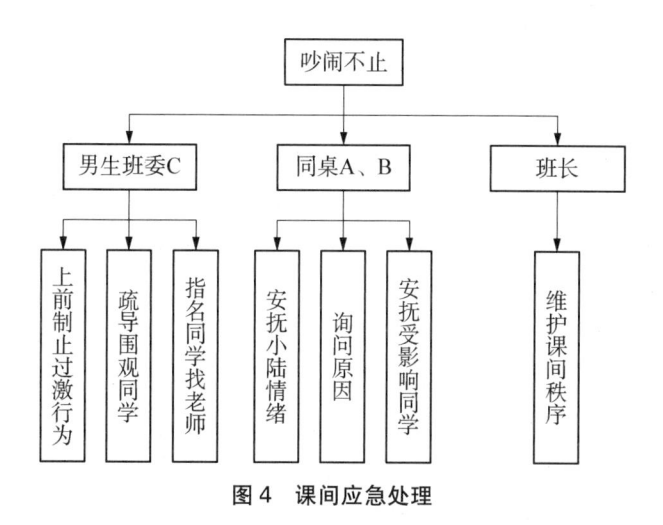

```
                    吵闹不止
         ┌─────────────┼─────────────┐
      男生班委C      同桌A、B        班长
      ┌──┼──┐     ┌──┼──┐         │
     上  疏  指    安  询  安        维
     前  导  名    抚  问  抚        护
     制  围  同    小  原  受        课
     止  观  学    陆  因  影        间
     过  同  找    情      响        秩
     激  学  老    绪      同        序
     行      师                学
     为
```

图4 课间应急处理

此外,笔者鼓励小陆展示优点,获得同学更多的正向关注。比如,个案小陆在情绪失控后,偶然几次用笔在本子上用力地随意涂画以发泄情绪,比起崩溃地大喊大叫,画画的方式所造成的影响更小,因此笔者请家长专门准备了一本解压本,一旦出现情绪问题,就尝试画图缓解压力。对于小陆的作品,笔者表现出一定的好奇心,引得其他同学也产生兴趣,受到一定正向关注的小陆开始用心作画。为了鼓励小陆对于画画的热情,笔者建议家长送他去学习更专业的素描,并把小陆的作品展示在班级的温馨家园中,在班级活动的各类美术作品征集中,都鼓励他参加并认真展示。现在,小陆不仅可以用画画解压,还可以用画画交到好朋友了,他们一起在本子上创作游戏,友好交流。

3. 整合教育资源,加强家校合作

在干预过程中,小陆的家人们在小学生活的过程中越来越重视小陆的特殊情况,能够更加客观地评价小陆,积极配合学校老师的教育。家庭分工明确,长辈负责日常接送和家务劳作。针对小陆宠溺的家庭教养方式,班主任老师多次与妈妈和爷爷沟通,但效果较差。在一次比较严重的攻击性行为后,学校书记出面,邀请小陆的家庭主要成员进行了更加深入的探讨,对受到伤害的学生和家长进行了道歉,帮助小陆家长正视小陆的家庭教育问题。此后,笔者进一步跟进家庭教育进程,为小陆布置个性化作业,比如:"自己的(　　)自己做""我为家人做了(　　)"等,每日在家校联系本上与家长沟通在校和在家的学习和生活情况,一段时间后效果显著,小陆的自理能力有了很大提高,不再指使班级同学为他服务,开始主动关心朋友和家人,这大大减少了小陆在校的刻板行为和情绪问题,在学校交到了好朋友,班级接纳程度有了很大提高。

此外,爸爸主要负责陪小陆玩耍,在家庭更多承担轻松的玩伴朋友角色。妈妈重点负责小陆的全方位教育和紧急情况处理,如在小陆身上经常出现的情绪崩溃,妈妈能够随时做好接听电话和来学校安抚小陆的准备,极大地缓解了小陆的随班就读困难。小陆家里的长辈非常理解和支持妈妈的教育工作,爷爷经常在接小陆的时候了解到他的情况,会将教师的意见比较客观地传达给妈妈,让事件得到及时的处理和良好展开。

这让小陆在学校的集体生活中逐渐打破同学们对他以自我为中心的偏见,在五年级时,他的大多数情绪表达从吵闹的方式变成了比较清晰的表达,在《ABC 轶事观察记录表》(见表1)中可以发现,五年级下学期小陆能够在忍受情绪的同时尽力跟着同学完成相应的任务,面对家长和老师的催促,他能够平静地表达,甚至能够忍住委屈,小声地哭泣。虽然大吵大闹的情况并没有全部消失,一个月仍然有3次左右,但是相较于以前有了质的进步。小陆正在努力控制自己的情绪,正在练习用更好的方式表达,已经开始主动弥补自己冲动所造成的后果。

表1 《ABC 轶事观察记录表》(部分)

个案姓名	小陆
观察活动事件或行为	大声吵闹
观察时间	2021 年 2 月—2022 年 3 月
观察者	郑老师

日期	具体时间	前奏(A)	个体行为(B)	行为结果反馈(C)
2022 年 9 月 13 日	下午	上课不听讲,自习课说话被同学告状	没有发脾气,但是上课不听讲不订正,下课时走廊兴奋地奔跑,说有人追他(实际没有人)	郑老师与家长沟通,认错态度极好,但是不写作业,拖拉现象严重

(续表)

日期	具体时间	前奏(A)	个体行为(B)	行为结果反馈(C)
2022年9月16日	放学后	中午的英语抄写作业没有完成	家长和老师催他快一些,吴老师说:"你要来不及了"他回答:"啊,那我跑着去。"	在师生情绪稳定的情况下,完成了学习任务
2022年9月28日	下午上课	与其他同学一起未按照要求写作业,在被要求重新写时崩溃	大喊大叫,推拉门窗,哭着说要留在学校冷静	郑老师与他沟通,冷静一些后,打电话跟家长说自己能控制好脾气,完成作业,正常上下学
2022年10月12日	早操	看到其他同学做操不认真	不认真做操,做出怪表怪动作,教师提醒后大声道歉(怪声音)	提醒他要有礼貌,保持安静后,告知学生已联系家长增加个性化回家作业,做操2遍。下午对老师和同学的态度非常好,碰到别人桌子,诚恳地说对不起,同学教他作业,他真诚地道谢

综上所述,小陆性格开朗活泼,家庭团结分工明确,这给了小陆很大的力量去克服缺点,每一位家长都积极配合学校教育,也让学校的各项干预措施很好地延伸到家庭中,做到了持续有效且全面的教育。经过长期的努力,小陆能够对自己同伴交往的现状有较好的认识,言语交际能力的提高,特别是对薄弱点的突破,让他在同伴交往的过程中有了质的变化。他能够更加关注他人的情绪,不再只以自己为中心,更加注重合理情绪的合适表达。

(五)五年级阿斯伯格儿童同伴关系改善状况分析

1. 语言与沟通能力提升较大

在良好的接纳环境下,通过结对伙伴的帮助,小陆在班级里有较多机会进行言语与沟通能力的练习。笔者发现,相较于以前,他在情绪稳定甚至部分情绪欠佳的情况下,都能努力地遵守之前较为薄弱交际规则。五年级下时,笔者对其语言与沟通能力总体发展情况和言语交际各维度发展情况再次进行了评估,三年级与五年级的对比分别如图5和图6所示。

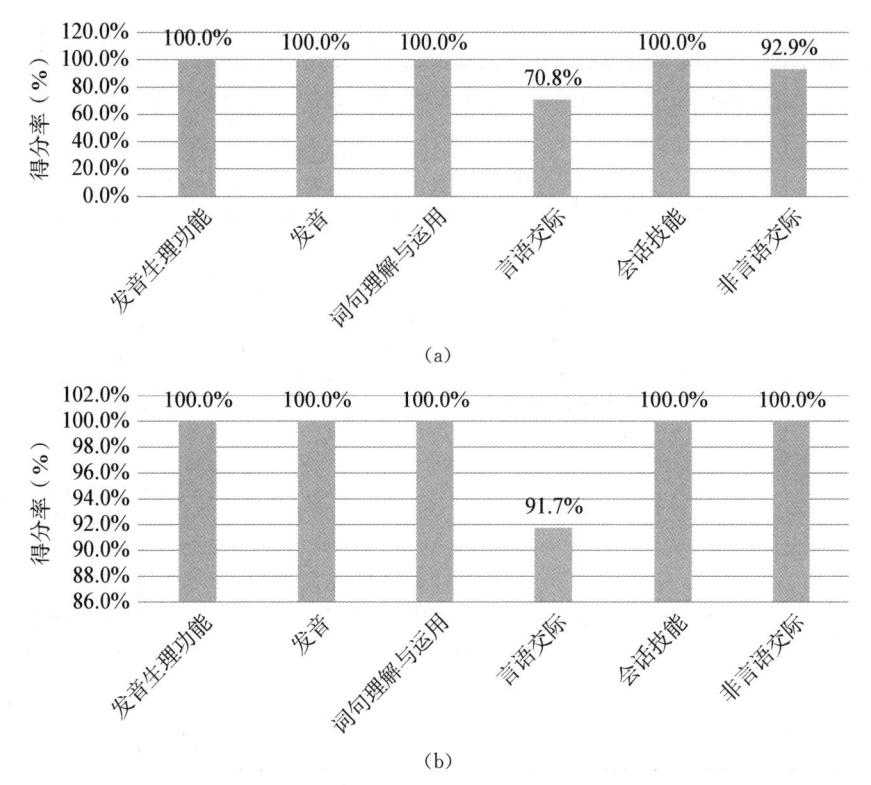

图 5 小陆语言与沟通能力总体发展情况对比

(a)三年级下；(b)五年级下

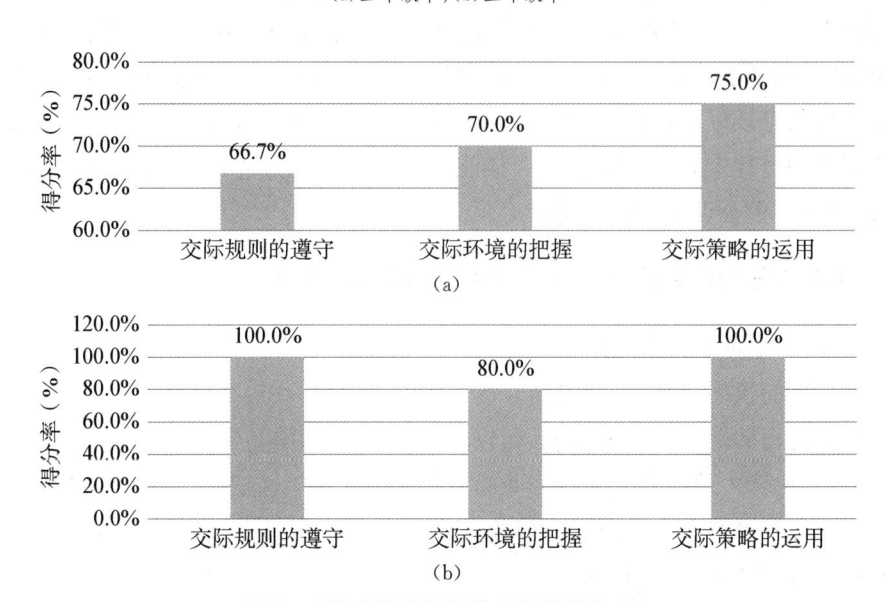

图 6 小陆言语交际各维度发展情况对比

(a)三年级下；(b)五年级下

结果表明小陆的言语交际能力有了很大提升，他对交际环境有了更好的把握，能够更好地遵守交际规则，运用更好的交际策略，对自己的言行举止能及时地道歉和反思，因此言语交际出现的刻板行为、情绪失控等对课堂和其他同学的影响降到较低程度，这极大地缓解了同伴交往的困境。

2. 同伴接纳程度较四年级明显提高

在收到的36份有效的《同伴提名问卷》中，小陆从四年级没有被积极提名和消极提名11次，到五年级有积极提名2次，消极提名降低至3次。其被消极提名情况已经远低于班级其他几位同学。说明小陆的同伴接纳情况有了很大改善，特别是班级中的男生对他接纳程度明显提高，小陆想要和男孩子一起玩的目标正在达成中。

3. 建立了比较稳固和健康的友谊

虽然在学习的同伴交往中，仍旧是女生比较关注小陆，在学习上与小陆的交流较多，男生与小陆在学习上的交往相对较少。但在玩耍方面，五年级时共有20名同学观察到小陆曾与12名同学玩耍过，四年级时只有11名学生关注到7名同学与小陆的游戏交友情况。其中小陆的好朋友Z被7位同学观察到与小陆有非常高频率的交往，可见在班级里，小陆已经建立了比较稳固的友谊。值得一提的是，四年级时对小陆进行消极提名的个别同学，在五年级时已经不与小陆密切玩耍，小陆与自己更加合适的朋友建立起了更加健康的友谊。总之，在玩耍的交往中，小陆的同伴交往对象较四年级有了大幅提高，且建立了比较稳固和健康的友谊。

4. 同伴交往意愿依旧不乐观，但友谊质量有所提升

虽然同伴接纳程度有所提高，但是在同伴交往意愿选择上依旧不乐观，愿意与小陆组队学习和玩耍的同学人数有所下降。这并不表示小陆的同伴交往情况有退步，因为在友谊质量问卷中，有10个男生和6个女生认为在交往的过程中能感觉到"他告诉我，我很能干"，有6个男生和6个女生能感觉到"他和我使对方觉得自己很重要，很特别"，有9个男生和8个女生认为"他让我觉得自己的想法很好"。可见，小陆在同伴交往中善于发现同伴的优点，能给予热情地回应。即使其中有部分同学明确表达不喜欢小陆的脾气，不喜欢与他进行学习和玩耍方面的交往，但他们仍旧能够客观地评价小陆这方面的优点。因此，同伴交往意愿人数下降可能与班级大部分同学逐渐长大，在同伴交往上更具有自主性和选择性有很大关系。

总体来看，五年级随班就读个案同伴接纳程度较四年级明显提高，建立了比较稳固和健康的友谊，友谊质量有所提升，但同伴交往意愿依旧不乐观。无论是学习方面还是玩耍方面，小陆在班级中的同伴交往意愿都有显著提升，能与个别同伴建立比较稳定且健康的友谊。这与小陆五年级开始能够更好地控制住自己的情绪有

很大关系,虽然并不能完全停止大喊大叫、破坏公物、扰乱课堂秩序甚至动手打人的情况,但是小陆真正认识到了行为所造成的后果,并能够真诚地及时道歉弥补,同伴关系得到了很大的改善。

四、讨论

普通学校给个案中的阿斯伯格学生小陆提供了更加常规的学习和生活环境,这对小陆的各方面提出了较大要求,给班级管理带来了较大挑战。笔者学习了很多专业化知识,并得到了班级管理的支持,与小陆建立了稳固的情感联结。在班主任的培训中,笔者受到集体后效班级管理策略的启发,在班级中建立学习小组约束普通学生和小陆的言行举止;在结对伙伴的帮助、小陆本身优点的吸引,以及教师的分层引导下,营造了较好的班级接纳环境;在家校社的资源整合中,班主任老师得到了更专业更广阔的支持,在多次较为紧急的情况下,都得到了学校领导、各位家长的全力支持,使得个案小陆逐渐被更多的同学和老师接纳与认可。

近年来,国内对于随班就读特殊儿童的同伴关系研究的关注度不断增加,同伴接纳、友谊关系和同伴交往是研究者们比较关注的内容。在中国期刊全文数据库(中国知网)上,主要主题词输入"随班就读""融合教育"或"同伴关系",2022年1月至2022年7月,检索到相关论文4篇。2021年检索到15篇,通过逐一浏览,发现有5篇相关文献。2020年检索到7篇,2019年有5篇,2013—2018年共17篇。

从研究对象的年龄分布来看,中小学年龄段随班就读特殊儿童的同伴关系是较被关注的,主要是普通学校智力障碍儿童、听力障碍儿童、自闭症儿童及多动症儿童的同伴关系。从研究对象的个数来看,只有5篇研究是针对1名个案进行分析的,大部分的研究以大样本调查为主,可见,国内关于随班就读特殊儿童,尤其是自闭症儿童的同伴关系的持续性个案分析研究较少。本文针对的是个案分析,且时间跨度较长。笔者决定开展研究以来,一直注意积累日常资料,通过课题专家的指导,梳理出较为详细的《ABC轶事观察记录表》,较为直接地展现了2年来,个案在课堂、课间的情绪管理、同伴交往、家庭教育沟通等方面的内容。从研究结果来看,总体上随班就读的自闭症儿童处于被同伴忽视和拒绝的状态,自闭症儿童的朋友数量比较少,而且其同伴关系质量往往也比其他障碍类型的特殊儿童差。笔者所做的前期调查结果也是如此,但是在五年级下学期的调查结果中,小陆的同伴关系已经明显好于班级内其他行规较差的学生。

在阿斯伯格同伴关系干预研究中,大多是特殊教育专业人士展开的科研,还有部分是学校教育者从区域和学校层面开展的研究。如江苏省南京市樱花小学、广东省深圳市福田区竹香学校教科室,主动思考如何加强师资建设,从学校、教师和学生家长三方面探究建设良好环境,助力随班就读学生建立良好同伴关系。还有从学校社会工作角度开展的研究,张慧敏从学校社会工作的专业角度探究如何减少自闭症儿童课堂干扰的问题行为,给出了如何帮助自闭症儿童掌握简单的社交技巧、提高同伴的接纳水平、改善同伴关系的详细策略。在研究过程中,给笔者带来了很大的启发。

由此可见,目前从一线教育教学层面开展的研究非常少。专业科研人员在研究中所展现的结果和干预指导,离不开一线教育工作者的努力和实践。特别是每个学校的资源教师,他们就是随班就读的一线工作者,相较普通教师具备更多的特殊教育知识。笔者作为一线的教育工作者,在学习特殊教育专业知识和进行实践的过程中仍有许多的困惑,但以往的研究以大方向的引导和大数据的调研为主,如何改变特殊学生同伴交往的困境,需要更多具体的数据和操作指导。在笔者的研究过程中,收到了区特教指导中心下发的特殊学生行为指导手册,其中清晰明了的个案行为解析和富有操作性的指导,给本次研究提供了很大的帮助。希望随着融合教育的发展,随班就读学生的同伴关系能得到更好的发展,一线教育者能够为特殊学生做得更多,做得更好,为其将来更好地升入初中,未来更好地融入社会做好准备。

五、反思、建议与启示

笔者在研究中,存在着许多不足。作为一名新教师,在刚接触到小陆时,还没有足够的教育教学经验,特别是特殊教育经验,因此小陆在一到三年级的资料积累较为仓促和简单,不能作为资料进行整理、研究和反思,无法展示个案在小学阶段完整的成长过程。在小学适应最初的艰难阶段,学校、笔者、小陆以及家长的共同努力和摸索的过程无法整理出一套较为完善的资料。在课题中,笔者一边学习一边研究,专业能力较为不足,经常有过于主观化的判断和思考,这给研究的过程和干预方法上带来了许多问题。比如,当小陆出现扰乱课堂的行为时,笔者一开始一直用语言提醒,这不仅会影响课堂的持续性,还会引发后续的口角,影响师生和谐的关系。在后续的学习中,笔者了解到一些程度较轻的行为,用眼神或者手势制止的效果更好,不在班级同学面前过多批评或者凸显出个案的特殊性,对小陆的同伴关系发展有着很大的作用。此外,个案中的小陆在校有明显的刻板行为,笔者在其入学之前已有所了解,当学校里发生这样的情况,就知道小陆可能并非故意捣乱,也能给其他任课教师和同学做一定的解释,从而成为学生特殊行为的翻译者,也成为其行为与学校规章制度的缓冲区,为同伴关系争取更多的时间和空间,为以后良好班级接纳环境做好充足的准备。

(指导专家:马红英)

■ 参考文献

[1] 朴永馨. 特殊教育辞典[M]. 北京:华夏出版社,2014,58.
[2] 肖非. 中国的随班就读:历史·现状·展望[J]. 中国特殊教育,2005(3):3-7.
[3] 华国栋. 残疾儿童随班就读现状及发展趋势[J]. 教育研究,2003(2):65-69.
[4] 上海市教育委员会. 上海市教育委员会关于加强随班就读工作管理若干意见[Z/OL]. (2006-04-14)[2019-3-18]http://www.shmec.gov.cn/attach/xxgk/1930.htm.
[5] 张文新. 儿童社会性发展[M]. 北京:北京师范大学出版社,1999:139-140.

自闭症儿童情绪行为问题

自闭症谱系障碍儿童饮食问题行为的现状与干预研究

许 烨[*]

摘 要：本研究以自闭症谱系障碍儿童为研究对象，对其饮食问题行为表现、过往干预方式及成效展开调查研究，并采用个案研究方法对具体干预策略展开探索，以此深入了解患儿饮食问题行为的特点，为这一方面的家庭养护、学校干预提供参考和建议。研究发现，在饮食问题行为的表现方面，自闭症谱系障碍儿童和普通儿童存在较显著的差异，自闭症谱系障碍儿童的饮食问题行为发生率更高，其中最明显的是挑食偏食行为。针对饮食问题行为家校双方一直以来都有一些不同途径的干预尝试，大部分尝试由于各种原因收效甚微。通过实施以家校合作为基础、认知教育为辅助、辅以正强化策略开展的系统性饮食问题干预方案，本研究取得了较好干预效果。据此对未来研究和干预实践提出建议。

关键词：自闭症谱系障碍 饮食问题行为 挑食偏食 家校协同

一、问题提出

自闭症谱系障碍（简称自闭症，又称孤独症）的核心症状之一为刻板行为，也被称作同一性行为、固持行为、固着行为等，它往往会表现在多个方面，如：①专注于受限制的兴趣；②坚持非功能性的日常活动或仪式；③重复的运动习惯；④对物体的某种特质持续的专注。其中第二个方面"坚持活动或仪式"中，又包括拒绝饮食的变化、拒绝服装的变化、抵抗环境的变化等。

在关注度方面，相较自闭症谱系障碍儿童其他的刻板行为，在国内的研究中，饮食问题行为一直没有受到重视，可以搜索到的文献资料较少。国内外文献中，饮食问题行为或被称为不良饮食行为、饮食障碍，也有喂食和饮食障碍症（DSM-V）等描述，至今在国内外都定义不明确，暂时还没有一个较统一或者广泛被大众接受

---

[*] 作者单位上海市杨浦区扬帆学校

的界定。在 2007 年末,国际上将饮食问题行为称为"挑食偏食"(picky eating),定义中部分引用了儿童精神科的"喂养障碍"相关内容。本研究的内容着眼于行为,旨在针对行为进行干预,认为饮食问题行为是在饮食这一时间段内发生的问题行为,所以本文采用餐时行为问题(mealtime problem behaviors)的描述。

在培智学校的工作环境中,研究者发现,饮食问题行为在自闭症谱系障碍群体中较为常见,儿童在午餐的时候会因为饮食习惯、饮食偏好等因素,导致拒食、发脾气、抢食、挑食等问题行为出现,这类行为扰乱用餐时的正常秩序,加大了教师午餐管理的难度。而除了学校环境,儿童在家庭中也同样发现有类似的饮食问题行为发生。在搜索国外相关研究后发现,饮食问题行为是自闭症谱系障碍儿童最常见的问题行为之一,会影响儿童的正常用餐秩序与饮食效果,严重的会对儿童造成病理性的伤害与情绪性的影响。早在 1979 年,DeMeyer 就描述了超过 90% 的自闭症儿童存在如挑食、拒食和进餐时的破坏性行为等饮食困难。有的学者认为,自闭症饮食问题行为包括很广泛的行为与障碍,包括饮食时间不良的行为、不能独自饮食、极度挑食偏食、饮食非常慢、频繁的呕吐和恶心、过度饮食暴食、饮食时间的厌恶行为、进餐时的攻击行为、饮食习惯依从性差等(Mackner, McGrath, & Stark, 2001)。还有学者对国外有关自闭症谱系儿童饮食问题行为的文章进行了归纳总结,发现自闭症谱系障碍儿童的饮食问题行为包括食物样式贫乏、挑食和偏食、就餐习惯不佳、暴力破坏行为等。

针对自闭症谱系障碍儿童的饮食问题行为方面,国内外也有较多学者尝试了各类干预方法,其中采用最多的是基于行为学角度的分析与干预。如近年来国外采用应用行为分析法对自闭症谱系障碍儿童饮食问题行为干预的研究较多,检索文献发现,有效的系统干预方法包括行为塑造法、重复暴露法、分级暴露法、刺激控制法、正强化等方法。主要研究文献见表 1。

表 1 自闭症谱系障碍儿童饮食问题行为干预主要研究文献

干预内容	干预方法	干预结果	研究来源
食物种类	行为塑造	研究对象均接受了目标食物	Abby(2017)
	个性化支持和分级暴露	通过 22 周的训练与矫正,儿童饮食的种类也从原来的 10 种左右的拓展到 50 多种	AM Kozlowski(2011)
	个性化支持和分级暴露	儿童食物种类增加了	Robert(2012)

（续表）

干预内容	干预方法	干预结果	研究来源
接受目标食物	个性化支持和分级暴露	儿童食物种类增加了	William(2013)
	个性化支持和分级暴露	儿童食物种类增加了	Soo youn kim(2018)
	重复暴露	儿童一开始只吃几种食物，通过实验操作，基本都能吃五十几种食物	Candace 等(2007)
	口肌训练结合饮食行为	对改善自闭症谱系障碍儿童的饮食问题行为有一定的效果	周惠嫦，张盘德(2013)
饮食量	正强化和刺激渐隐以及固定餐具	患儿提升了对目标食物的饮食量	Valdimarsdóttir(2010)
	正强化和刺激渐隐	患儿提升了对目标食物的饮食量	Amber L(2018)
	正强化和刺激渐隐	患儿提升了对目标食物的饮食量	Kathryn M(2019)
进食量、进食时间、对食物的兴趣	共同进餐法、混合法、夸张法、奖励法、饥饿法以及定时定点法等多种方法	患儿进食量、进餐时间、对食物的兴趣方面的问题行为均显著减少	张爱霞(2016)

综上可知，饮食问题行为是一个在自闭症谱系障碍儿童群体中较常见的问题行为。而有关的研究与干预内容，国外更多一些，国内尚在起步阶段，有借鉴意义的操作性研究较少，这对于国内的研究来说是值得探索的一个内容。

二、研究设计

（一）研究目标与构想

本研究拟从行为现状研究和案例研究两方面着手。
首先通过现状研究回答以下两个问题。
（1）研究对象的饮食问题行为有哪些？现状如何？
（2）家长和老师以前干预研究对象的饮食问题行为用过什么方法？这些方法

的有效性如何？

本研究还试图拓展饮食问题行为的解决方法与思路。

其次是针对个案开展综合干预，验证综合干预（结合家校协作、认知教育、正强化、渐隐）的方法是否有效，并就自闭症谱系障碍儿童日常养护与学校生活提出建议与支持。

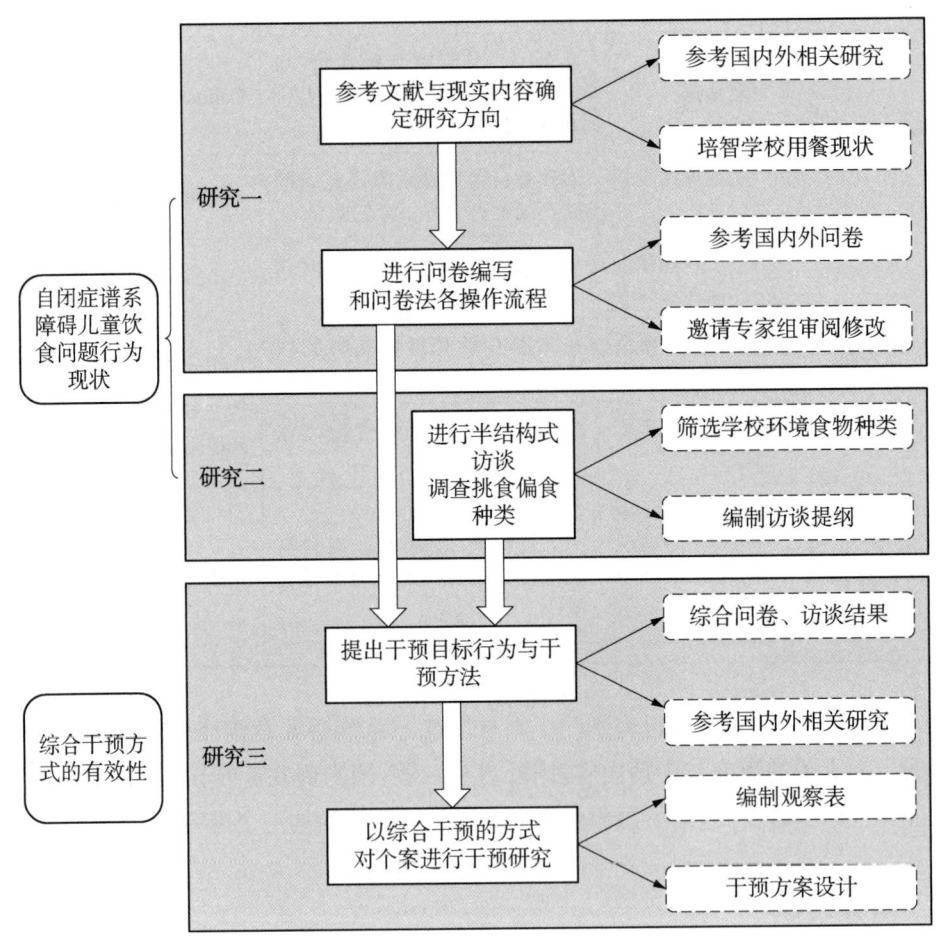

图1

（二）研究对象

1. 问卷调查部分

本部分研究对象包括自闭症谱系障碍儿童（ASD）组和正常儿童（TD）组，其中ASD组来自本市5个行政区域5所特殊学校的自闭症谱系障碍儿童（有相关单位出具的自闭症谱系障碍诊断)共 105 人,学生的年龄范围为学龄期 6~15 岁;而 TD 组来自同样 5 个行政区域的小学一年级学生(6~7 岁)共 105 人。本研究共分发问卷 300 份(ASD 组和 TD 组各 150 份),回收问卷 227 份,其中有效问卷 210 份,ASD 组 105 份,TD 组 105 份。

2. 访谈部分

本研究采用半结构化访谈。访谈对象共有 12 名,其中 6 名为本市培智学校的班主任教师,6 名为自闭症谱系障碍儿童的家长。在培智学校的午餐时间,班主任老师负责管理学生午餐工作,6 名老师均为学校的班主任老师。此外本部分研究补足了第一部分的调查内容,为了避免题量过大以及细节表述不明确等细节,特以访谈的形式开展调查研究。

3. 干预个案

小 A(化名)是一名 11 岁的五年级学生,经复旦大学附属儿科医院鉴定,诊断为自闭症谱系障碍。小 A 在日常教学中能够听懂大部分的指令,有少量的语言,大部分为重复或机械的对话,不会主动表达自己的意愿。

在身体情况方面,小 A 身高正常,体重较轻,BMI 值 15.1,明显低于同龄儿童的均值 17。虽然没有病理学的表现,但是家人及老师认为儿童太瘦,非常担心儿童的营养情况。

在"特殊儿童社会适应能力"评估中,发现小 A 大部分模块都是弱势模块,社会适应能力显著较弱,其中饮食部分评分为 0 分,小 A 不能正确健康地对食物进行选择。在访谈中,用"学生日常食物种类统计表"进行统计,发现小 A 在 49 类食物中拒绝 31 种,仅能接受 18 种,其中大多数都是谷物淀粉类,蛋白质的摄入大多是鱼、禽等,而午餐中的所有蔬菜种类都不吃,蔬菜、豆制品的接受数量均为 0。小 A 在家中几乎每天有挑食偏食的情况,由于其饮食范围狭窄,导致家庭的菜单极其单一,或者偶尔要进行分餐操作,严重影响家庭生活质量。小 A 家的所有家长一致认为参与本研究是非常有必要的。此外,由于该生便秘、上火等情况,家长与教师方面均希望孩子能日常多食用蔬菜,所以确立以学校常见蔬菜中的 3 种蔬菜(青菜、卷心菜、生菜)为小 A 干预过程中的目标食物。

(三)研究方法

1. 问卷调查法

调查工具为自编问卷(见附件 1)。在确定问卷调查对象的 ASD 组为特殊学校的自闭症谱系障碍学生,TD 组为各区小学低年级的学生后,通过各校教师协助将问卷分发给家长,并进行回收工作。随后采用 spss17.0 对有效问卷进行数据分析。

2. 访谈法

本部分的研究工具是《自闭症谱系障碍儿童饮食问题行为现状及干预情况的教师访谈提纲》和《自闭症谱系障碍儿童饮食问题行为现状及干预情况的家长访谈提纲》(见附件2)。研究者根据研究目的设计了访谈提纲,包括教师版和家长版各6个问题。本次访谈还使用《学生日常食物种类统计表》统计了儿童的食用食物种类。采用半结构化访谈的形式,一对一访谈,每次访谈时长约为30～40分钟。在征得访谈对象同意后,对部分访谈对象使用录音笔进行记录,访谈结束后进行文字转录。访谈过程中主要通过纸笔对访谈内容进行书写记录,访谈后也进行了电子文档的录入工作,并使用NVIVO进行统计编码。

3. 实验法

采用以1名自闭症谱系障碍儿童为研究对象的单一被试实验设计,通过综合干预的方法开展认知教学,并根据不同的阶段目标完成任务,旨在促进儿童对蔬菜的消耗量,改善儿童挑食偏食的情况。干预包括基线期、干预前教育、干预期和维持期,其中基线期为期4周,不对儿童进行任何干预,干预前教育期开展旨在促进儿童对蔬菜外观和营养认识的教育,干预期则开展阶段性由易到难的不同任务,而维持期为干预结束后不进行任何操作的4周。

其中,小A的干预期包括两个阶段,一个是促进小A建立食用蔬菜行为的刺激等级正强化阶段,还有一部分是促进小A增加饮食量的食物量控制渐隐阶段。

本研究选择的观察量有两个:①对于目标食物的刺激接受等级;②目标食物的消耗量。其中刺激接受等级将"食用指定食物"这一个目标行为分为了8个层次,即拒绝食用、尝试把食物送往嘴巴、把食物触碰到嘴唇、咬食物、咬并放进嘴里但拒绝咀嚼、咀嚼食物但拒绝吞咽、不情愿地吞咽了食物和没有任何不愿意的表现并吞咽。

干预方法由家校协同策略、认知教育策略、正强化策略、渐隐策略有机整合在一起,形成一个综合体,开展打包干预。基本策略框架如图2所示。

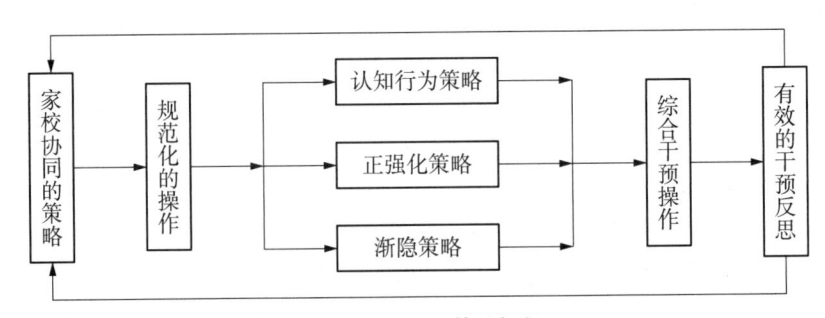

图2 干预基本策略框架

三、研究结果

（一）问卷调查部分

1. 饮食问题行为的现状

3分以上为检出有问题的项目，研究采用比率分析的方法将自闭症谱系障碍儿童发生率超过50%的问题行为按发生率进行了降序排序，见表2。

表2 ASD组高频饮食问题行为的发生率（$N=105$）

项目	维度	人数 N	百分比（%）
1. 儿童过于喜欢甜食（糖、巧克力）	食物选择	86	81.9
2. 儿童喜欢吃膨化的、脆脆的食物	食物选择	84	79.9
3. 儿童有固定的不喜欢的食物，并且不愿吃	食物选择	81	77.2
4. 儿童喜欢淀粉类的食物（面条、土豆、饭）	食物选择	76	72.4
5. 儿童不可以接受灵活调整用餐时间	进食习惯	73	69.4
6. 儿童不愿意尝试新食物	食物选择	59	68.3
7. 儿童每顿饭有固定爱好的食物	食物选择	62	59
8. 儿童在用餐时不能一直坐在座位上	进食习惯	62	59.1

根据表2可知，自闭症谱系障碍儿童饮食问题行为的发生率超过50%的项目有8项，其中有3项发生率超过了75%，为高发的饮食问题行为，这3项分别是"儿童过于喜欢甜食（糖、巧克力）"、"儿童喜欢吃膨化的脆脆的食物"和"儿童有固定的不喜欢的食物，并且不愿吃"，均为食物选择方面的问题。此外，整张问卷食物选择方面共有8题，其中6题发生率超过了50%。

将自闭症谱系障碍儿童发生率低于20%的问题行为按发生率进行了升序排序，见表3。

表3 ASD组低频饮食问题行为的发生率（$N=105$）

项目	维度	人数 N	百分比（%）
1. 儿童在吃饭时有暴力行为（打人、抓人等）	破坏行为	3	3
2. 儿童在吃饭时有自虐行为（打自己、咬自己）	破坏行为	10	9.6

(续表)

项　目	维度	人数 N	百分比(%)
3. 儿童在吃饭时有扔餐具扔食物的行为	破坏行为	15	14.3
4. 儿童在吃饭的时候哭闹	破坏行为	19	18.1
5. 儿童会背对着食物或者远离食物	进食习惯	21	18.1

根据表 3 可知，自闭症谱系障碍儿童饮食问题行为发生率低于 20% 的项目有 5 项，其中有 2 项发生率低于 10%，分别是"儿童在吃饭时有暴力行为(打人、抓人等)"和"儿童在吃饭时有自虐行为(打自己、咬自己)"。此外，整张问卷破坏行为方面共有 4 题，均为低发生率项目，另一题"儿童会背对着食物或者远离食物"为进食习惯方面的问题。

2. 饮食问题行为的差异分析

本研究将收集到的自闭症谱系障碍儿童的数据与正常学龄儿童的数据进行对比，选用非参数检验统计方法，对 21 道题逐题进行了 Wilcoxon 秩和检验，分析每道题中自闭症谱系障碍儿童饮食问题行为与普通儿童的饮食问题行为是否存在显著性差异，以 $p<0.05$ 为标准显示统计学差异。

本研究共进行了 21 道题的分析，其中 ASD 组与 TD 组饮食情况的表现在 14 道题有显著性差异，见表 4。

表 4　ASD 组与 TD 组饮食问题行为的差异($N=210$)

项　目	维度	ASD 组(%)	TD 组(%)	Z 值	p 值
儿童在吃饭的时候哭闹	破坏行为	18.1	12.4	−2.001	0.045
儿童不能在用餐时一直坐在座位上	进食习惯	59.1	24.8	−5.849	0.000
儿童会吐出吃的食物	进食习惯	30.5	9.5	−4.181	0.000
儿童在吃饭时有自虐行为(打自己、咬自己)	破坏行为	9.6	0	−2.871	0.004
儿童在吃饭时有扔餐具扔食物的行为	破坏行为	14.3	6.7	−3.320	0.001
儿童坚持使用固定的餐具	进食习惯	30.5	46.7	−2.605	0.009
儿童不愿意尝试新鲜食物	食物选择	68.3	29.6	−5.797	0.000
儿童吃饭时会玩弄食物	进食习惯	30.5	10.6	−2.970	0.003

(续表)

项 目	维度	ASD组(%)	TD组(%)	Z 值	p 值
儿童有固定不喜欢的食物,并不愿吃	食物选择	77.2	41.9	−5.395	0.000
儿童拒绝食用需要较多咀嚼的食物	食物选择	40	29.6	−2.407	0.016
儿童有每顿饭固定爱好的食物	食物选择	59	48.6	−2.206	0.027
儿童喜欢吃膨化的脆脆的食物	食物选择	79.9	46.6	−5.948	0.000
儿童喜欢吃的食物种类不多	食物选择	41	21	−5.715	0.000
儿童过于喜欢甜食(糖、巧克力)	食物选择	81.9	66.7	−3.765	0.000

由表4可知,在"儿童在吃饭的时候哭闹""儿童不能在用餐时一直坐在座位上""儿童会吐出吃的食物""儿童在吃饭时有自虐行为(打自己、咬自己)""儿童在吃饭时有扔餐具扔食物的行为""儿童坚持使用固定的餐具""儿童不愿意尝试新鲜食物""儿童吃饭时会玩弄食物""儿童有固定的不喜欢的食物,并且不愿吃""儿童拒绝食用需要较多咀嚼的食物""儿童有每顿饭固定爱好的食物""儿童喜欢吃膨化的脆脆的食物""儿童喜欢吃的食物种类不多""儿童过于喜欢甜食(糖、巧克力)"这14个题项中,普通儿童与自闭症谱系障碍儿童的差异均具有统计学意义($p<0.05$)。

(二) 访谈部分

研究者对访谈数据进行了编码处理,随机打散资料内容并将有研究意义的内容编上"码",初次编码获得了67个一级码。第二次编码中通过对一级码的分析、归纳与比较,形成了11个二级码,二级码内容分别是:自闭症谱系障碍儿童饮食问题行为较常见;自闭症谱系障碍儿童普遍挑食偏食;希望能进一步评估;对饮食问题行为感到无助;对自闭症谱系障碍儿童身体与营养的担忧;干预饮食问题行为中遇到的困难;对干预概念的理解;教师家长压力大效能感低;缺乏学校的支持;缺乏专业指导;缺乏政策及社区的支持。第三次编码通过对二级码进行分析归纳总结,得到了4个核心范畴,分别是:自闭症谱系障碍儿童饮食问题行为的表现;对于自闭症谱系障碍儿童饮食问题行为的困扰与忧虑;曾经开展过的干预情况;干预饮食问题行为所需要的支持。具体结果如下。

1. 自闭症谱系障碍儿童饮食问题行为较常见

在本次访谈中发现,所有的被访者都遭遇过自闭症谱系障碍儿童的饮食问题行为,发生这些情况的自闭症谱系障碍儿童年龄范围从一年级一直到九年级都有。有的教师认为:"接触下来绝大部分都有饮食问题,我带了两轮的班级了,到现在碰到的自闭症基本上没几个吃饭好的……"饮食问题行为涉及面较广,比如挑食偏食、吃饭的速度特别快或特别慢、没有好好咀嚼食物、吃饭时会离开座位、有暴力和自虐的情况以及吃饭时大哭大闹等,被访者均表现出了对这些行为的不认同与担忧。

2. 自闭症谱系障碍儿童的挑食偏食情况较为常见

对于挑食偏食的表现有如下的描述:"我们班(七年级)有一个挑的特别厉害,只吃酱拌白饭,万一没有番茄酱或者老干妈他就什么也不吃,白饭也不吃的。""我们班(四年级)3个自闭症挑剩下来的菜都够再分一个学生了,有的不吃蔬菜,有的不吃猪肉,有的豆腐不吃,还有一个脑瘫学生不吃白饭,巧伐,正好一盆。"所有被访者都提到了儿童不吃某一类的食物(6名教师6名家长均提到),某些儿童会盯着吃自己喜欢的食物,个别还会去抢别人的吃(4名教师均提到),某些学生会偏好某种口味或烹饪方式等(1名教师2名家长提到)。对于自闭症谱系障碍儿童的饮食问题行为,绝大多数的家长和教师都是表示担忧的。

3. 家长对问题行为渐渐妥协。

家长方面有一定的态度转变,有的家长一开始尝试了干预儿童的饮食问题行为,但是随着时间推移而效果又不佳,家长也渐渐对问题行为妥协了。"我们也知道他(五年级)这样不好,打也打过骂也骂了,后来想想小孩也挺作孽的,所以也就随他去了,平时给他补点营养药片算了。"

家长均表示,由于妥协餐饮,大大影响了家中的生活质量。有的家庭会出现狭窄的菜谱,大部分时候吃的菜都是雷同的;有的家庭每日进行分餐制,为儿童准备一份餐食,为其他人准备另一份餐食,增加了一定的工作量;而有的家庭会出现需要忍耐大喊大叫、乱跑乱扔等行为的挑战。

4. 曾经开展过的干预情况

被访者有的干预方式是有专业依据的,而大部分的则更为粗糙,缺乏一定理论依据。

"我们家里对这个小孩(一年级)的手段也是有的,他爸爸会打他的,我这里也骂过他,有的时候也会哄他,但是都没用,他软的硬的都不吃的,还是继续这个样子。"其中家长的操作较教师更散乱,东一榔头西一棒槌的,所有干预的持续时间都不长,较多采用的是即时性的批评、教育、打骂等方法。在家长中发现父母辈较祖父母辈更愿意尝试新的方法,有的家长会买书进行学习,也尝试过代币法、消退法等。但是较少进行系统性的干预操作,普遍发现干预效果不佳。

教师和家长多反馈周边环境的不支持不配合现象。"我们家里是我管饭的,但是孩子(二年级)双休日一到爷爷奶奶家,就又那样了,又要喂起来,三天打鱼两天晒网的,基本上都没什么效果的,他还是继续修仙,直到你看不惯塞他两口,然后也就这两口了,不吃了。"

教师和家长也多有对饮食问题行为的无奈语气,普遍透露出对于干预操作的压力以及对于日常养护工作的效能感低,部分家长或教师尝试过干预的手段,但是发现没有效果后就对问题行为放任自流了。

家长和教师的信息不对等,以及家校操作差异大的情况透露出了一个信息:家长和教师缺少交流与共同协作的经验。这导致了部分家长没有树立正确的干预认识,也缺乏相应的有效策略。此外,教师们也因为缺乏交流,部分在学校有效的干预操作没有延伸到家庭环境中去,从而形成学生家里一个样学校一个样的两面派情况,降低了干预方法的有效性,这些都是值得我们思索的。怎样有效拉起家长与教师之间的纽带,怎样建立家校协同的干预机制是本研究下一步需要考虑的内容。

(三) 干预部分

整个干预过程持续近20周,其中基线期4周,无任何操作。干预期为第5周至第16周,共12周。根据学校菜谱,选择周一、周二、周三进行干预,偶尔会有因节假日进行的时间调整或者食谱调整等,主要以学校食堂安排为准。维持期为第17周至第20周,不进行任何操作。由于寒假及某些不可抗因素,维持期为1周家校观察、3周家中观察记录。

通过被访教师以往干预的经验,我们可以发现,部分干预方式在针对学生的饮食问题行为方面取得了较好的效果。

1. 学生蔬菜摄入情况

关于小A的干预结果,3类食物分别都有两张对应的图,一张是该食物的接受等级评分图,一张是该食物的消耗量百分比图。研究结果按食物种类进行区分,分别如图3~图8所示。

由图3中的数据可以看出小A对于青菜接受程度的变化,在基线期(前8次),小A对于青菜的接受等级为"0",即拒绝食用青菜。随着干预的开始,第14次小A虽然有厌恶感,但首次尝试吃了,青菜接受等级为"6"。第17次小A开始接受青菜,首次接受等级达到"7"。然而,第18次又拒绝吞咽青菜了,不过等到了第19次后,一直在接受等级"7",可以接受青菜。而观察后8次维持期发现,干预撤离后,小A还是能够持续保持在等级7,吃下青菜。

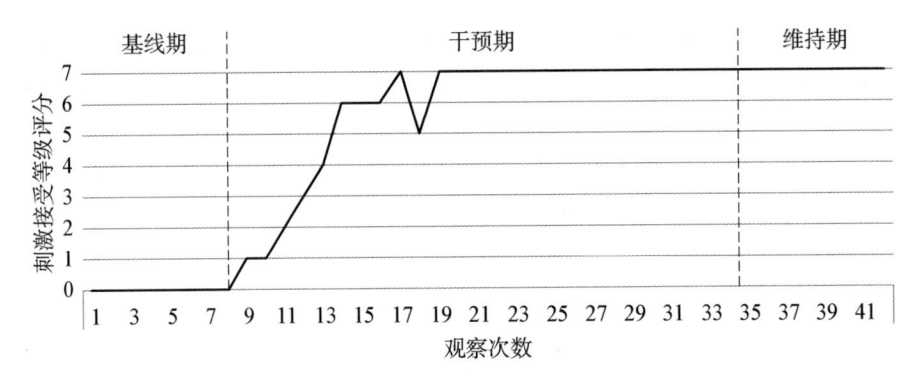

图3 青菜接受等级评分图

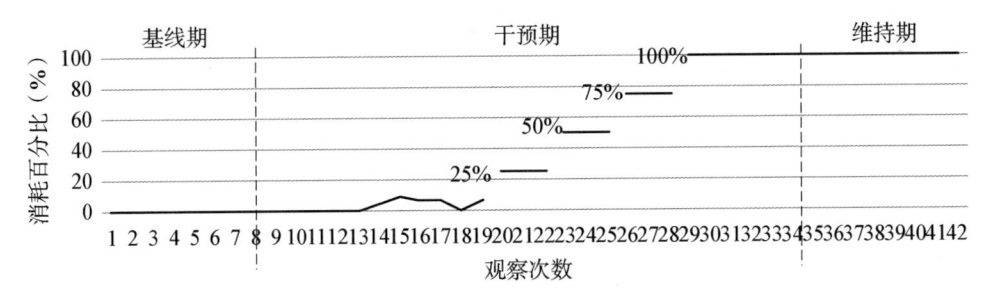

图4 青菜消耗百分比图

图4对图3进行了佐证,自第一次接受青菜("6"分)开始,就呈上升的变化趋势,虽然不是稳步上升的趋势,但是除去个别次,总体还是上升的情况。渐隐的过程中,食物的量按25%、50%、75%、100%逐次递增,儿童均能较好的完成任务,此外个别骤降的如第18次也与家长的备注内容相呼应,这次发生了学生情绪低落、不开心的情况,影响了当次的饮食行为。

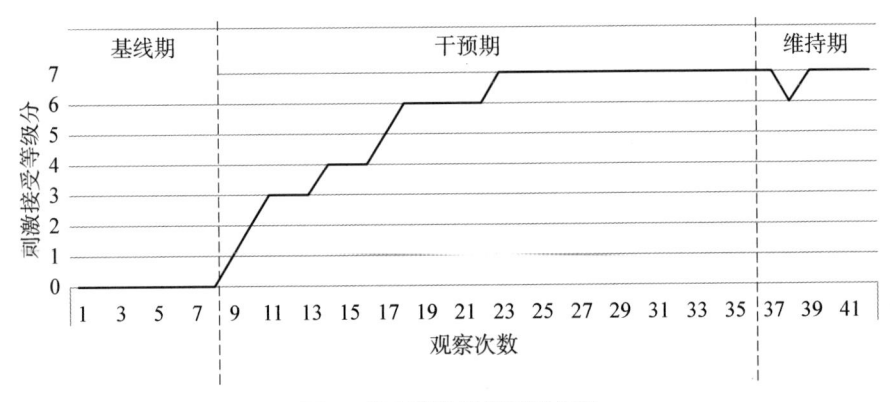

图5 卷心菜接受等级评分图

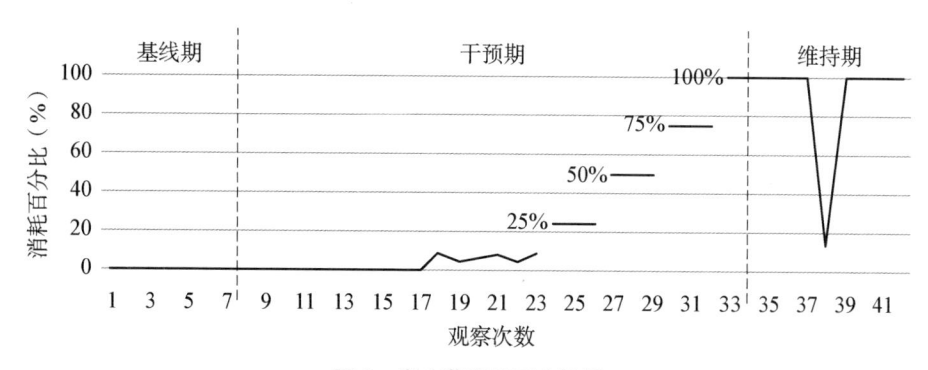

图 6 卷心菜消耗百分比图

从图 5 的数据可以看出小 A 对于卷心菜接受程度的变化。在基线期(前 8 次),小 A 对于卷心菜的接受等级为"0",即拒绝食用卷心菜。随着干预的开始,第 18 次虽然有厌恶感,小 A 首次尝试吃了卷心菜,接受等级为"6"。第 13 次小 A 开始接受卷心菜,首次接受等级达到"7",其余干预期均一律保持在"7"分,可以接受卷心菜。而观察后 8 次维持期发现干预撤离后,除了第 38 次,小 A 大部分还是能够持续保持在等级 7,接受卷心菜。

图 6 对图 5 进行了佐证,自第一次接受卷心菜("6"分)开始,就呈上升的变化趋势,自第 32 次开始就一直能吃完所有的卷心菜。渐隐的过程中,食物的量按 25%、50%、75%、100% 逐次递增,儿童均能较好的完成任务。而维持期中家长在第 38 次干预日志里记录,由于学生吃的时候犯了一下恶心,只厌恶地吃了一口,并没有吃完。

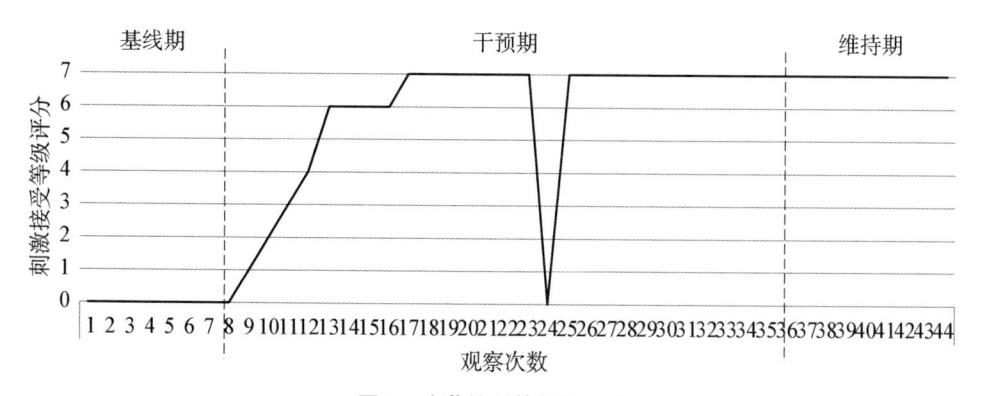

图 7 生菜接受等级评分图

图 7 中的数据表示小 A 对于生菜接受程度的变化。在基线期(前 8 次),小 A 对于生菜的接受等级为"0",即拒绝食用生菜。随着干预的开始,第 16 次虽然有厌

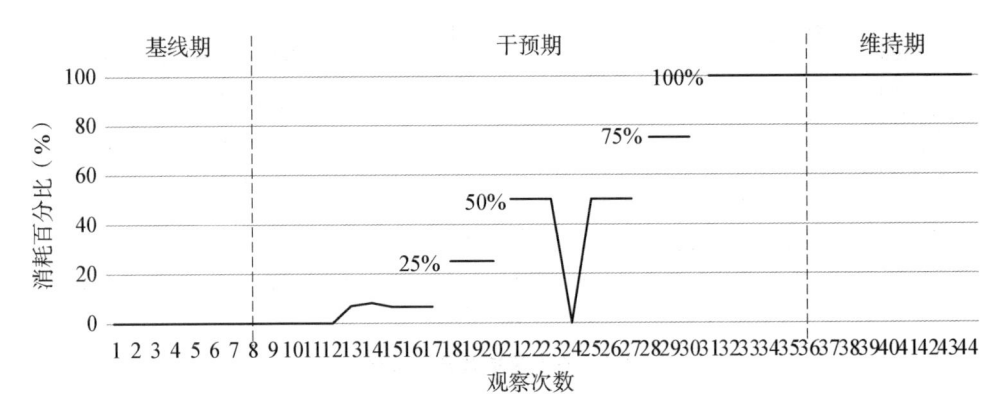

图8 生菜消耗百分比图

恶感,小A首次尝试吃了生菜,接受等级为"6"。第17次小A开始接受生菜,首次接受等级达到"7",其余干预期除了第24次均一律保持在"7"分,可以接受生菜。而观察后8次维持期发现,干预撤离后,小A大部分还是能够持续保持在等级7,接受生菜。

图8对图7进行了佐证,自第一次接受生菜("6"分)开始,就呈上升的变化趋势,自32次开始就一直能吃完所有的生菜。渐隐的过程中,食物的量按25%、50%、75%、100%逐次递增,儿童大部分均能较好的完成任务,而第24次学校的干预日志里记录,小A由于参加活动吃了很多零食,拒绝用餐,拒绝某某仙贝和其他所有的奖励。所以基于连续3次进阶下一阶段的目标没有完成,第25次依旧从50%的食物量开始,经过连续3次达成目标行为,进一步提升到75%的食物量。

2. 尝试食用其他食物

在目标食物外,研究者发现,小A在基线期对于大白菜、绿色米苋菜、油麦菜、空心菜也是拒绝的,但在干预期、维持期阶段,小A曾尝试食用过这4种菜。

3. 家长操作情况

本部分是通过访谈得到的内容,本次访谈没有提纲,研究对象的奶奶分享了这段时期干预的感悟以及经验,以下为访谈原话。

"这个法子不难,操作这么久一开始有点不熟悉,漏掉写日记,后面天天操作就习惯了,我儿子他们看着看着也会了。我们以前觉得这小孩挑食毛病改不掉了,打啊骂啊都没用,现在看看是没有用对方法。以后我们还是要继续操作下去,蔬菜吃了再多一点,然后再让他吃猪肉,这样就均衡了,也能健康一点壮一点了。"

其实不仅仅是小A改变了,奶奶自身也对干预行为充满了信心,并且用各种方法去完善干预过程,用自身实践去摸索、反思干预的内容。此外家长在学会干预知识的同时,更对自己孩子的问题行为有了更进一步更深一层的理解,知道不是不能吃,只是没有尝试。从而了解他的优缺点,不再过分的溺爱。

四、讨论

1. 自闭症儿童饮食问题行为发生率高且干预的挑战性较大

近年来,自闭症谱系障碍儿童的饮食问题行为受到国外学者高度关注,研究者发现,饮食问题行为在自闭症谱系障碍儿童群体中是一个较为高发的问题行为。饮食问题行为也是辅读学校自闭症谱系儿童用餐过程中高发的问题行为,该类问题行为患儿在家中用餐时也经常发生,严重影响了学校就餐时的秩序及家庭的用餐质量。现状研究部分,研究者发现饮食问题行为是自闭症谱系障碍儿童较常见的行为问题,发生率比普通儿童高,且影响时间较长,为长期出现的一种问题。该类问题在学校和家庭环境中都有发生,家长和教师试图解决该类问题。此外,本研究还发现,发生率最高的饮食问题行为是挑食偏食类的行为。

根据以往研究显示,影响儿童饮食问题行为的因素主要有儿童自身因素、家庭的影响因素以及环境因素3方面。在自身因素方面,有儿童气质类型、年龄性别等方面的原因。而对于自闭症谱系障碍群体则会有胃肠道功能、肠道菌群等方面异常的原因(静进,2017),患儿有嗅觉、味觉的异常,口腔感觉过敏导致挑食偏食等情况(Liem, 2017)。此外,自闭症谱系儿童还有刻板行为的影响,由于其有异于常人的刻板行为,也会造成患儿饮食问题行为,会对器皿的形状、食物质地、颜色、口味甚至进食环境等进行过分的挑剔(Sarah E, 2012)。通过访谈就发现有较多的家长尝试寻求进一步的评估与诊断,去了解自闭症谱系障碍儿童自身有哪些因素导致其饮食问题行为。而家庭的影响因素方面,遗传的原因(马盼丽,2013)、带养人的饮食认知水平原因(林佳蓉,2001)、家庭收入、父母职业、母亲文化程度、家庭规模等因素也会成为影响儿童饮食问题行为的因素(林志萍,2002;蒋佩红,2018)。除了以上因素,喂养行为不当也会影响到孩子,从而产生饮食问题行为(赵爱军,2011)。本文中也提到,家长普遍会妥协于儿童的饮食问题行为,而导致饮食种类狭窄,问题行为忽略不管的错误养护行为。在环境因素方面,以往的研究发现,教育、托幼机构环境与教育、传播媒体等因素也或多或少会影响学前儿童的饮食行为(孙睿,2015)。而大众媒体对儿童有着重要的影响,导致儿童有偏爱甜食、零食的情况出现(程昊龙,2017)。这与本文的现状调查结论相符合,儿童普遍偏爱甜食,在自闭症谱系障碍组以及正常组,甜食问题均为发生率最高的问题,而自闭症谱系障碍儿童对于电视节目和广告用语的刻板印象更会加剧这个不良情况的出现。

自闭症谱系障碍儿童的饮食问题行为一直以来都是一个较难克服的问题行为，需要考虑自闭症谱系障碍儿童自身与环境的特点，尤其是儿童自身的刻板行为特点，为自闭症谱系障碍儿童的饮食问题行为干预带来了最大的挑战，不是仅从简单的批评或表扬等行为能进行干预，而需要从行为学的角度进行分析与操作，要用行为干预的方式对儿童的饮食问题行为进行干预。

2. 家校协同促进饮食问题行为干预的开展

在本次访谈的过程中，发现家长、教师各有各的难处。家长在干预方法上大多呈现较为迷茫的状态，缺乏有效的途径。而教师方面则表达了对家庭配合的渴望，在访谈过程中也常有这样的表述"由于家庭环境不配合，儿童干预的效果反反复复，较难以一个稳定的状态停留下来"。

家庭和学校是贯穿自闭症谱系障碍儿童学龄阶段最重要的两个生活环境。而怎样将这两个环境串联起来，一直以来都是教育者们关注和思考的重要问题。家校协同策略是上个世纪研究出的联系家庭和学校的重要策略之一，指的是学校系统要素或媒体进入家庭教育协同产生教育功能的过程；同样也有家庭协同学校教育方面的含义，是家庭教育系统要素进入学校系统产生教育功能的过程（李运林，2007）。在访谈的过程中，我们了解到，几次成功的干预经验，其最核心的部分就是家校配合，共同策划共同操作，遵从统一标准，这样的干预才能取得成功。本次综合干预的方式取得成功与家校合作的策略分不开。

本次干预过程中，研究者教授了一名家长系统的干预操作方法与步骤。通过实践，我们了解到，家长随着对干预方法的了解和深入开展，对于干预的态度转变了，从一开始对于干预方案试试看的态度，到逐渐掌握方法后积极配合并促进干预策略提升的状态，都展现出了家长的配合与信心。

本次干预过程中，研究者重视与家长的实时联系与交流，保证了干预方法的一致性，在学校和家中做到了餐盘使用、干预过程、指导语、强化物等细节方面的统一，为儿童的行为干预创造了有利条件。

此外，平等地对待家长和操作者，不以任何一方为主操作者，保证了干预的顺利进行。实时联系、及时反思，都能对家校协同的干预策略进行循环式的完善与修改。如每日进行干预日志的记录，除了对学生情况进行记录外，还促进了家长、研究者的反思，谁有好的建议都可以成为优化干预的方法。

通过家校协同的方法，家长和教师进一步对学生的问题行为加深了解，明确该以怎样的方式去进行儿童饮食问题行为的干预，并认为在今后的生活以及学校的学习中，可以计划进一步进行其他问题行为的干预拓展与运用。

3. 认知教育辅助饮食问题行为的改善

在本次干预过程中,如果说家校协作是为干预打下了坚实的基础,那么认知教育策略就是为干预做了安全护航。自闭症谱系障碍儿童是一个较容易发生情绪问题行为的群体,风吹草动、细小的变化都有可能是儿童发脾气的导火索。

有研究表明,自闭症谱系障碍儿童无法良好地控制自己的情绪,也不能恰当地处理自己的情绪问题(王小珍,2017),而认知教育策略在自闭症谱系障碍儿童的情绪行为问题上是一种有效的方式。在问卷和访谈中我们得知,情绪问题有时会在自闭症谱系障碍儿童的饮食过程中发生,但这并不是一个常见的情况,一般此类行为造成的影响会导致儿童不配合不参加整个用餐过程,对饮食习惯来说是一种打击性的问题行为。所以在干预中,要做好防止自闭症儿童发生情绪问题的措施与准备。本次干预过程中,为了保障儿童的情绪稳定,在每一次干预前都让研究对象了解接下来要发生的事情,知道接下来要食用的食物,在儿童做好心理准备的基础上,儿童在干预过程中的情绪稳定了,几乎没有发生过情绪问题行为。

此外,认知干预还起到潜移默化的营养教育作用,每次的认知干预过程就是一堂蔬菜营养的小课堂,小 A 通过儿歌、图片了解了蔬菜的外貌特征以及营养价值,小 A 除了习得正确的认知匹配外,还尝试了儿歌,通过增加儿歌中有关蔬菜营养的部分,认知干预的效果是非常显著的。

而认知干预也可以落实到评价方面,进行进一步的促进,比如在干预后期,更改每日记录的评价方式,从原先的打钩和数字记录改为用儿童可以理解的笑脸的方式,这样的变化既对儿童有一个实时的反馈,也进一步巩固了儿童建立的良好行为,知道什么时候哪些行为是合适的、可以进行的,而哪些行为就得不到笑脸,从而使干预效果内化。

4. 干预方法的制定需考虑学生及家庭特点

本研究中干预强化物的选择符合小 A 自身的特点与喜好,保障了每次活动的顺利进行。每一次干预过程目标明确,小 A 很快就会行动起来,也验证了强化物的准确性。为了确保强化物能够对儿童的恰当行为产生诱发和强化作用,本研究在听取了家长和专家的建议后,也根据小 A 的特点准备了几项备选强化物,在干预过程中虽没有体现,但若发生了对日常强化物的拒绝,也可以进行补充和拓展。

此次干预方法的选择对于小 A——一名中重度智力障碍的自闭症儿童是较为准确的,方法符合小 A 的认知特点,首先是变化小、每一步简单易懂直接明了;其次,符合其情绪行为特点,难度逐级递增,不造成过大的改变或影响。本次采用家校协同、认知教育、正强化、渐隐的综合干预方法研究设计中,采用小步子逐级变化的方式开展,帮助自闭症儿童小 A 进行挑食偏食行为的干预,提升小 A 对蔬菜的接受度。其中,正强化和渐隐在以往的针对自闭症谱系障碍儿童饮食问题行为的研究中均取得了较好的效果,如 Valdimarsdóttir(2010)等人使用了正强化和刺激渐隐等措施,帮助患儿提升了对目标食物的饮食量;William(2013)等人采用了正强化等方法,促进了儿童的饮食情况;Kadey(2013)等采用了正强化等方法,成功扩展了儿童的食谱;Amber L(2018)等采用渐隐干预,帮助一名自闭症儿童改善饮食过快的问题。本次研究再一次验证了这两种方法对饮食问题行为的干预效果。

本次家校协同、认知教育等策略的选定是基于访谈结果和小 A 家庭情况进行的考量,即参考了小 A 家庭的配合程度以及小 A 的认知程度,决定在干预过程中通过家校协同策略以及认知教育等策略,从细节上为整个干预过程添砖加瓦,为实施干预奠定基础。

在评估方式方面,一开始是家长、教师通过观察记录进行评估,而在小 A 对于蔬菜种类、营养作用等多方面有进一步的认识后,采用了小 A 也可以理解的训练方式,进一步地补足认知教育的部分,也在评估方面完善了整个综合干预方法的内容。

五、建议

1. 提高对饮食问题行为的关注

通过现状研究发现,饮食问题行为是自闭症谱系障碍群体中较为高发的问题行为,而根据以往的相关文献发现,饮食问题行为乃至其他问题行为都没有较大范围的调查与排摸情况。希望如教育、残疾人工作、社会工作、医疗等相关部门关注自闭症谱系障碍儿童的饮食问题行为,并开展大规模的调查,能够为政策制定、教材编写以及开展干预工作提供较为客观的理论实践基础。

针对家长养育和学校教育方面,希望相关部门能为自闭症谱系障碍儿童的家长与教师撰写喂养、饮食等方面的指南手册。在指南手册中备注常见的问题以及简单有效的方法,让家长可以有问可询,有法可依。积极开展自闭症养护相关的讲座与互动活动,让家长和教师能够对自己的养护方式有一个准确的定位与认知,避免再次发生妥协菜谱等类似的错误养护方式。

2. 为相关教师提供干预指导的专业支持

从访谈中得知,在辅读学校的用餐环境中,班主任老师不能每分每秒都和学生在一起,同样在分饭的过程中也不能把所有的精力都放在自闭症谱系障碍儿童身上,这就对学校的人员设置提出了一个新的挑战,是否能安排辅助教师完成班主任老师空档时期的饮食管理,在中午就餐的时候专职负责自闭症儿童的个人饮食行为干预工作？考虑到这个岗位的特殊性,学校需要专设一名负责学生饮食生活相关的教师,并保证该名教师的专业性与规范性,从而能够对学生的问题行为进行有针对性的干预工作。

此外,许多特殊学校已经有负责学生生活的辅助保育员老师,主要负责儿童在学校生活中的吃喝拉撒这几方面的协助。可以适当对这些保育员老师进行培训,让他们学习简单的行为干预的方法,掌握综合干预的流程,在午餐的过程中也可以尝试针对学生的饮食问题行为开展有计划有效果的干预。当然所有干预需要建立在对儿童有益处,取得家长及教师同意的这些条件下才可以开展。

3. 注重个别化家校协同的综合干预方案的制定

针对儿童、家庭、学校开展个别化的干预设计是非常有必要的,在日常干预活动中,光偏向一方的策略和设计都是不准确的,要综合考量多方因素,制定最适合的方案。

比如,针对学生的认知、情绪与行为现状,本次干预中采用认知教学策略。自闭症谱系障碍儿童大多在日常活动中会表现出情绪问题和行为问题,针对这些问题,要提前让儿童明白自己接下来要做什么,从而降低其焦虑的心理。要告诉儿童应该怎么做,怎么做是正确的,从而帮助其建立良好的行为概念。此外,课堂教学也会促进儿童的认知,有教师表示,由于课程设置和教材的原因,导致有关饮食问题行为的内容较少,上课频率过低,难以满足儿童日常的需求。所以,呼吁有关部门增设有针对性的集中课程或者活动,帮助自闭症谱系障碍儿童在日常学习的过程中,知道怎样开展饮食活动,明白什么食物是好的,养成良好的营养概念。或者增设相关的选择性课程、个别化训练课程。由于自闭症谱系障碍儿童之间也有一定的差异,如果增设问题行为干预相关的个别化训练课程,就可以开展个性化的如饮食问题行为方面的干预实施,从而发展最适切的教学手段,达到最好的干预效果。

而访谈中我们可以看出对于自闭症谱系障碍儿童的饮食问题行为,本研究中的家长与教师一开始也是困惑的,他们试图寻求一个能够有效改善儿童饮食问题行为的方法。而学校干预与家庭干预是紧密联系、相辅相成的,要做好行为在学习环境和生活环境之间的转换。所以在日常的教学与生活中,家长与教师需要保持紧密联系,形成一个学校生活共荣体,在各个环境进行行为干预,让学生能在生活学习常见的环境进行泛化,对问题行为也可以进行多方面的干预与管束。

在今后的日常干预或教学活动中,要进一步拓展家校协同的内涵,搭建常态化的家校协同机制,制定基于学生、基于家庭和学校特色等多方面的学生综合发展计划、干预计划与评估机制,将教育、干预的效果发挥到最大。

(指导专家:王和平)

■ 参考文献

[1] American Psychiatric Association. Diagnostic and Statistical manual of mental disorder [M]. Fifth edition. American Psychiatric Pub, 2013:329.

[2] Leekam, Susan R; Prior, Margot R; Ujarevic, Mirko. Restricted and Repetitive Behaviors in Autism Spectrum Disorders: A Review of Research in the Last Decade [J]. Psychological Bulletin, 2011,137(4):562-593.

[3] Loisa Bennetto, Emily S Kuschner, Susan L Hyman. Olfaction and taste processing in autism [J]. Biological psychiatry, 2007, (62), 1015-1021.

[4] Arlene Mannion, Geraldine Leader, An investigation of comorbid psychological disorders, sleep problems, gastrointestinal symptoms and epilepsy in children and adolescents with autism spectrum disorder: A two year follow-up [J]. Research in Autism Spectrum Disorders, 2016, (22):20-33.

[5] DeMyer MK. Parents and children in autism [M]. New York: Wiley, 1979.

[6] TM Michel, MW Abdallah. Matrix metalloproteinases in autism spectrum disorders [J]. Journal of Molecular Psychiatry, 2013, 1 (1) :1-5.

[7] AM Kozlowski, JL Matson, JC Fodstad, BN MoreeFeeding. Therapy in a Child With Autistic Disorder: Sequential Food Presentation [J], Clinical Case Studies, 2011,10(3):236-246.

[8] Yolanda Martins, Robyn L. Young, Danielle C. Robson. Feeding and Eating Behaviorsin Children with Autism and Typically Developing Children [J]. Autism Dev Disord, 2008, (38),878-1887.

[9] Koegel, Robert L.; Bharoocha, Amber A.; Ribnick, Courtney B.; Ribnick, Ryan C.; Bucio, Mario O.; Fredeen, Rosy M.; Koegel, Lynn Kern. Using individualized reinforcers and hierarchical exposure to increase food flexibility in children with autism spectrum disorders [J]. Journal of autism and developmental disorders, 2012:42.

[10] Hodges, Abby; Davis, Tonya; Crandall, Madison; Phipps, Laura; Weston, Regan. Using Shaping to Increase Foods Consumed by Children with Autism [J]. Journal of autism and developmental disorders, 2017,47(8):2471-2479.

[11] Ajdowski, Adel C. I; Tarbox, Jonathanl; Wilke, Arthur E. 1. Utilizing Antecedent Manipulations and Reinforcement in the Treatment of Food Selectivity by Texture [J]. Education and Treatment of Children, 2012,35(1):101-110.

[12] Wood, Brenna K. Treatment of Food Selectivity in a Young Child With Autism [J]. Focus on Autism and Other Developmental Disabilities, 2009,24(3):169-177.

[13] Peterson, Kathryn M.; Piazza, Cathleen C.; Ibañez, Vivian F.; Fisher, Wayne W. Randomized controlled trial of an applied behavior analytic intervention for food selectivity in children with autism spectrum disorder [J]. Journal of Applied Behavior Analysis, 2019,52

(4):895-917.

[14] Spann, Sammy J.; Kohler, Frank W.; Soenksen, Delann. Examining Parents' Involvement in and Perceptions of Special Education Services: An IntervieW With Families in a Parent Support Group [J]. Focus on Autism and Other Developmental Disabilities, 2003,18(4): 228-237.

[15] Gaus, V. Cognitive—behavioral therapy for adult Asperger syndrome [M]. New York: Guilford Press, 2007.

[16] Donohue, O. Fischer, J. Cognitive behavior therapy(2nd) [M]. Hoboken: John Wiley & Sons. 2009,112.

附件1(节选11—21题)

儿童饮食问题行为情况调查表

尊敬的家长:您好!本问卷旨在了解您孩子在饮食过程中的行为表现及行为出现频率,答案仅用于研究,请您放心,无对错之分,恳请认真仔细填写。感谢您的参与! 请您回忆过去您孩子用餐时间的表现并选择。

		1. 你觉得这个饮食问题是不是一个大问题?觉得是大问题选"是",不是什么问题选"否"		2. 问题行为发生频率 从不 较少 偶尔 经常 一直 1 2 3 4 5				
		问题1		问题2				
11.	儿童愿意尝试新鲜食物。	是	否	1	2	3	4	5
12.	儿童吃饭时会玩弄食物。	是	否	1	2	3	4	5
13.	儿童有固定的不喜欢的食物,并且不愿吃。	是	否	1	2	3	4	5
14.	儿童拒绝食用需要较多咀嚼的食物。	是	否	1	2	3	4	5
15.	儿童有每顿饭固定爱好的食物。	是	否	1	2	3	4	5
16.	儿童喜欢吃膨化的脆脆的食物。	是	否	1	2	3	4	5
17.	儿童喜欢吃的食物种类有很多。	是	否	1	2	3	4	5
18.	儿童喜欢淀粉类的食物(面条、土豆、饭)。	是	否	1	2	3	4	5
19.	儿童喜欢食物有固定的呈现顺序。	是	否	1	2	3	4	5
20.	儿童喜欢甜食(糖、巧克力)。	是	否	1	2	3	4	5
21.	儿童喜欢食物摆放在固定的位置。	是	否	1	2	3	4	5

附件2(节选)
自闭症谱系障碍儿童饮食问题行为现状的访谈提纲

教师：
1. 班里有几名自闭症学生？在多大的时候问题比较严重？
2. 午餐时候是否有额外的压力，遇到了哪些困难？
3. 儿童不良的饮食行为有哪些具体的表现呢？

家长：
1. 您的孩子是否为自闭症谱系障碍儿童？他现在多大？
2. 在饮食的过程中，您的孩子是否有异于常人的行为表现，这个表现是否对您造成了困扰？

基于积极行为支持的自闭症学生青春期问题行为的干预研究

黎和敏[*]

摘 要：本研究采用AB跨情境单一被试实验设计，对一名具有典型青春期问题行为的自闭症学生进行了为期5个月的课堂干预，探究问题行为发生的原因及积极行为支持干预的效果。研究结果显示，学生的青春期问题行为除了与其生理需求有关，也与自身技能发展水平、课堂环境支持不足等因素紧密相关，以课堂环境调整为核心，着重发展学生良好的课堂适应性行为干预策略，能够取得较好的干预效果。

关键词：课堂情境 自闭症 青春期问题行为 积极行为支持

一、问题提出

青春期是个体发展过程中的重要阶段。处于青春期的青少年往往会因生理、心理、社会环境等多种因素的相互影响而出现行为或心理问题。自闭症学生因其障碍特殊性、认知发展限制，其心智与社会性成熟远远没有达到其生理上的成熟水平，步入青春期后通常面临更为严峻的挑战[1,2]。

与之相伴的青春期问题行为也不断显现，比如受性冲动驱使在公共场合裸露、抚摸性器官或身体隐私部位、在公共场合自慰、过分靠近异性、与异性发生不当的身体接触等，甚至出现自伤、攻击他人、情绪爆发等问题[3,4,5]。这类青春期问题行为(adolescent problem behavior)，也被称为与性有关的问题行为。相比其他问题行为，自闭症学生的青春期问题行为可能更影响其身心健康、自身能力、同伴关系发展及社会融入，也会给教师的课堂教学带来极大困扰，是目前一线教师非常棘手且难以处理的一类问题行为。目前为数不多的一些实证研究表明，自闭症学生的青春期问题行为受多方面因素影响，主要与学生生理特点、认知水

---

[*] 作者单位上海市宝山区培智学校

平发展滞后、所处环境特点等不利因素密切相关[6,7]。尤其在学生所处时间较长的课堂情境中,进入青春期后,学业难度的增加与自闭症学生认知发展严重迟滞的矛盾日益突出,通常这类学生的课堂参与度较低,大多数时间处于一种无所事事的状态。

对自闭症学生青春期问题行为的干预研究发现,如果仅仅专注于减少被试的问题行为,并不能真正提高个体解决问题、适应生活的能力,而且干预效果并不显著。[8]已有研究表明,积极行为支持(Positive Behavior Support, PBS)在干预和矫治具有青春期问题行为的自闭症学生实践中能够取得长远的效果。[9,10]积极行为支持是以行为功能评估为基础,遵循系统化的干预思路,采用综合的干预方法来改善个体的行为技能[11—12]。本研究以一名自闭症学生为研究对象,基于功能评估开展青春期问题行为积极干预的个案研究,旨在改善学生青春期问题行为,发展其适应性行为,为教师的教学及课堂管理提供参考和建议。

二、研究方法

(一) 研究对象

欣欣,女,12岁,体型肥胖,是一名中重度智力障碍自闭症学生,现就读于上海市某特殊学校六年级。家庭经济状况良好,与父母生活在一起,母亲忙于工作,主要照顾者为父亲。欣欣在课堂上主要的问题行为是频繁、不规律的自慰行为,表现为用手隔着裤子用力按压或摩擦隐私部位、凑近老师闻气味等,且伴有较为严重的情绪行为问题。

(二) 研究设计

本研究采用 A-B 跨情境多基线实验设计,包括基线期(A)和干预期(B)。基线期(A):共2周,不对学生进行任何干预;干预期(B)开展为期5个月的积极行为支持干预。

选取被试青春期问题行为出现频率较高且较为稳定的生活语文课、生活数学课作为课堂干预的自然情境,每次干预35分钟。按照干预的难易程度依次进行干预处理,先进入干预的情境是语文课,数学课仍处于基线期,当语文课情境中被试目标行为的改变呈现稳定趋势后再引入数学课情境的干预,同时继续保持语文课情境的积极行为支持干预。

（三）研究工具

1. 自编《青春期问题行为访谈表》

对欣欣的父母、班主任进行半结构化访谈。主要是了解学生出生史、发育史、用药史，家中问题行为发生的具体情况、处理方式等，尤其是课堂情境中被试青春期问题行为的具体情况，比如行为具体表现、发生频率、情境、处理措施及效果等信息。

2. 《ABC 行为观察记录表》

由于前期被试问题行为发生的情境缺乏一定的规律，由研究者本人直接观察，辅以全天课堂录像，采用该工具对被试在不同课堂情境中目标行为发生的前奏事件（Antecedent，A）、行为表现（Behavior，B）及行为结果（Consequence，C）进行记录，用于分析判断被试在各个情境中目标行为的功能。

3. 《行为动因评估量表》

采用钮文英改编的 Durand 评量表（Motivation Assessment Scale，MAS），对欣欣的父母、班主任和主要任课教师进行调查，进一步判断个体青春期问题行为的功能。该量表共 16 个题目，采用 5 级计分，将个体行为的功能分为感官刺激、逃避、引人注意、要求明确的东西 4 种。

（四）数据收集与处理方法

考虑到这一问题行为严重影响学生的学习和发展，故本研究不再以问题行为的持续时间作为数据收集指标。最终确定收集的数据指标包括：①一节课课中被试青春期问题行为发生的次数；②被试每节课参与课堂活动的总时间，比如指点、跟读、回答问题，在辅助下参与课堂活动等行为时间总和。

由于研究者承担多项教学工作，限于时间和精力，分别选取每周二（数学课）和每周五（语文课）作为数据收集的课堂情境。采用行为观察记录表，记录被试课堂上青春期问题行为发生的次数，辅以录像拍摄，课后使用计时器记录所拍摄视频中被试每节课参与课堂活动的总时间。

三、研究过程

（一）青春期问题行为的功能评估过程

1. 目标行为的界定

通过前期观察与沟通，本研究中被试需要干预的青春期问题行为主要表现为，用手隔着裤子用力按压隐私部位(5秒以上);隔着裤子用手反复摩擦、抚摸隐私部位(5秒以上);嗅生殖器官的味道;身体过于靠近、摸异性老师或同学及凑近闻对方身上气味。

2. 青春期问题行为功能评估

在明确了欣欣的青春期问题行为后,研究者采用了访谈法、观察法及量表问卷对其行为功能进行评估与分析。

(1) 访谈结果。通过半结构化访谈,全面了解欣欣在课堂、家庭中问题行为的具体情况及其他能力发展情况。访谈的对象为欣欣的父母、班主任及8位任课教师,每人访谈时间在15~20分钟左右。

根据班主任描述,目前欣欣的认知水平和理解能力远远落后于现阶段学科学习要求,因学生能力限制及教师精力有限,课堂上基本上不要求其主动参与。除了运动课外,其他任课教师都反映学生会出现频繁的青春期问题行为,比如双腿岔开,用力摸、按压下体,并发出急促的呼吸声,行为持续时间为5秒至1分钟。尤其在数学和语文课中,该学生大多数时间都沉溺于这一刺激中,通常行为停止后又会继续出现。

通过家长访谈了解到,在家中,欣欣会在无聊或情绪发作时出现摸下体、借助玩偶、被子夹下体的行为。通常,家长会采取转移注意力的方式纠正这一行为,但往往效果并不理想。母亲还反馈,有时即使制止也很难停下来,甚至会拉着家长的手去摸。

(2) ABC行为观察结果

通过对被试全天课堂录像的初步筛查,发现欣欣在生活语文和生活数学课中问题行为出现的频率较高。继而研究者采用ABC行为观察记录表,对这两个课堂情境中被试问题行为表现及与之相关的因素进行了为期两周的观察,并对行为的功能进行初步判断。学生ABC行为观察记录表见表1。

表1 学生ABC行为观察记录表

情境	前提事件 (Antecedent)	行为表现(Behavior)	行为结果 (Consequence)	功能推测
生活数学课	课前纪律强调	用手隔着裤子紧按隐私部位,双脚抬起,持续15秒	自行停止	寻求感觉刺激
	教师提问	身体左右摇晃,隔着裤子用力按隐私部位,持续24秒	教师制止,提醒坐好,行为停止	
	教师带领学生说学习内容	双手隔着裤子用力按压隐私部位,持续10秒	教师不予理会,自行停止行为	

(续表)

情境	前提事件(Antecedent)	行为表现(Behavior)	行为结果(Consequence)	功能推测
生活语文课	教师提问	双手紧按隐私部位,双脚抬起,持续39秒		
	发练习本	用手紧按隐私部位,双脚抬起,表情非常用力,持续40秒		
	课前,教师提醒坐好	双腿叉开,手放在隐私部位用力按压,持续15秒	自行停止,转向窗外,趴在窗台上看外面	寻求感觉刺激
	教师布置任务	手伸入裤子中摸隐私部位并按压	伸懒腰	逃避任务
	教师提问	手放在隐私部位用力挤压,同时摇晃身体,持续40秒,发出喘气声	自己停止动作	寻求感觉刺激

通过分析表1中的ABC各因素关系,可以看到,欣欣的问题行为在语文和数学课上表现较为相似,无论是在学生无所事事,还是在教师提问、讲解内容、布置任务、他人回答问题时,被试均会在两个课堂的多个情境下出现上述问题行为。因学生能力限制,教师对学生的问题行为通常不予处理,行为发生后多自行停止,但又会循环出现。

(3)行为动机评估结果。为了进一步验证行为功能的推测结果,由生活数学教师(即班主任)和生活语文教师填写《行为动机评估量表》,研究者进行计分统计和行为动机等级排序。以1~5计分,得分越高表示频率越高,说明属于该行为动机的可能性越高,反之该动机的可能性较小。行为动机评估结果见表2。

表2 行为动机评估结果

行为动机	获得实物 平均分	等级	寻求关注 平均分	等级	逃避任务 平均分	等级	满足刺激 平均分	等级
生活数学教师	2.25	3	1	4	2.75	2	5	1
生活语文教师	2	3	1.25	4	2.5	2	4.75	1

从表2的结果来看,两位任课教师在被试青春期问题行为动机上的认识具有高度一致性,均认为问题行为主要的动机是获得感官刺激,其次是逃避学习任务。

综合以上评估结果，进一步对欣欣青春期问题行为出现的原因进行具体分析发现，第一，不管是学校还是家里，学生大部分精力都在重复这一行为，行为在制止片刻后又会继续出现，且短时间内很难自行停止。这说明学生可能确实在生理方面存在特殊的需求，她的这一行为极大地满足了自身生理所需要的感觉刺激，但并未采用恰当的方式来满足这种需求。第二，限于学生能力、教师精力等因素，学生几乎很难参与到当前课堂学习中，大多数时间处于"坐"着的状态，加之学生体型肥胖，显然当前的课堂环境难以满足学生较高的兴奋水平。可以看到，学生问题行为的出现也与其所处的课堂环境特点密切相关。因此，功能评估结果表明，欣欣用力按压下体、用手隔着裤子摩擦隐私部位的问题行为，主要为了满足自身生理所需要的感觉刺激，具有感觉性正强化功能。

（二）积极行为支持干预方案的制定与实施

功能评估结果显示，被试因感觉刺激调整引发的青春期问题行为，很大程度上与其无法参与当前课堂学习、自身技能发展水平限制存在紧密的关系。因此，在满足学生功能需求的基础上，干预目标应着眼于以课堂环境调整为核心，着重发展学生良好的课堂适应性行为。

1. 功能需求的替代满足

对于被试以获得感觉刺激为主要功能的问题行为，干预应从教授学生用恰当的替代行为，来获得替代性感觉刺激的满足这一角度入手，从而降低其对性兴奋刺激的需求。比如欣欣喜欢海洋球，午间活动时研究者会带领被试坐在海洋球上来回弹跳、身体趴在球上摩擦、进行手部互动游戏等该生乐意参与的活动，通过这种触觉刺激的获得间接满足感觉需求。前期观察也发现，欣欣在上完运动课后的下一节课上往往有较好的课堂表现，因此，也考虑进行感觉刺激的提前满足，主要通过加大课前运动量来实现。比如课前 10 分钟，研究者会安排被试在走廊、操场上来回快走或爬楼梯，帮助该生消耗自己体内过多的能量，在一定程度上满足了其对动觉刺激的需求，降低其生理兴奋水平。

2. 课堂教学环境调整

欣欣之所以在课堂上频繁出现这类行为，与其无法参与当前教师所设计的课堂学习活动和任务有关。对此，如果要改善课堂上学生的这一行为，则需要从调整课堂教学环境着手，通过增加课堂环境中对学生有意义的刺激，让被试有更多参与课堂的机会。主要从以下 3 个方面进行课堂教学环境调整。

第一，针对学习任务本身，基于学生能力水平简化学习任务难度。考虑到该生的学科知识难以在短时间内有较大幅度的提高，因此，尽可能通过降低任务的难度提高其参与课堂度,以减少问题行为的产生。比如,生活语文课,认读、抄写汉字调整为跟读、在凹槽板中能指描汉字,在句子中圈出词语调整为,单独给该生提供该词语卡片,该生指点、跟读词语后再手把手辅助其在句子中圈出。又如生活数学课,两位数进位加法计算,会直接提供正确的算式,让该生使用学具对照摆出并跟读算式。

第二,针对学习过程,基于学生能力水平调整课堂参与的难度。比如,给予明确、清晰的指令和要求。集体课堂中,教师的指令大多数是针对班级所有学生,被试可能因无法理解教师指令而无法参与课堂。因此在每个教学环节中,研究者均用简洁的语言或手势,告知该生每个学习任务的要求。让面向集体的课堂指令,聚焦并简化为该生能够理解的简单指令,减少问题行为发生的可能性。此外,在任务完成过程中,研究者也为其提供必要的辅助支持提高该生课堂参与度。比如,在该生耳边轻声重复、解释教师的指令、手把手指导该生完成任务、在等待时引导该生完成与学习活动相关的任务等。对被试参与课堂活动的良好行为,也给予及时表扬强化。

第三,基于学生兴奋水平,调整课堂学习活动。在进行学习活动设计时,研究者提前与任课教师沟通,尽可能增加需要双手操作完成的活动。比如语文课上,让该生选择、粘贴与词语相匹配的图片、进行图词连线、圈划字词、在练习卡上撕下正确的汉字卡片等。数学课上,提供可撕贴的数字操作板、小棒、计算器等学具。在整个任务完成过程中,也会提供较多动手操作任务。比如,任务完成后被试可以选择贴纸奖励自己并上台进行简单的指点操作,又如,要求被试回答问题,增加该生起身活动的机会,这样既满足了该生对感觉刺激的需求,也有助于参与课堂学习。

下面,以一节生活语文和生活数学课的部分环节为例,具体说明课堂教学调整的做法。课堂教学调整记录(部分片段)见表3。

表3 课堂教学调整记录(部分片段)

课堂情境	教学环节	课堂集体指令	简化后指令	欣欣个别化学习任务	辅助支持
生活语文课	导入	1. 上课,起立,同学们好!	/	/	提前告知要上课了,拿出书本、铅笔盒
		2. 今天我们要学习第11课《小松鼠找花生》,谁来读课题?	跟我读课题	在书上点读课题	全肢体辅助学生点读课题

(续表)

课堂情境	教学环节	课堂集体指令	简化后指令	欣欣个别化学习任务	辅助支持
	新授	3. 请你认真看视频，了解课文大意	认真看视频		在学生耳边小声重复视频中出现的关键信息，比如小松鼠、花生
		4. 看完视频后，你知道课文讲了什么故事？	谁找花生？小松鼠找什么？	找出小松鼠、花生图片 跟读词语	图片辅助
		5. 下面我们要学习生字"找"	跟我读"找"	跟读并指点汉字"找"	单独提供字卡
		6. 认识了生字"找"，你能在课题中找出这个字吗？	圈出课题中的"找"字	圈出"找"字	单独呈现"找"字卡，作为参照，对照字卡，手把手辅助圈出课题中的"找"字
		7. 认真听教师读课文	认真听、看课文句子		使用阅读障碍导图读条，教师读哪行，导读条呈现哪句话
		8. 学习课文第一自然段，第一段讲了什么？	跟我读句子	跟读简化的第一自然段	单独呈现简化后的课文第一自然段内容
生活数学课	复习	1. 今天我们继续学习整十数减一位数的退位减法，请你算一算30－4等于多少？	计算30－4等于多少？	找出数字30和4 读一读算式30－4＝ 用计算器计算结果，并找到结果数字卡26	提供摆放好的30－4＝算式卡，为学生在多个数字中找出30和4 提供参照；提供计算器，手把手辅助计算结果
		2. 算好了后，请你写一写30－4＝26	读一读30－4等于26	指读算式卡30－4＝26	提供算式卡30－4＝26
		3. 谁来说一说30－4整个计算过程？你是怎么算的？	你能自己摆出30－4＝26算式吗？	能用数字卡，自己摆出30－4＝26算式	撤销原先算式卡

3. 个别化干预训练

当然,被试之所以无法参与课堂学习,也与该生自身能力水平不足有关。尽管对课堂教学环境进行了调整,但该生的能力仍严重滞后于现阶段的学习要求。因此,干预还需要辅以个别化训练,着重提高个体的整体行为技能水平,以此更好地支持与配合课堂教学环境的调整。

本研究主要从以下3个角度开展个别化训练:①针对被试因课堂常规指令理解困难,导致该生无法参与课堂这一问题,进行课堂准备技能训练;②针对语文和数学课中该生明显落后的学业技能,通过学业辅导,帮助被试提升基本的前学业技能,比如指点、辨别图片,让其有更多参与课堂学习的机会;③对于被试因社交技能落后,可能在常规的课堂学习活动中难以与教师、同伴进行良好互动的情况,考虑增加社交技能方面的训练。个别化训练实施与课堂情境干预同时进行,研究者选取每周一和周四下午第一节课进行训练,每周训练2次,每次训练35分钟,个别化训练内容安排见表4。

表4 个别化训练内容安排

训练内容	训练目标
课堂准备技能	理解基本的课堂指令并能适当回应; 遵守课堂规则,不随便离座
基本前学业技能	语文课程相关的学业技能,比如指点图片、跟读、认读、连线、摆放卡片、上台完成任务、指描、书空等; 数学课程相关的学业技能,比如读数、卡片操作、配对、使用计算器等
社交技能	能用简单的语言或肢体动作表达自己的想法和需求; 能用恰当的方式参与同伴互动,对同伴的提问进行恰当的回应

四、研究结果

整个研究持续近5个多月,其中生活语文课情境,共收集到24个有效数据点,基线期8个,干预期16个;生活数学课情境,共收集到28个有效数据点,基线期13个,干预期15个。

(一)被试青春期问题行为发生次数的变化

被试青春期问题行为发生次数变化情况如图1所示。可以看到,基线期,不管是生活语文课还是生活数学课,被试问题行为出现的频率均非常高,语文课平均发生的次数为15.1次,数学课为19.8次,甚至一节课中出现的次数高达23次。进入处理期后,研究者进入课堂担任辅助教师的角色实施干预,为被试参与课堂提供了很多的支持,随着课堂整体参与水平的提升,被试青春期问题行为发生的频率呈现稳定下降的趋势,改善效果较为明显。生活语文课情境,在介入第4次干预后问题行为出现的次数下降至9次,到干预后期减少至1次,数学课上被试问题行为发生次数的变化与语文课具有一定的相似性,问题行为发生的频率显著下降,低至2～3次。

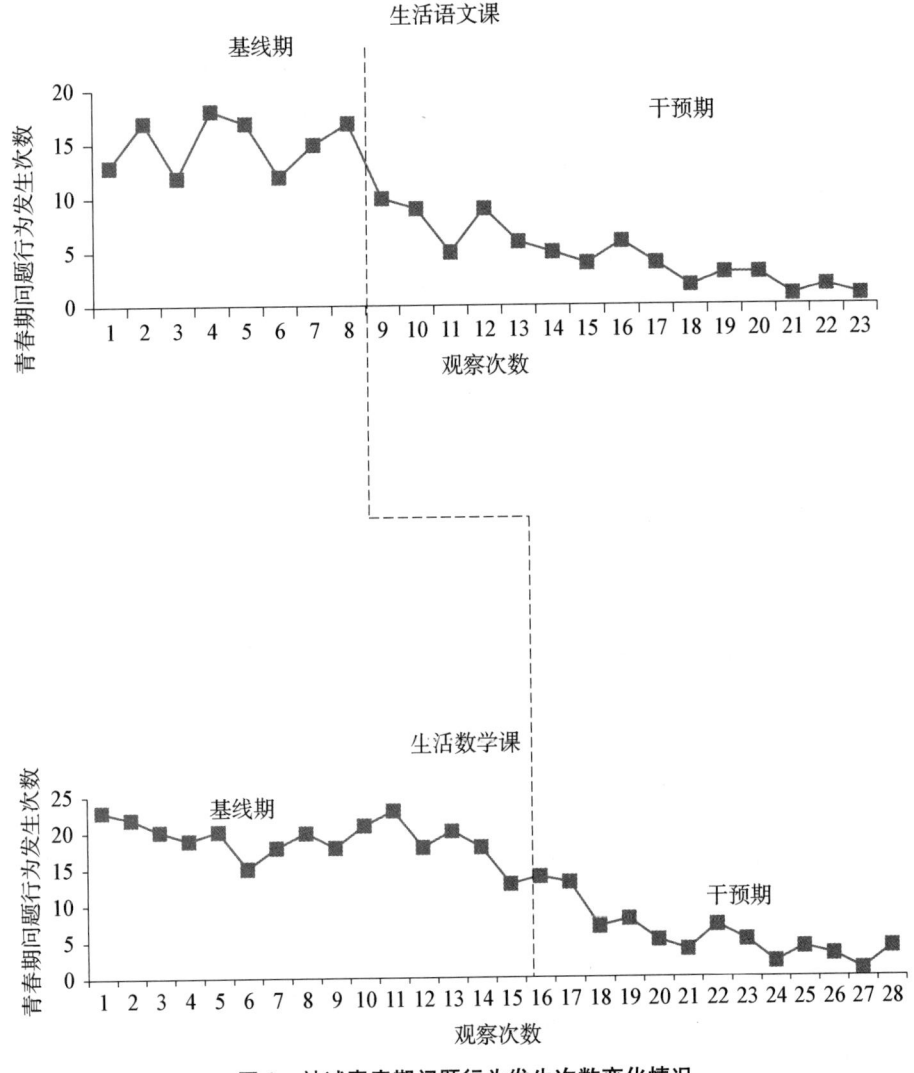

图1 被试青春期问题行为发生次数变化情况

（二）被试参与课堂活动时间的变化

本研究对两个课堂情境中被试参与课堂活动时间的变化进行阶段内和阶段间视觉分析。被试参与课堂活动时间的变化情况如图2所示。

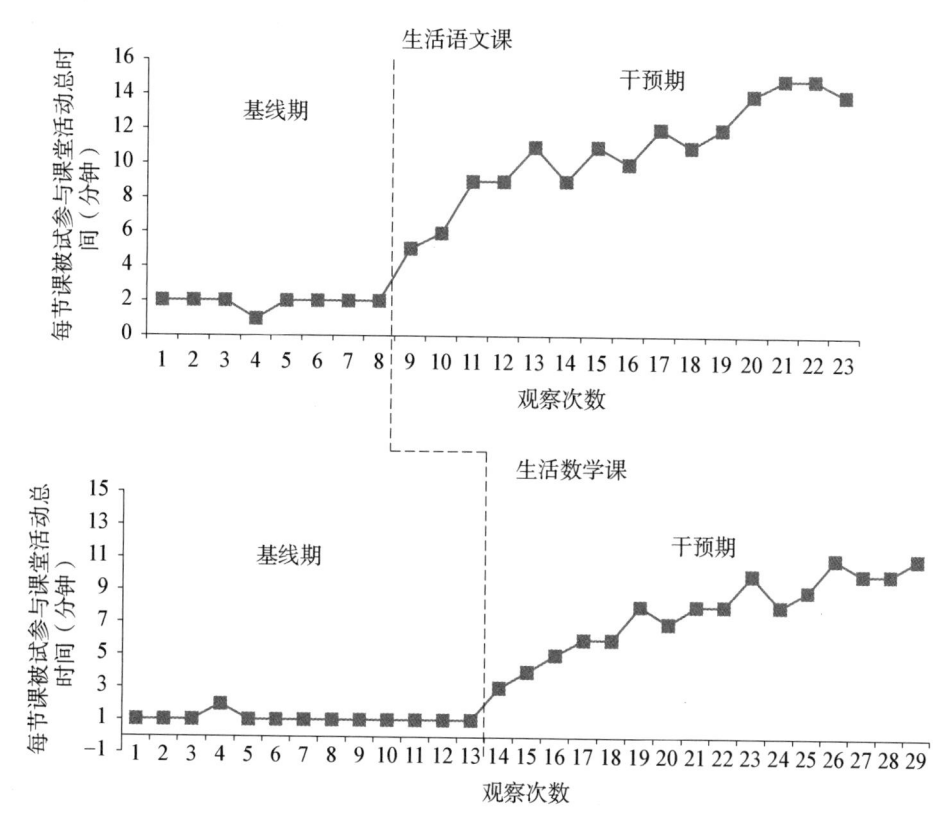

图2 被试参与课堂活动时间的变化情况

被试参与课堂活动时间视觉分析结果见表5。

表5 被试参与课堂活动时间视觉分析结果

	分析维度	生活语文课		生活数学课	
		A	B	A	B
阶段内分析	阶段名称	A	B	A	B
	阶段长度	8	15	13	16
	趋向路径	−(=)	/(+)	−(=)	/(+)
	趋向稳定性	85.7%	93.3%	92.3%	81.3%

(续表)

	分析维度	生活语文课		生活数学课	
	平均值	1.8	10.9	1.1	7.8
	水准范围	1~2	5~15	1~2	3~11
	水准变化	0	9	0	8
	水准稳定性	85.7% 稳定	40% 不稳定	92.3% 稳定	31.3% 不稳定
阶段间分析	阶段比较	A/B(生活语文课)		A/B(生活数学课)	
	趋向方向和效果变化	—/(=)(+)		—/(=)(+)	
	趋向稳定性变化 水准变化	稳定到稳定 3		稳定到稳定 2	
	重叠百分比	0%		0%	

可以看到，生活语文课情境，基线期被试平均每节课参与课堂活动的时间为 1.8 分钟，趋向稳定性为 85.7%，说明实施干预前，被试参与课堂活动的时间处于稳定且低水平的状态。进入处理期后，被试参与语文课堂活动时间的平均值上升至 10.9 分钟，相比基线期有了显著的提高，趋向稳定性达 93.3%。两个阶段的重叠百分比为 0，说明语文课上被试课堂参与度明显提高。对被试在干预期参与课堂行为变化进行 C 统计分析，Z 值为 3.57（$p<0.01$），达到 0.01 显著性水平，进一步证明了干预效果的显著性。

生活数学课情境，在基线期阶段，被试平均每节课参与课堂活动的时间仅为 1.1 分钟，干预前被试课堂参与水平极低且趋向稳定性为 92.3%。实施干预后，被试参与课堂活动时间的平均值上升至 7.3 分钟，趋向稳定性达到 81.25%，说明其参与课堂活动的时间呈现稳定上升的趋势。两阶段的重叠百分比为 0，说明数学课上被试参与课堂时间明显提升。根据 C 统计结果，Z 值为 3.69（$p<0.01$），达到 0.01 显著性水平，说明数学课上被试课堂参与行为显著提升。

（三）干预的社会效度分析

为了进一步了解干预的效果，在干预结束后分别对欣欣的两位任课老师和母亲进行访谈，以了解学生青春期问题行为干预介入后的情况。首先，被试的青春期问题行为明显改善。两位任课老师一致认为在实施干预后，相比之前，被试在课堂上问题行为发生频率明显减少,虽然偶尔还会出现按压、摩擦下体等不恰当的行为,但是行为持续时间、发生次数均大大降低。根据欣欣母亲反馈,被试在家里或其他场合问题行为发生频率也都有所改善。其次,被试整体适应性行为得到了提高。任课老师认为欣欣在语文和数学课上的参与度大幅提升,发现她是可以参与课堂部分学习的,比如跟读字词、指认、完成简单的操作性任务等。欣欣的母亲也发现,被试专注于自我刺激的行为减少了,喜欢饭后散步、玩海洋球,在家长指导下能完成简单的学习任务。

五、讨论

(一)自闭症学生青春期问题行为功能需求产生的原因

从行为功能的角度来看,被试所表现出的用力按压、摩擦生殖器行为主要是为了满足自身所需要的感觉刺激,具有明显的自我刺激功能,这可能与其性生理成熟所带来的性生理需求有关。但是,对被试问题行为背后原因的分析不应仅仅局限于生理因素,更重要的是要深入思考,为什么学生的青春期问题行为会在课堂情境中存在?这与个体行为技能发展水平、教师课堂教学任务的设计有何关联?

进一步对此类青春期问题行为在课堂情境中出现这一功能的原因进行分析,我们发现,这实际上还与学生所处的课堂环境特点、自身技能水平密切相关。由于欣欣整体的技能发展水平比较低,通常教师所开展的学习任务很难契合该生目前的能力水平。也就是说,当前的课堂环境、教师所提供的的教学内容和支持显然不能与学生所需要的感觉刺激相匹配。当生理因素再加上教师所讲的内容、设计的活动任务是被试能力无法达到的情况时,学生主要的注意力可能都会集中于身体的感觉刺激。一些研究也发现,出现这一功能需求的这类自闭症学生,大多数都身处不利的环境、自身认知、社会化技能也非常有限。比如,对中重度自闭症自慰问题行为的一项干预研究发现,在一些低结构的教学情境中,学生常常因不能跟随教师课堂教学节奏,容易出现抚摸或摩擦生殖器的自慰行为,以获得他们所需要的感觉刺激。[6,13]又如对一名15岁自闭症男生过于靠近、触摸异性的不恰当行为进行功能评估,结果发现当学生在教室里长时间独处,教师未对学生有明确的指令或任务时,学生自我刺激行为发生的频率较高[6]。

因此,这也从侧面启示我们,如果要真正改善学生的青春期问题行为,对被试青春期问题行为功能需求进行评估时,除了要从生理的角度进行分析,还要着重分析外在环境的刺激水平、个体能力发展水平等相关因素是否与被试的青春期问题行为存在密切的关系,以及到底存在何种关联,这样才能够对症下药,找到青春期问题行为背后的实质性原因。

(二) 基于环境调整的自闭症学生青春期问题行为的干预路径

本研究以课堂环境调整为核心,着眼于个体整体行为能力改善进行干预方案的整体设计,而非直接处理被试的青春期问题行为。这里,值得关注的是,为什么被试的青春期问题行为可以通过课堂环境调整、个体行为技能提高得以改善?

基于功能评估结果,这主要归咎于被试所处的环境对她来说是一个非常糟糕、没有意义的环境,课堂上缺乏学生能够有效参与课堂学习的活动和任务。这背后反映的实质性问题就是,当前课堂学习要求与学生严重滞后能力的矛盾十分突出。本研究通过系统调整与改善个体需求和所处环境的关系来提升被试整体行为能力,这样的一种干预思路认为,如果单纯去干预学生的青春期问题行为,并不能真正提高学生课堂良好的适应性行为,而且难以取得长远的干预效果。这样的观点在一些研究中也得到了进一步证实。比如杨丹蓉在对智力障碍学生与性有关的问题行为干预研究中,发现只着眼于学生问题行为本身的干预方法,不仅时效短暂效果不佳,也难以符合学生的实际需求,只有通过调整和改善学生所处的环境、综合运用多种策略进行干预,干预效果才能达到最大化[6]。同样,陶然等人的研究也指出,针对某一问题行为进行专门性的干预,能在短时间内产生明显的效果,但只着眼于局部而非系统的改变,干预效果的持久性可能有待进一步考证[8,14]。

因此,从积极行为支持干预的视角,对存在感觉刺激需求的青春期问题行为,干预的关键是要创设支持个体积极参与的课堂环境,而非仅仅采用替代行为来单纯满足被试生理方面的功能需求。也就是,通过环境调整,创造能够契合个体生理刺激水平的外部环境,增加课堂环境中有意义的刺激。这就需要教师根据学生的能力水平,对当前的课堂学习任务、活动进行个别化设计与调整,让学生能够在一定程度上参与到课堂学习中。除此之外,以上干预措施的有效实施还需要个别化训练的支持,通过课堂准备技能训练、前学业技能及社交技能等训练提高学生整体行为技能水平,从而提升学生良好的课堂适应性行为。

(指导专家:昝飞)

■ 参考文献

[1] 王雁,刘艳红.智力落后学生的青春期性教育[M].北京:科学出版社,2006:78-81.

[2] Corona L L, Fox S A, Christodulu K V, et al. Providing Education on Sexuality and Relationships to Adolescents with Autism Spectrum Disorder and Their Parents [J]. Sexuality and Disability, 2016, 34(2): 199-214.
[3] 周怡. 智力落后学生青春期教育研究[J]. 中国特殊教育, 1999(3): 19-21.
[4] 李芽. 自闭症青少年家人对福利服务认知需求之研究[D]. 台北: 中国文化大学, 2011: 13-18.
[5] Hellemans H, et al. Sexual Behavior in High-Functioning Male Adolescents and Young Adults with Autism Spectrum Disorder [J]. Journal of Autism and Developmental Disorders, 2007, 37(2): 260-269.
[6] 杨丹蓉. 辅读学校智力障碍学生与性有关问题行为的现状与干预研究[D]. 上海: 华东师范大学, 2011: 39-60.
[7] Bae S M. The influence of emotional difficulty, parent-child relationship, peer relationships, materially-oriented and appearance-oriented attitudes on adolescent problem behavior [J]. School Psychology International, 2016, 37(5): 485-497.
[8] Hellemans H, Roeyers H, Leplae W, et al. Sexual behavior in male adolescents and young adults with autism spectrum disorder and borderline/mild mental retardation [J]. Sexuality and Disability, 2010, 28(2): 93-104.
[9] 谷昭丹. 自闭症儿童刻板行为积极干预的个案研究[D]. 上海: 华东师范大学, 2013: 1-4.
[10] 黄珊, 陈玉, 佘丽. 利用正向行为支持减少智障儿童攻击性行为的个案研究[J]. 现代特殊教育, 2022(3): 68-70.
[11] 刘宇洁, 韦小满, 梁松梅. 积极行为支持模式的发展及特点[J]. 中国特殊教育, 2012: 12-13.
[12] 昝飞. 积极行为支持——基于功能评估的问题行为干预[M]. 北京: 中国轻工业出版社, 2013: 2-19.
[13] 万蓓. 积极行为支持用于智障儿童问题行为干预的研究[D]. 上海: 华东师范大学, 2007: 53-54.
[14] 陶然, 李邦合. 网络成瘾治疗单元的概述[J]. 中华流行病学杂志, 2005, 26(8): 558-558.

辅读学校自闭症学生问题行为干预机制与策略的实践研究

马占刚[*]

摘　要: 通过实践研究,项目组建立了青浦区辅读学校的干预机制,包括管理机制和运行机制两方面。在管理机制上,研究聚焦于三级管理团队的组建和学校管理制度的完善。在运行机制上,涵盖了问题行为的发现、评估、干预策略的制定与实施,以及对干预成效的系统评价。研究结果表明,专业干预团队的组建、针对性干预策略的应用以及家庭干预的参与是提高干预效果的关键因素。基于此,研究提出了以下建议:加强行政管理支持、开展系列专业培训、增进团队成员间的合作与沟通,以及注重家庭环境在干预过程中的积极参与,从而确保干预机制的顺利运行并进一步提升干预效果。

关键字: 自闭症　问题行为　干预机制　实践研究

一、问题提出

自闭症谱系障碍(autism spectrum disorder, ASD)简称自闭症,也称孤独症,是一种以局限性兴趣、重复刻板行为和社交障碍等为核心症状的终身性发展障碍[1]。自闭症谱系障碍的核心症状为社交障碍、言语障碍、狭隘兴趣及重复刻板行为,严重影响患病儿童的学习和生活质量。[2]近年来自闭症儿童已经逐渐成为辅读学校主要的招生对象之一。问题行为又称行为问题、不良行为,是指无效的或影响自己与他人正常学习和生活的行为,可阻碍儿童的社会适应以及身心的充分发展[3]。教学实践中发现,由于自闭症儿童自身存在严重的社会沟通与交往障碍等问题,其在课堂教学和班级管理中更易出现问题行为。特别是在季节变换、突发情况下更严重,当学生出现攻击性行为、哭闹尖叫等严重的问题行为时,为了尽量降低对课堂教学的影响,目前一线教师往往采用惩罚、隔离等简单、暂时的干预方

---

[*] 作者单位上海市青浦区辅读学校

式进行处理。但是部分自闭学生问题行为产生的破坏力大、持续时间长,且问题行为产生的原因复杂,课堂上简单的行为干预效果有限,而持续的问题行为对学生本人或班级其他学生学习和教师课堂管理都提出了严峻的挑战,所以学校很多班主任和集体课教师都反映,希望学校能组建一个专业且经验丰富的自闭症行为干预团队,从学校管理角度提供原因分析、阶段干预计划制定和有效策略归纳等支持,形成针对校内自闭症学生严重问题行为的干预机制和方法,以提高教学质量和效率。

二、研究思路与方法

(一)研究思路

(1)通过文献研究明晰自闭症问题行为的基本概念,通过问卷调查和访谈了解学校自闭症学生问题行为常见种类、教师对自闭症学生问题行为干预需求。

(2)确定重点案例人选,依托青浦区自闭症儿童康复研究基地优质教师团队和康复资源,组建自闭症问题行为处理团队。

(3)通过自闭症学生问题行为干预与处理的行动研究,形成辅读学校自闭症学生问题行为的干预机制。

(4)通过基于积极行为支持理念及跨情境干预理念的个案干预研究,梳理与归纳自闭症学生问题行为干预的有效策略,为辅读学校自闭症学生的问题行为干预提供成熟有效的干预方法。

(二)研究方法

本研究主要采用了文献研究法、案例研究法、行动研究法。借助文献研究法,实现自闭症学生情绪行为问题应急干预机制与模式的初步搭建;借助案例研究法和行动研究法,在实践中不断地调整和完善辅读学校自闭症学生情绪行为问题应急干预的基本路径与方法,总结提炼行为干预的有效策略。

三、研究结果

(一)形成辅读学校自闭症问题行为干预机制

在两年的实践研究中,项目组聚焦自闭症学生问题行为干预机制的建设,从自闭症问题行为管理机制建设和运行机制两个方面进行研究,经过多轮的修订和完善,初步形成了青浦区辅读学校自闭症问题行为干预机制。

1. 问题行为干预管理机制建设

(1) 搭建自闭症问题行为干预三级管理团队。

1) 组建自闭症问题行为干预领导小组。自闭症问题行为的干预领导小组成员一般由学校校级领导组成。主要职责为:①引领整体的工作方向,并为学校自闭症问题行为干预工作提供政策及经费支持;②组织召开个案干预小组会议,分配具体的个案干预工作。

2) 组建自闭症问题行为校内干预专家小组。自闭症问题行为校内干预专家小组成员一般由学校问题行为干预经验丰富的骨干教师组成。主要职责为:①对教师申请的需要干预的自闭症学生进行全面的问题行为观察和评估;②制定自闭症学生问题行为的干预方案;③主持召开个案专家讨论会议,组织个案小组教师研讨个案的干预方案;④辅助个案工作小组教师实施干预方案;⑤评价个案工作小组教师干预方案实施的情况以及问题行为的干预效果。

3) 组建自闭症问题行为干预个案工作小组。自闭症问题行为干预个案工作小组成员一般由个案负责人(专家小组的成员)、个案的任课教师、班主任、家长等组成。主要职责为:①个案负责人,根据个案干预方案协调、协助个案任课教师实施干预方案,评价干预方案实施的情况以及个案行为干预的效果;②个案任课教师(含班主任),配合个案负责人实施干预方案,并按照个案负责人的要求观察记录学生的问题行为;③家长,配合学校干预方案,做好家庭问题行为的同步干预,与学校步调一致,巩固干预成效。

(2) 完善学校自闭症问题行为管理制度。为加强学校层面对自闭症学生问题行为的有效管理,制定了一系列针对性的管理制度。这些制度从学校行政管理的角度出发,旨在保障和支持对自闭症学生问题行为的高效干预与妥善处置。如,制定的《上海市青浦区辅读学校学生行为银行实施方案》是针对全校所有自闭症学生(全体学生)开展的良好行为培养的方案,该方案将学生的行为表现与行为银行系统相结合,通过全面评估学生在学习、生活等各个方面的行为表现确定相应的学分,存入学生个人的行为银行,以学分作为奖励手段来强化学生的良好行为,促进其良好行为习惯的养成。此外,针对部分自闭症学生在班级管理或课堂教学中出现的严重问题行为,学校制定了《上海市青浦区自闭症学生问题行为应急处理小组方案》。该方案依托青浦区辅读学校成立的自闭症问题行为干预应急小组,对出现严重问题行为的学生进行精准化的行为评估、干预计划制定和干预实施与评价,以确保问题行为得到及时有效的处理。同时,学校对《上海市青浦区辅读学校各类值班安排制度》进行了修订和完善。在原有的行政巡视值班、校园安全值班、校车值班、学校住宿值班等制度基础上,明确了各值班人员对自闭症学生的关注职责,特别是对那些阶段性出现较严重问题行为的学生。对于个别存在严重攻击行为或自伤行为的自闭症学生,学校还特别安排了一对一的值班安全员蹲守在班级,以确保学生过激行为不会对自己或周边师生造成伤害。

2. 问题行为干预运行机制建设

学校自闭症问题行为干预的运行机制建设主要包含问题行为的发现与上报、问题行为的评估与鉴定、问题行为的干预策略、实施问题行为的干预、评价干预成效等几个方面。辅读学校自闭症问题行为干预运行机制建设框架如图1所示。

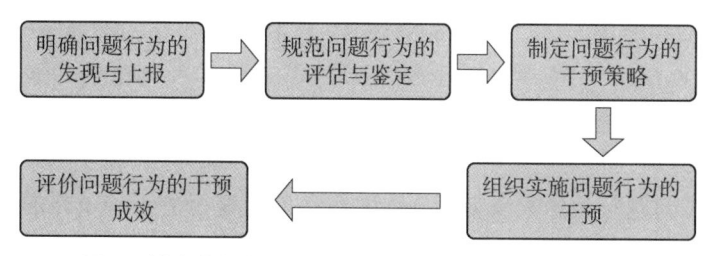

图1 辅读学校自闭症问题行为干预运行机制建设框架

(1) 明确问题行为的发现与上报。确定我校自闭症问题行为的发现与上报机制,需要回答3个问题:谁来上报？上报给谁？哪些问题行为才需上报？关于谁来上报问题,在实践中是要求由问题行为发生学生的班主任上报,如果学生只在校园中某特定情境(如生活数学课)中出现较严重的问题行为,也应由相关教师(如生活数学老师)将问题行为情况报告给班主任,由班主任上报。关于上报给谁问题,班主任需要上报给学校自闭症问题行为干预领导小组,由干预领导小组统筹协调组织自闭症问题行为校内干预专家小组召开专题会议,开展后续工作。最后,关于哪些问题行为才需上报问题,具体是指自闭症学生在辅读学校班级或课堂中,出现的尖叫哭闹、伤害自身、攻击他人等对自身或他人构成危害以及对课堂教学管理带来严重挑战的行为,且该行为发生持续一周以上,相关任课教师对其行为的常规处理无明显效果,已严重影响班级的学习和生活的行为。

(2) 规范问题行为的评估与鉴定。学校自闭症问题行为校内干预专家小组是对我校自闭症学生较严重问题行为进行评估与鉴定的团队,由团队指派2~3名有丰富问题行为功能评估经验的教师开展针对性问题行为评估。主要包括以下3个流程:①清晰界定出被评估的行为,评估者利用直接观察法或间接访谈法确定自闭症学生的问题行为是什么,并把出现的行为用准确简练的语言记录下来;②评估者运用 ABC 行为观察法，详细记录自闭症学生问题行为的特征，包括其出现频率、强度、持续时间等，同时收集可能与问题行为预测和强化相关的关键信息，通过对行为发生过程的仔细观察，评估者能够准确区分问题行为的前奏事件与行为结果，进而明确当前环境中导致和维持问题行为的具体因素；③基于收集到的自闭症学生的多样化数据信息，包括档案记录、教师与学生的访谈内容以及直接观察的结果，评估者对行为与前奏事件、情境事件以及行为结果之间的关系进行分析，以明确问题行为与相关变量之间的因果关系，并据此建立问题行为功能的假设。辅读学校自闭症问题行为评估的基本流程如图 2 所示。

界定问题行为 → 获取对行为出现预测或强化信息 → 建立问题行为功能假设

直接观察/访谈　　ABC行为观察法　　基于多样化数据分析

图 2　辅读学校自闭症问题行为评估的基本流程

（3）制定问题行为的干预策略。自闭症学生问题行为干预策略的制定是基于学生问题行为评估的基础上，由学校自闭症问题行为干预专家小组组织召开干预策略专题研讨会，共同制定针对性的问题行为的干预策略。我校自闭症问题行为干预策略主要是采取积极行为支持理论和跨情境综合干预两种问题行为干预理念开展的（详细请见下文个案研究部分），其中积极行为支持是一种对个体行为实施干预的系统化方法，通过教育的手段发展个体的积极行为，用系统改变的方法调整环境，达到预防和减少个体问题行为、改变个体生活方式的目的，以减少或消退问题行为，增加适当行为。跨情境综合干预是我校之前自闭症问题行为干预已经比较成熟的方法，具体指的是根据每种情境的特点，在明确每种情境的干预目的及策略的前提下，选择多个情境同时对自闭症儿童实施综合干预。一般在学校问题行为干预中常见的情境包括个训课、集体（大课和集体活动）、家庭 3 种情境。根据学生问题行为发生情境的广度，确定选择某一种干预理念，对于单一情境的干预主要以积极行为支持理念为主，对于发生在多种情境的问题行为以跨情境综合干预理念指导开展干预。

（4）组织实施问题行为的干预。组织实施问题行为的干预是一个系统性、全面性的过程，需要多方面的合作与协调。过程中，我们基于个别化干预策略，由学校自闭症问题行为干预工作小组来开展实施干预策略。工作小组由个案负责人、个案任课教师、个案班主任、家长等成员组成，旨在形成一个多元化、专业化的团队，共同为自闭症学生提供有效的支持和帮助。在问题行为干预工作小组中，个案负责人扮演着关键的角色,负责统筹协调各方面的工作。他需要按照问题行为干预校内专家组为个案学生制定的个别化干预策略框架,合理分配任务给各个成员。为了确保干预工作的有效性和持续性,干预时间一般设定在1~2个月。在此期间,每1~2周召开一次问题行为干预工作小组会议,以便及时了解干预进度和成效。在会议上,各成员可以分享自己的观察和经验,相互学习和借鉴。同时,根据学生的具体情况和需求,及时调整干预计划,以确保干预工作的针对性和实效性。

(5) 评价问题行为的干预成效。学校自闭症问题行为校内专家小组承担着对干预效果进行评价的重要职责。为了确保评价的客观性和准确性,专家小组采取了多种方法来全面了解自闭症学生的问题行为阶段干预效果。首先,通过与班主任、任课教师和家长的访谈,深入了解学生在学校和家庭中的表现,以及他们对干预措施的看法和建议。这些访谈不仅有助于了解学生的具体问题行为,还能为后续的干预方案提供宝贵的参考意见。其次,校内专家小组对学生问题行为进行了系统的观察和记录,特别关注学生在不同情境下的行为变化。通过对个案问题的观察,专家小组能够更准确地评估干预措施的实际效果,为后续的干预工作提供有力支持。在综合分析班主任、任课教师、家长的访谈和个案问题行为观察结果后,校内专家小组对自闭症学生问题行为阶段干预效果进行了全面评价。根据具体的评价结果,将组织由行为干预领导小组、校内专家小组及个案工作小组共同参与的研讨会,决定是否结案或者申请医学心理治疗和行为干预专家的支持与介入,制定后续干预方案。

(二) 确定学校自闭症问题行为干预与处置工作流程

通过个案研究,确定了青浦区辅读学校自闭症问题行为干预与处置的工作流程。首先,明确班主任作为自闭症问题行为发现与上报的第一人,将班级中自闭症学生出现的较严重的问题行为上报到学校自闭症问题行为干预领导小组。由问题行为干预领导小组组织召开专题会议,将问题行为案例转交给自闭症问题行为校内专家小组,并提供相应行政管理支持。然后,自闭症问题行为校内专家小组召开专题工作会议,安排人员进行观察与评估,确定问题行为的严重程度,判断是否启动针对性问题行为干预,此时分两种情况,第一种情况,校内专家小组评估认为问题行为较轻,提供书面干预建议,如果短期问题行为减少或消除,就可以结案,无需启动后续工作;第二种情况,认为问题行为较重,需要启动针对性干预。针对问题行为较严重的自闭症个案确定立案后,组织成立专门针对该案例的问题行为干预工作小组,在学校自闭症问题行为专家小组的指导下,制定干预计划并实施干预计划。最后,针对一个阶段的干预后,分情况制定后续干预工作,对于干预效果较好的个案,继续实施针对干预直到问题行为得到有效控制后结案,针对干预效果不好的个案,继续寻求医学、心理行为干预专家及家长等共同介入与参与。辅读学校自闭症问题行为干预与处置的工作流程如图3所示。

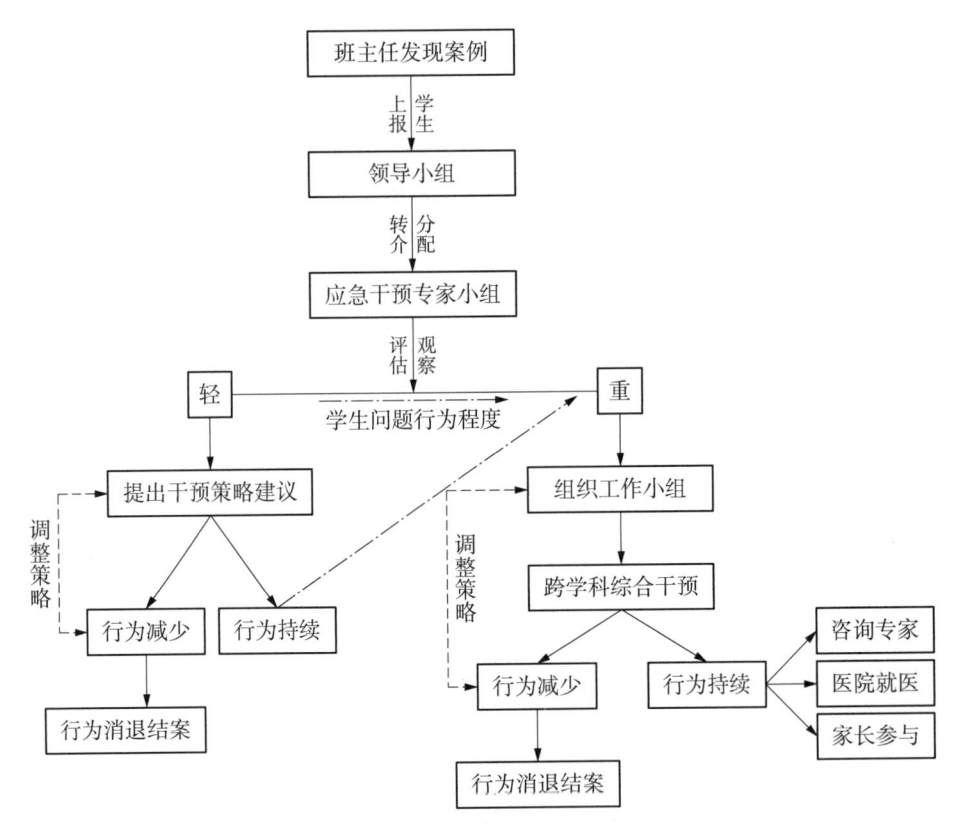

图3 辅读学校自闭症问题行为干预与处置的工作流程

(三) 提升自闭症学生问题行为个案干预成效

1. 个案研究对象的选择

在两年的行动研究中,课题组重点选取了3名自闭症学生作为干预的重点研究案例,案例1小A,二年级,8岁;案例2小B,三年级,9岁;案例3小C,五年级,11岁。其中小A主要的问题行为是情绪行为问题,如在课堂上出现的大哭、喊叫、躺在地上打滚、抢夺老师的手机、眼镜或鼠标并摔烂、撕扯老师的衣服等行为;小B主要问题行为是课堂扰乱行为,具体表现为离座、大笑、脱鞋子、摇桌椅等;小C主要问题行为是攻击行为,具体是咬人、打人、敲桌子以及大声喊叫等。

2. 自闭症问题行为干预策略

我校自闭症问题行为干预策略主要围绕积极行为支持理念和跨情境综合干预两种干预理念开展。根据学生问题行为发生情境的广度,确定选择某一种干预理念,对于单一情境的干预主要以积极行为支持理念为主,对于发生在多种情境的问题行为在跨情境综合干预理念指导下开展干预。接下来通过两个案例具体介绍我校是如何开展两种干预策略的。

[案例1]积极行为支持理念下干预策略。

小B是辅读学校三年级男生,在学校里,每当老师对他提出一些他不喜欢的要求时,他会出现咬人、打人、敲桌子以及大声喊叫等一系列的攻击性行为,并且这种行为会持续一段时间,对他个人造成一定的影响,也严重影响课堂秩序和课堂教学。

(1)前事控制策略。前事控制策略旨在预防攻击性行为的发生,包括调整座位和提供多样化的选择机会。首先,调整座位。由于该生在课堂中不仅会干扰教师的课堂教学,还会扰乱其他同学的学习,甚至对其他同学造成伤害,因此把该生的座位排在程度较好且愿意协助他人的学生旁边,距离教师近一点,能及时发现和制止其攻击性行为。其次,提供选择的机会。增加一些他感兴趣的活动提供其选择,如绘画、翻看脸谱书等,缓解他对学习的排斥反应,也能转移他的注意力。但为避免攻击性行为被不恰当强化,当其出现攻击性行为时,不给予注意,仅于无攻击性行为时,才定时给予注意。

(2)行为教导策略。该生的攻击性行为的发生是为了逃避某件事情或是发泄情绪,然而为避免攻击性行为被恰当强化,周围人不能顺应其内心逃避任务或让其为所欲为,不然更容易导致攻击性行为的发生。因此,本研究尝试教导该生采用功能性沟通行为替代攻击性行为,并且在自然环境中进行教学,以便自然地促进彼此的沟通互动。该生具有一定的语言能力,且大多为表达个人需求类的语言,如"我要妈妈""我不要",在对话过程中,虽然其理解能力不足,难以进行日常对话,但能够简单表达其需求和对拒绝完成任务的意愿。在该过程需要配合采用区别强化方法,对积极的语言表达进行及时强化,对于攻击性行为采取不回应的方式,借此让攻击性行为失效。

(3)后果处理策略。当前事控制策略、行为教导策略无法完全激发自闭症学生的功能性沟通行为时,利用强化、重新指令、反应代价等方式对行为后果进行干预。本研究通过调查发现,脸谱书、黏土、超级飞侠玩偶对该生具有强化作用。特别是要采用区别强化,即只对积极的沟通行为进行强化,而对攻击性行为则予以忽视。之后,逐渐延长强化间隔时间,直至完全撤销强化物。在重新指令方面,当该生持续以攻击性行为发泄情绪或逃避任务时,教师必须立刻严肃地制止其攻击性行为,并重新教导该生使用行为教导策略,如"你现在需要什么?你可以告诉我""如果你不想做练习,你可以告诉我,我们可以晚一点再写"。在反应代价方面,事先告诉该生,如果采用攻击性行为作为表达方式,不仅无法逃避当前的任务或获得想要的东西,还将面临相应的后果,如减少或取消其自由绘画的时间,从而减少攻击性行为未来发生的可能性。

(4)生态环境改善策略。积极行为支持强调从整体环境出发,通过营造温暖、鼓励的氛围来促进儿童积极的行为表现。在这个过程中,所有相关人员,包括家长、老师、同学以及同学家长,都应以包容和体谅的态度与儿童相处,尽量避免触发其攻击行为,共同创造一个有利于儿童积极成长的环境。

[案例2]跨情境干预理念下干预策略

男生小 A,就读于辅读学校二年级。该生经常在课堂、课间活动中出现大哭大闹、躺地打滚等不服从、扰乱等行为,如早上上学,校车到达学校门口以后,该生不肯进学校门,大哭大闹吵着回家,并且一有家长或老师上前拉他就会立刻躺在地上,并伴随长时间的尖叫……该生的系列问题行为的发生频率较高,严重的时候在学校中每天会发生6~7次,该行为已经严重影响到学生本人和其他同学的学习,并对教师的课堂管理提出严峻的挑战。

(1)个训课情境。个训课主要采用感统游戏、沙盘游戏、良好行为认知建构以及沟通表达基本技能等方法进行干预。感统游戏主要是通过蹦床、大龙球等粗大动作活动,着重于前庭觉和触觉的锻炼,使学生能够有效宣泄不良心理情绪,消耗多余体力和精力,从而减轻其多动和注意力分散的问题。沙盘游戏训练不仅仅给该生提供了一种发泄不良情绪的途径,同时还能够通过该生对自我内心的情感的捕捉帮助他疏导、转化心理能力,更能够帮助他整合内心、发展自我,逐渐引导出内心的积极能量。良好行为认知建构是指在个训课中通过图片、动画、情景模拟等形式向学生呈现课堂或校园良好的行为模型或表现,使学生逐渐掌握良好行为的基本知识,并能在日常学习生活中得到迁移,最终养成良好的行为习惯。沟通表达基本技能则是在语训课中,针对学生的基本沟通技能、诉求表达能力进行训练,旨在使学生能利用简单的语言、文字、手势等将自己的需求和想法,从而改善与他人的沟通效果,使沟通更加顺畅。

(2)大课集体活动情境。由于大课或集体活动时,教师不能像个训课那样一对一帮助、监督学生学习或完成任务,因此学生会有大量的无所事事的时间,因此该阶段是学生问题行为多发段。因此,大课集体活动情景中进行干预措施,主要包括问题行为发生前的诱因的控制、问题发生时和发生后的处理两方面。

1) 问题行为发生前的诱因的控制。大课和集体活动开始前,教师首先通过语言、文字或图片的形式提前告知学生将要做的任务是什么、时间有多长、完成后的强化物是什么;其次,针对本次集体活动或堂课教学活动,制定一个结构化的任务清单,给学生一个明确清晰的视觉提示,什么时间该做什么,怎么做;最后,在活动正式开始之前,教师会细心检查活动现场,确保移除任何可能分散学生注意力的无关刺激物,如学生特别喜爱的电子产品(如 iPad、手机、电脑等)或其他色彩鲜艳的玩具,教师会确保现场仅展示与当前教学内容紧密相关的教辅工具,以确保学生能够全神贯注地投入到学习中。

2) 问题发生时和发生后的处理。大课和集体活动过程中,第一,教师要时刻观察学生的行为表现,及时调整学生任务的难易程度或进行个别化指导(同伴辅助),避免因任务过难,而产生问题行为发生的风险;第二,给学生准备一套简单沟通表达的图片系统,主要是能明确向教师反映想做什么、不要做什么,能及时表达自己的内心需求。在上课过程中,当学生出现问题行为时,教师首先应选择尽可能安抚学生的情绪,将问题行为的破坏力降到最低,并尽量减少对课堂教学进程的干扰;其次,教师尽可能地选择区别强化、替代行为等积极正向的行为干预策略,避免使用惩罚、消退的行为策略;最后,鉴于学生认知能力较好且特别喜爱玩电子产品的特点,使用"契约制"管理问题行为,每当在大课或集体活动中出现问题行为时,就按约定减少课后或午休的电子产品使用时间,相反,如果该生在大课的表现较好,就适当增加课后电子产品使用时间。

(3) 家庭环境情境。家庭教育的参与是有效改善自闭症学生的问题行为的重要途径之一。干预工作小组派专门的教师负责跟学生家长进行沟通联系,并且负责对学生家长进行家庭问题行为干预策略的培训。首先,我们先将该生在校期间的问题行为表现(发生频率、性质)、教师的干预方法和策略向家长做详细的说明;其次,通过专门教师的培训,教授学生家长采用消退、正强化、代币制、区别强化、替代行为等行为矫正的方法,以积极、正向的方式处理学生在家庭中发生的问题行为;最后,引导家长在家庭生活过程中,通过共同制定结构化的作息时间表、任务单、评价表等方式,时刻注意培养学生良好的行为习惯和简单的沟通表达能力,降低问题行为发生的潜在风险。

3. 自闭症问题行为个案干预效果

经过系列干预后发现,从整体上看,3 名个案学生的较严重问题行为在行为发生的频率和破坏力程度上都有了明显的改善。3名个案经过针对性的行为干预，均已达到结案标准。为了呈现个案学生干预的成效，项目组主要采用了对问题行为发生频次的计量统计与行为本身破坏力程度的质性分析相结合的方式。在问题行为的计量分析方面，主要是通过问题行为观察记录的方式，记录学生问题行为发生的频率，并采用单一被试方法进行数据统计分析。如，个案小A干预前后哭闹行为的出现频率如图4所示，从中可以看出，干预前，学生在校每天发生哭闹的次数平均为7次左右，在对学生进行干预以后，学生的哭闹次数有明显的降低，并且随着大强度、集中的干预训练后，在第20次观察记录时，学生的每天哭闹次数已经降低至1次以下，表明干预对于该生的哭闹行为有明显的效果。

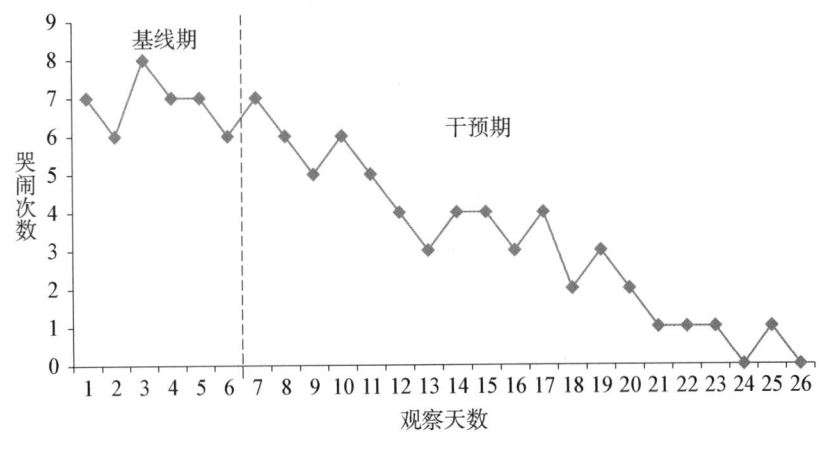

图4 个案小A干预前后学生哭闹行为的出现频率

对于学生问题行为干预效果的质性分析方面，主要采用访谈方式，通过对学生任课教师和家长的访谈，了解学生干预前后问题行为变化情况，如个案小B，分析访谈结果发现：①个案大部分时间能够在课堂上安坐，并根据教师提供的视觉任务安排表进行活动；②个案现在可以使用图片沟通册，跟熟悉的教师表达自己的需求，偶尔还能够边出示沟通册边说"我要……"；③个案走神的次数明显减少了，但是坐在椅子上左右摇摆的行为还是比较常见；④个案对集体教学的参与度有所提升，尽管他还会出现一些课堂问题行为，但这些问题行为的强度已经明显降低。

四、讨论

自闭症儿童的问题行为对其自身的发展造成了很多不利影响。严重的问题行为阻碍了儿童正常交往能力和沟通技能的发展，还限制了儿童的学习机会和学习效果，可能导致他们被排斥在融合的教育环境之外，进而在学校、家庭和社会中遭受孤立[4]。随着越来越多的自闭症学生进入辅读学校，为快速高效应对自闭症学生的问题行为发生问题，从学校层面制定相应的自闭症问题行为干预与处置的机制变得尤为重要。我们在行动研究实践中也一直在思考影响辅读学校自闭症问题行为干预机制顺利运行的因素到底有哪些？

（一）专业干预团队是保障

组建专业干预团队是辅读学校顺利开展自闭症问题行为干预的重要保障。本研究中，为保障学校自闭症问题行为干预机制的顺利运行，我校搭建自闭症问题行为干预三级管理团队，包括自闭症问题行为干预领导小组、自闭症问题行为校内干预专家小组及自闭症问题行为干预个案工作小组。3个干预团队均从不同的角度、分工，保障学校自闭症问题行为干预顺利开展。国内其他辅读学校开展问题行为干预时也是首先组建干预团队，干预团队一般包括下列成员：教导主任（方便整合校内资源）、班主任（干预计划的主要执行者）、校心理教师（主要负责数据收集、评估学生行为功能）、行为训练教师（该教师必须掌握积极行为支持理论基础知识，有行为功能评估、制定干预计划以及实施积极行为支持的相关经验，主要负责整个干预计划的技术支持）、主要任课教师（配合实施干预计划）。另外，视学生的具体情况，家长有时也要参与其中[5]。

（二）针对性干预策略是关键

目前国内对自闭症问题行为干预的研究相对较多，已经证实的有效干预策略也较多。如录像示范法、积极性为支持、"前事改变、行为后效区别强化"策略、感觉统合训练、行为功能分析、前事刺激、注意力转移策略等干预方法对自闭症学生的课堂扰乱行为、刻板行为、攻击行为、自伤行为均有积极的干预效果。[6—10]本研究中我校自闭症问题行为干预策略主要基于积极行为支持和跨情境综合干预两种理论开展针对性干预。其中基于积极行为支持理论，实践中我们在自闭症学生的问题行为功能分析基础上，制定了前事控制策略、行为教导策略、后果处理策略、生态环境改善策略等针对性的干预策略，取得理想的干预效果。在运用跨情境综合干预理论进行实践的过程中，我们基于自闭症学生问题行为发生情境的特点进行分析，从个训课、集体课、家庭社区3种情境出发，分别制定了针对性的干预策略与方法，这些方法也取得了显著的干预效果。

(三) 家庭干预的参与是必须

家庭教育的参与是有效改善自闭症学生问题行为的重要途径之一,国内研究者黄硕希、韩晓兵等人研究发现,家庭环境、家长参与对自闭症学生问题行为的干预具有积极作用[11—12]。在本研究中,干预工作小组专门指派了教师负责与学生家长进行沟通和联系,并向家长传达学校问题行为干预的进度,同时提供家庭问题行为干预策略的培训。首先,我们先将该生在校期间的问题行为表现(发生频率、性质)、教师的干预方法和策略向家长做详细的说明;其次,通过专门教师的培训,指导学生家长采用消退、正强化、代币制、区别强化、替代行为等行为矫正的方法,对学生在家庭中发生的问题行为进行积极、正向的处理;最后,引导家长在家庭生活过程中,通过共同制定结构化的作息时间表、任务单、评价表等方式,时刻注意培养学生良好的行为习惯和简单沟通表达能力,降低问题行为发生的潜在风险。

五、研究建议

(一) 加强学校行政管理支持

学校行政管理支持是我校自闭症学生问题行为干预机制正常运行的重要保障,主要负责协调与沟通不同团队间工作、制度保障支持等,像自闭症问题行为干预的三级管理团队工作,就需要学校行政管理承担组织协调工作,分配工作任务、协调课务安排、调度工作组人员等;对于问题行为较严重的自闭症学生的管理,学校也针对性地出台了许多制度,如各类巡视值班制度、教辅人员看护制度等。为了保障学校自闭症问题行为干预机制顺利长久运行,还需要进一步加强学校的行政管理。特别是参与自闭症问题行为干预的教职工工作量的计算和绩效工资考核等方面,亟需出台更多的保障制度和举措。这些措施将有助于确保教职工的积极性和参与度,从而推动我校自闭症学生问题行为干预工作的持续发展。

(二) 开展问题行为干预系列培训

目前,我校参与自闭症问题行为干预的成员,除了校内干预专家小组成员有一定自闭症问题行为干预基础知识与技能外,校内其他任课教师不曾接受相关专业的培训。为了提高团队和学校教师处理自闭症学生问题行为的能力,建议聘请自闭症问题行为干预相关专家开展系列专题培训,从行为干预的理论到行为干预实践操作对我校教师开展系统的自闭症问题行为干预培训,提高全体自闭症问题行为干预团队成员的行为干预专业能力,提高问题行为的干预效果。

(三)增进干预团队间的合作与沟通

学校自闭症儿童问题行为的干预是一个长期艰巨的任务,需要团队的通力协作,我校自闭症问题行为干预的大团队是由3个干预小团队组成的。每个团队都有各自明确的责任,但无论是团队间还是团队内部,成员之间的合作与沟通都至关重要。在实践中发现,在个案研究过程中,团队间沟通不畅、不及时的情况仍然存在。由于自闭症学生较严重的问题行为是一个复杂系统的工程,各个环节的处理过程中都可能遇到各种挑战,因此干预计划和策略需要适时调整。这种背景下,团队间的增强合作与交流变得尤为重要,它是提升自闭症问题行为干预效果的关键手段。

(四)注重家庭环境的参与和调整

自闭症学生问题行为处理需要构建全方位的支持系统,需要学校、家庭、教师和家长共同努力,帮助自闭症学生掌握恰当的替代行为或沟通表达技巧,养成良好的行为习惯。然而目前我校自闭症问题行为干预实践中主要聚焦学校环境的干预,相对忽视家庭环境的参与,或者尽管部分个案研究已纳入家庭环境参与,但实践过程中由于无法对家庭环境参与部分进行有效监督,导致干预效果并不理想。事实上,家庭环境和家庭的教养方式往往是自闭症儿童发生问题行为的主要诱因之一,因此,调整家庭环境、改善家庭教养方式应当成为自闭症儿童问题行为干预的重要内容。同时,家庭作为自闭症儿童主要的生活场所之一,为自闭症儿童的各项替代行为、良好技能的学习与迁移提供了丰富练习机会,使得自闭症儿童能够在日常生活中不断巩固和迁移所学的替代行为和良好技能。

(指导专家:陈莲俊)

六、参考文献

[1] 莫书亮,卜凡,霍家佐,等.影响自闭症儿童评估、诊断和干预的家庭心理因素剖析[J].中国特殊教育,2021(6):90-96.
[2] 苗小燕,齐媛,李锐.近十年我国自闭症研究综述[J].中国特殊教育,2023(12):54-61.
[3] 昝飞.积极行为支持——基于功能评估的问题行为干预[M].北京:中国轻工业出版社,2013(2):44-45.
[4] Chardler, L K&Dahlquist, C M Functional assessment: Strategies to prevent and

Remediate challenging behavior in school settings [M]. Ohio:Pearson, 2006.

[5] 张琴,汪蔚兰. 辅读学校学生问题行为的预防与干预[J]. 上海课程教学研究,2015(3):59-62.

[6] 牟晓宇. 录像示范法对自闭症儿童扰乱行为干预研究[D]. 上海:华东师范大学,2012.

[7] 陈辉. 自闭症儿童课堂干扰行为的功能分析及干预策略[J]. 绥化学院学报. 2012,32(3):33-34.

[8] 李艳. 自闭症儿童刻板行为的积极干预研究[D]. 上海:华东师范大学. 2009.

[9] 丁芳玉. 感觉统合训练对学龄前自闭症儿童刻板行为的干预研究[D]. 上海:华东师范大学,2011.

[10] 孙立双. 以功能性行为评估为基础的自闭症儿童自伤行为个案研究[J]. 中国特殊教育. 2011,138(12):42-50.

[11] 黄朔希. 自闭症儿童问题行为的干预——以家庭为中心的积极行为支持研究[D]. 上海:华东师范大学,2011.

[12] 韩晓兵. 自闭症学生课堂问题行为干预案例分析[J]. 宁夏教育,2023(7/8):123-125.

知觉动作训练改善自闭症谱系障碍学生情绪行为的实践研究

曾 庆[*]

摘 要：通过问卷调查发现，我校自闭症谱系障碍学生情绪行为发生率较高，情绪行为的类型和原因多样，且家校之间缺乏有效合作来改善问题情绪行为。基于这一现状，研究设计了知觉动作训练活动资源，通过单一被试实验设计，探讨知觉动作训练改善自闭症谱系障碍学生情绪行为的成效。研究结果表明：①随着学生知觉—动作能力的提高，学生的情绪行为的持续时间、发生频次和表现类型都减少；②知觉动作训练能够有效改善学生的情绪行为，促使学生适应课堂，有效提高教师的课堂教学实效。

关键词：知觉动作训练　自闭症谱系障碍　情绪行为

一、问题的提出

（一）情绪行为问题是自闭症教育和康复的重点与难点

自闭症谱系障碍（Autism Spectrum Disorders, ASD），简称"自闭症"或"孤独症"，是一种广泛的发展性障碍，以社会互动、语言交流及兴趣行为等表现出现异常为临床特点。无论年龄、能力或受教育程度如何，自闭症儿童情绪行为无规律地时常发生[1]。

自闭症谱系障碍伴有多种情绪行为，如尖叫、哭闹的干扰性情绪行为，还有如砸头、撞墙等自伤性情绪行为和打人、扔东西等攻击性的情绪行为。不仅影响自身的学习和发展，也会影响其他同学的学习，给教师设计和组织教学带来困难，也给日常的教育管理带来很多的挑战。

（二）自闭症学生的情绪行为与感知觉异常相关

自闭症多伴有多感觉障碍，其存在视觉认知、听觉认知、多感觉整合等异常[2]。

---

[*] 作者单位上海市奉贤区惠敏学校

有研究者认为感知觉问题是外显行为背后的原因[3]，自闭症的情绪行为与感觉异常呈现显著关联[4]。安文军等发现自闭症谱系障碍青少年在行为、情绪认知等存在抑制控制缺陷[5]。ASD儿童难以注意和识别他人面部表情进而做出反应，导致情绪出现共享障碍[6]。自闭症谱系障碍学生由于感知觉异常，以及认知、动作控制等发展水平低，他们在理解学习内容、培养学习兴趣等方面面临诸多困难，进而导致了情绪行为的发生。当情绪产生时，这些学生可能无法有效地表达和控制自己的行为，使得情绪行为陷入持续发生的恶性循环之中。以往会将情绪行为的发生归因为更高阶的沟通、理解等能力的不足，但其实忽略了如知觉—动作等低阶能力不足产生的一系列情绪行为问题。低阶能力的发展是高阶能力的基础，当低阶能力不足时，高阶能力的发展将受到阻碍。若以不足的低阶能力去应对需要高阶能力处理的问题时，个体将面临压力，而压力无法得到疏解时，他们多倾向于采用情绪行为来表达和发泄。因此，仅应对和处理学生表现的情绪行为，往往难以从根本上改善情绪行为。

(三) 知觉动作训练有助于改善自闭症学生的情绪行为

1. 理论依据

个体的学习活动是感觉输入经过中枢神经系统处理到动作输出的过程，整个过程在不断地相互反馈中动态修正[7]。美国心理学家阿诺德提出的情绪评定—兴奋学说，认为情绪行为的发生伴随着这个学习活动过程[8]。知觉—动作训练就是完善这个学习过程，在知觉—动作的协调配合下，使个体在学习活动中获得发展，促使个体有能力应对各种挑战，情绪行为问题就会减少。

自闭症学生感知觉的发展异于普通学生，感知觉—动作的整合反馈异于常人，如听觉超敏常对一些听觉刺激表现出过度的情绪行为反应[9]；威胁知觉的发展异于常人，对情绪情感的理解和表达存在不足和困难[10]；离散的注意加工模式让学生对具体线索信息理解和运用存在障碍[11]。这些感知觉—动作的异常致使学生难以理解和表达一些内容，达到任务的要求，从而导致情绪行为的产生。知觉动作训练通过触—动、视—动、听—动等训练，完善视觉、听觉等学习通路，通过提高学生学习的感知觉—动作能力和环境互动能力，帮助学生通过学习通路掌握相应的内容和技能，以达到稳定情绪，减少情绪行为的目的。

2. 实践依据

知觉动作训练被广泛应用于改善自闭症儿童的异常行为，多名研究者从不同的研究角度，都证明知觉动作训练对情绪行为有着积极影响。生辉介入知觉动作训练，对个案教师访谈发现知觉动作训练对学生动作、感知觉稳定有很大帮助，能够稳定情绪、提高注意力[12]。罗金从学生自身能力建构出发，利用知觉动作训练提升自闭症儿童自身能力的方式,有效减少自闭症儿童在无法表达需求时出现的吼闹、自残等情绪行为[13]。梁斐研究发现知觉动作训练可以促进儿童情绪稳定、注意力集中和指令听从能力的提升[14]。费健等通过知觉动作训练促进学生发展,改善了异常行为,有效促进情绪稳定[15]。罗燕骄等人研究发现,知觉动作训练对自闭症儿童社会交往、兴趣、身体动作发展、情绪等都具有积极影响[16]。

二、研究的价值与意义

(一)有助于改善自闭症学生的情绪行为

本研究基于自闭症学生情绪行为现状调查,设计并实施知觉动作训练系列活动,提高学生视知觉—动作、触知觉—动作、听知觉—动作等感知觉—动作的能力,有助于学生稳定情绪,减少情绪行为问题。

(二)有助于丰富自闭症学生教育康复资源

研究过程中,设计一系列的知觉动作训练活动,丰富知觉动作的系列内容,提供干预学生的具体方法和资源,形成本校自闭症学生教育康复的内容,可以助力校本康复课程资源的开发与应用。

三、核心概念

(一)自闭症谱系障碍

美国2013年5月出版的《精神疾病诊断与统计手册(第五版)》(DSM-5)):将"孤独症""自闭症""亚(阿)斯伯格""瑞特综合征"等所有自闭症障碍合并为一个诊断,即自闭症谱系障碍(ASD)。自闭症谱系障碍是一种广泛的发展性障碍,以社会互动、语言交流及兴趣行为等表现出现异常为临床特点[17]。在本研究中,自闭症谱系障碍学生是指经过特殊教育安置评估,就读于培智学校的自闭症学生。

(二)知觉动作训练

不同研究者对知觉动作训练的定义略有不同,但基本认为知觉动作训练是感知觉和动作的整合,包括感知输入和动作输出这个整合反馈过程[18]。知觉动作训练是以神经心理学为基础,认为知觉—动作历程包含感觉统合[19],不只关注各种

"觉"的协调发展,也不是单纯的知觉、动作方面的训练活动,而是以知觉—动作为核心与其他活动或科目整合而成的教学方式,将视知觉—动作、听知觉—动作、运动知觉—动作等知觉—动作方面的训练发展融入有意义的教学活动中[20],提高学生知觉—动作能力、习得学习常规和适应课堂,以提高学生的身心机能及环境互动能力。本研究中知觉动作训练指在康复教学中进行知觉动作整合训练,以提高学生感知觉—动作的能力。

(三) 情绪行为

情绪行为目前尚无统一的定义,有研究者称之为情绪行为问题、情绪行为障碍、情绪困扰等[21]。本研究中情绪行为是指情绪和行为表现异常,甚至困扰自身和他人,致使难以适应家庭或社会,阻碍身心发展,带来各种有害的结果[22],主要表现为内向性的焦虑、畏惧、退缩等,外向性的尖叫、哭闹、攻击、自伤、反抗等[23]。

四、研究设计

(一) 研究目标

1. 通过调查,了解自闭症学生情绪行为现状及干预需求

通过自编的《××学校自闭症谱系障碍学生情绪行为调查问卷》进行问卷调查。问卷分为家长问卷和班主任问卷,可侧面了解学生在家和在校的情绪行为状况,找寻情绪行为发生的原因,同时了解学生、家长及教师的干预现状及需求。

2. 设计自闭症学生知觉动作训练活动册

通过前期的文献研究,明晰知觉动作训练的系列内容,根据本校自闭症学生实际,以知觉动作训练展开活动设计,最后完善整理成册。

3. 制定并实施自闭症学生的知觉动作训练,改善自闭症学生情绪行为

研究选取自闭症学生个案,评估后,制定并实施知觉动作训练,观察记录个案的情绪行为的变化,探讨知觉动作训练对改善情绪行为的成效。

(二) 研究内容

1. 知觉动作训练改善自闭症谱系障碍学生情绪行为文献研究

通过知网进行知觉动作训练的相关搜索,了解到知觉动作训练是一种有效方法,有着具体的内容和实施程序。有研究者将其应用到干预课堂行为、刻板行为和学校适应等方面。虽然没有专门应用到情绪行为的改善研究中,但很多研究中都

发现其对情绪行为有积极效果。

2. 自闭症谱系障碍学生情绪行为的现状调查

通过问卷进行现状调查。问卷的主要内容为基本信息、学生在家或在校情绪行为现状,家长或教师做了哪些努力,有什么建议和需求。通过问卷星向本校32名自闭症谱系障碍学生的家长和13位班主任发送问卷,本次调查共收到46份问卷,应收45份,发现其中两个 IP 地址一样,疑为重复填写,随机剔除其中一份,问卷的有效率为97.83%。

3. 知觉动作训练活动的设计

通过文献研究和行动研究不断丰富知觉动作训练活动的设计,内容包括知觉动作训练活动原则、内容和各模块活动设计。各模块活动设计包括视知觉—动作、听知觉—动作、触知觉—动作及运动知觉—动作4个模块,共71个活动。

4. 知觉动作训练活动的实施

对自闭症学生实施评估,根据自闭症学生的能力,选取知觉动作训练活动对学生实施训练。

5. 自闭症谱系障碍学生知觉动作训练的单一被试实验研究和案例研究

3名教师各选取一名个案,分别对个案进行知觉动作训练。其中一名教师对一名个案进行了单一被试的实验设计,其余两名教师进行案例研究。最后形成单一被试实验论文和教学案例。

(三)研究过程与方法

1. 研究方法

本研究主要采取文献研究法、调查研究法、行动研究法、单一被试实验研究法。

(1)文献研究法。围绕自闭症学生的情绪行为、知觉动作训练等开展文献检索和分析,了解现在有关领域研究水平,为研究提供概念、理论支撑,为研究技术、方法设计提供参考。

(2)调查研究法。通过问卷和访谈了解自闭症谱系障碍学生情绪行为的现状和干预需求。

(3)行动研究法。通过前期研究初步设计知觉动作训练活动册。在开学初对学生进行知觉动作能力评估,根据学生能力实施知觉动作活动,实施的过程中进行一月一次动态评估,不断调整和优化训练计划,在学期末进行再评估。通过几个学期的知觉动作训练实施,对设计和实施过程进行调整和优化,形成比较通用的干预的方法和程序,并完善知觉动作训练活动册。后续进行校内的实践和推广。

(4)单一被试实验研究法。通过单一被试实验验证知觉动作训练改善自闭症学生情绪行为的可实验性、有效性和可推广性。

2. 实施步骤

(1) 准备阶段(2021年9月)。围绕自闭症学生的情绪行为、知觉动作训练相关主题开展文献研究，撰写文献综述；结合文献研究，形成研究框架和研究内容。

(2) 实施阶段(2021年10月—2023年6月)。实验阶段是研究的主要阶段，分为几个大步骤：其一，设计问卷和访谈提纲，对自闭症学生家长、班主任开展调查，了解自闭症学生的情绪行为现状和干预需求；其二，文献研究结合调查研究，设计知觉动作活动内容框架；其三，开发和丰富知觉动作训练系列活动的内容，完善知觉动作训练活动册；最后，设计单一被试实验，展开知觉动作训练改善学生情绪行为的实践研究和案例研究。

(3) 总结阶段(2023年7月—2023年8月)。整理研究资料，撰写案例或论文，完成结题报告。

(四) 研究思路

研究采用量化研究和质性研究的混合设计，前期提出知觉动作训练改善自闭症学生情绪行为的研究想法。后续通过文献研究了解相关研究进展，通过现状调查了解本校自闭症学生的相关状况。之后制定与实施研究计划。研究思路如图1所示。

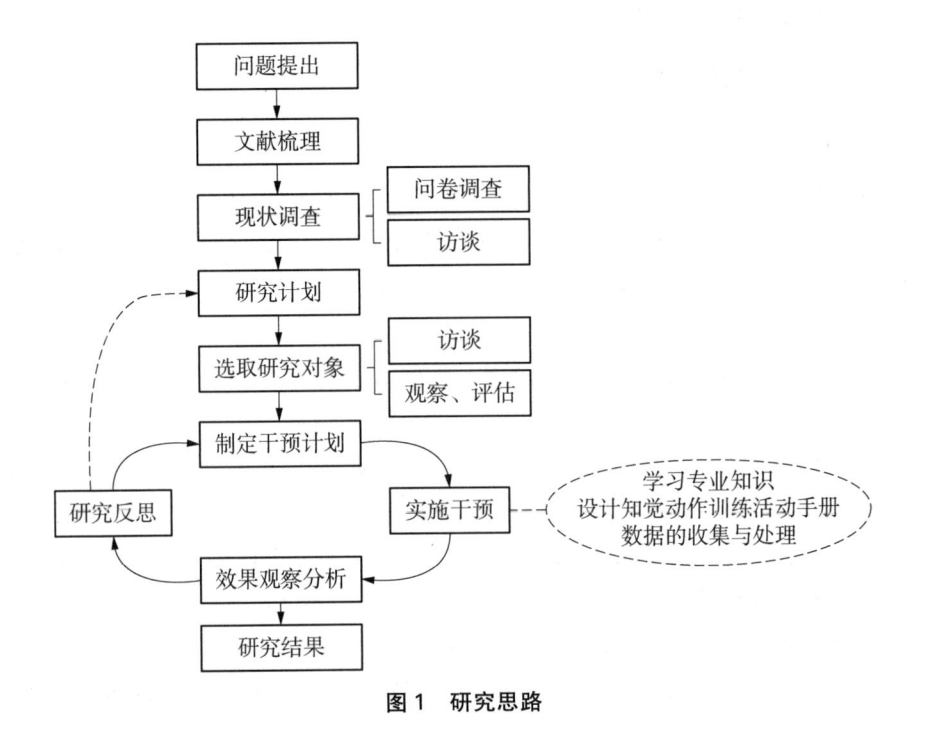

图1 研究思路

五、研究结果

(一) 自闭症学生情绪行为现状调查结果

本校自闭症学生时常出现情绪行为问题,不仅困扰教师,也困扰着家长,同时也制约着学生自身的学习和生活。为进一步了解本校自闭症学生情绪行为现状,探讨情绪行为出现的原因,了解家长和教师的需求,进行了此次调查研究。

1. 自闭症学生问题情绪行为发生情况

学校中不同年龄段自闭症学生占比不同,低年级段中自闭症学生占本年级人数的36.36%;中年级段占比20%;高年级段占比15.38%;可以看到低年级自闭症人数占比最高。

13个班级,11个班级中有自闭症学生。这些有自闭症学生的班级中,仅9.09%没有发生情绪行为,90.91%的班级均有1~4人左右的自闭症学生发生情绪行为。自闭症谱系障碍学生在不同场景的情绪发生率见表1,自闭症谱系障碍学生在校情绪行为发生情况如图2所示。

表1 自闭症谱系障碍学生在不同场景的情绪发生率

场景	发生(%)	不发生(%)
在家	84.37	15.63
在校	65.63	34.37

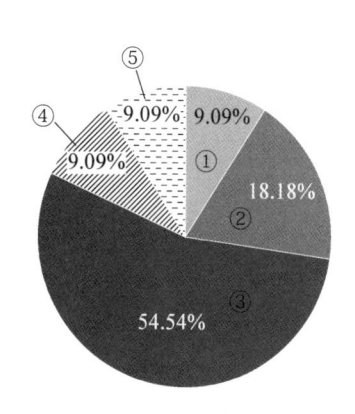

① ■0人 ② ■1人 ③ ■2人 ④ ▨3人 ⑤ ▦4人

图2 自闭症谱系障碍学生在校情绪行为发生情况

可以看到,本校自闭症学生情绪行为发生率较高,其中在家为 84.37%,在校为 65.63%。并且,情绪行为发生频率高,在家中 25.93% 孩子每天发生很多次的情绪行为;22.22% 的孩子每天发一次;22.22% 的几天一次,每周一次的也占 18.52%,每月发生一次的学生仅占 11.11%;在学校中,情绪行为发生频率普遍偏高,高达 60% 的班级中自闭症学生的情绪行为发生频率较高,其中 10% 的班级认为情绪行为发生频率非常高,30% 的班级中,没有班主任觉得自闭症学生情绪发生频率低。自闭症谱系障碍学生在家和在班级中情绪行为发生频率分别如图 3 和图 4 所示。

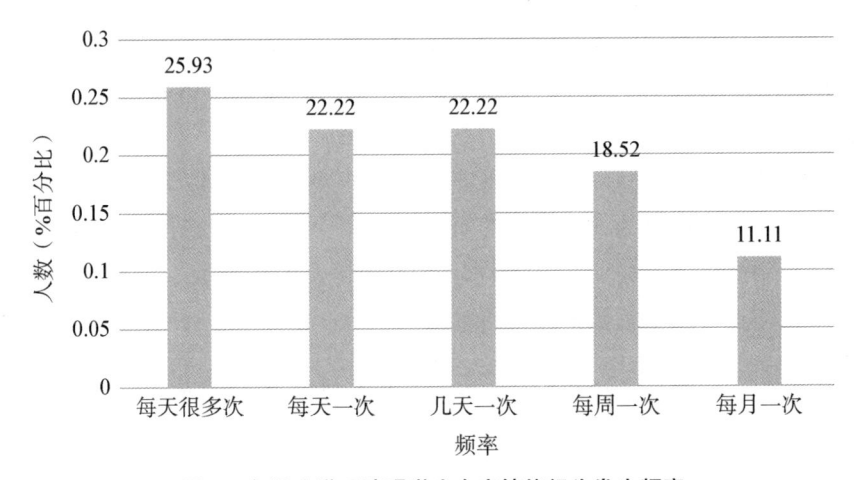

图 3　自闭症谱系障碍学生在家情绪行为发生频率

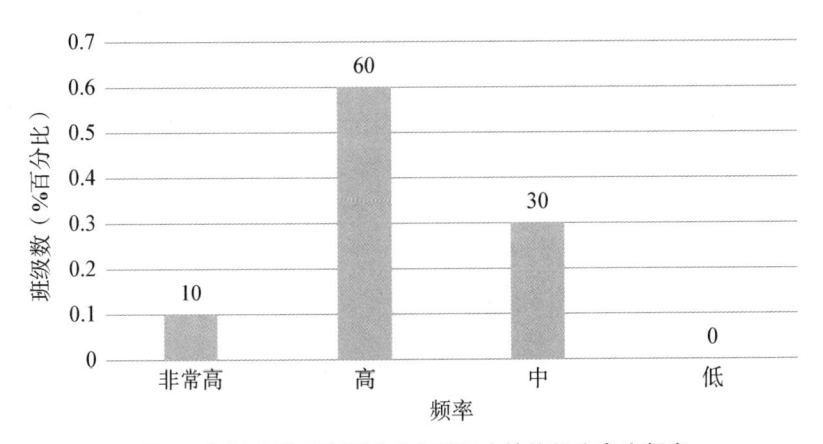

图 4　自闭症谱系障碍学生在班级中情绪行为发生频率

调查可发现,学生情绪行为的发生率高、发生频率也高。这些情绪行为往往对学生的教育、看护带来很多问题。如何改善学生情绪行为现状这一问题的解决非常迫切,且值得深思。

2. 学生的情绪行为类型、原因的调查结果

学生发生情绪行为时往往不仅仅只有单一的一个表现,可能会有多种情绪行为表现。因此,问卷采用了多选的方式,统计学生在家和在校的情绪行为表现类型情况,不限定选的个数,被调查者通过平时的观察,只要出现过就选择。自闭症谱系障碍学生情绪行为发生类型如图5所示。

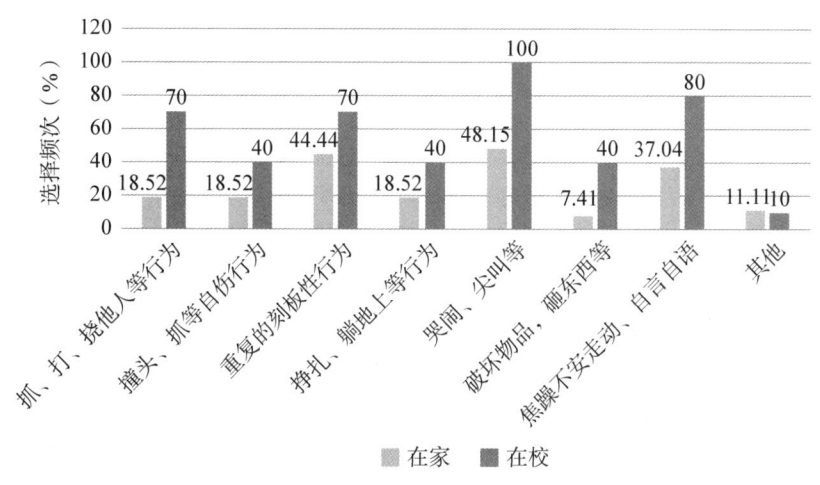

图5 自闭症谱系障碍学生情绪行为发生类型

通过家长调查问卷可以发现,选择"哭闹、尖叫"等情绪行为的占48.15%,选择"重复的刻板行为"占44.44%,其次是"焦躁不安走动、自言自语"等行为占37.04%。选其他行为平均占比18.52%。而班主任的调查结果显示,选择"哭闹、尖叫"的情绪行为占100%,其次是"焦躁不安走动、自言自语"等行为占80%,"重复的刻板行为"和"攻击行为"均占70%。同时,可以观察到家长和班主任选择"哭闹、尖叫"等行为占比都是最高。家长和班主任选择"哭闹、尖叫""重复的刻板性行为"和"焦躁不安走动、自言自语"等行为占比靠前。特别值得注意的是,学生在校的攻击性行为发生占比紧随重复性刻板行为之后。

对情绪行为发生的原因进行调查。本研究主要将情绪行为发生的原因归为身体因素、能力限制、外部因素、心理因素及不当教育等5类。采用问卷星将题目设置为多选题,不限制选项多少,引导被调查者按实际情况填写。自闭症谱系障碍学生情绪行为发生的原因调查结果如图6所示。

通过对家长认为孩子发生情绪行为的原因调查,发现70.37%的家长认为是

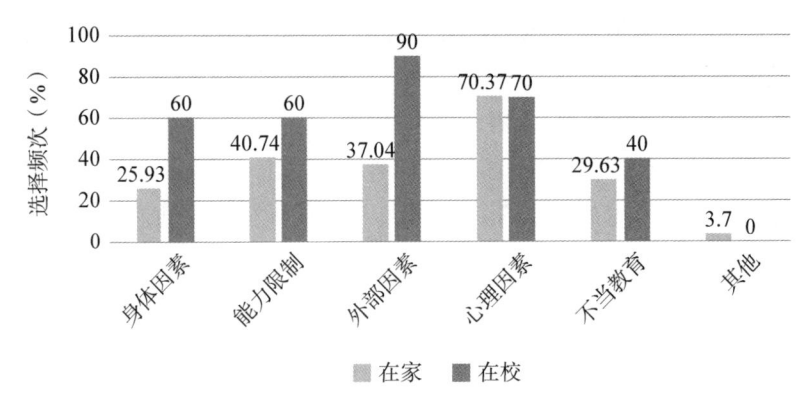

图 6　自闭症谱系障碍学生情绪行为发生的原因调查结果

心理因素,40.74%认为是学生能力限制,37.04%认为是外部的天气、环境等因素,29.63%认为是教育不当,25.93%认为是身体因素,其他原因占3.7%。

90%的班主任认为情绪行为发生的原因是外部因素,70%认为是心理因素,能力限制和身体因素均占60%,不当教育占40%。

对比观察可以发现,家长和教师对学生产生情绪行为原因的看法有所不同,大部分家长认为学生心理因素占比高,而班主任认为外部因素占比高。比较一致的地方在于,家长和教师都认为外部因素、心理因素及学生能力限制是学生产生情绪行为的重要因素。

自闭症谱系障碍学生情绪行为表现多样,原因复杂,如何从个性中找到情绪行为发生的共性,从众多的干预方法中找到突破口,选择适合本校的可操作的有效方法,形成序列的干预程序非常重要。

3. 自闭症学生家长的需求及建议情况

对家长的需求和建议进行整理和分析发现,家长主要希望自己能够得到方法指导、心理辅导等专业的支持;有家长希望有教师定期为学生上课或者进行康复训练;还有部分家长表达了希望定期和教师进行沟通的意愿。本校中,48.15%的家长未积极寻求帮助,而很多家长表示需要和教师沟通,得到专业指导;而教师表示需要有效的干预方法,特别是针对极重度学生的干预策略;希望申请专业教师进行个训干预,并获得家长的支持和配合。

可以看到本校在自闭症学生干预方面家校之间的合作意识还不够强、合作内容较少、合作方式有待改进,合作满意度也有待提高,因此,家校之间的合作亟待加强,以更好地满足学生和家长的需求。

（二）自闭症学生知觉动作训练活动设计结果

通过文献研究，明确了知觉动作训练的原则，形成了框架和具体内容及活动设计；通过研究设计了《自闭症学生知觉动作训练活动》，内容包括训练的原则、内容及各模块活动设计。

1. 知觉动作训练的原则

（1）基于学生的知觉-动作能力，由易到难。实施有效的训练首先需要基于学生的能力。在进行知觉动作训练之前，先要对学生进行详细的评估，评估包括兴趣、知觉—动作能力、支持力量等。在训练之前，从学生的知觉—动作能力入手，依照学生最近发展区设定目标，遵循由易到难的原则，逐步发展学生的能力。

（2）基于学生兴趣，选取学生感兴趣的活动。兴趣是最好的老师，是学习的动力。知觉—动作训练最重要的是要培养学生想去做的兴趣，如果学生一时做不到，教师或父母必须耐心、细心地指导学生，不可苛责或以不悦的态度强迫学生学习或进行活动。只有在兴趣的引导下，在有意义的活动中，学生才能获得成长。

（3）基于学生发展，提供快乐的经验和成就感。成就感是促进学生学习的原动力，是任何活动学习动机的源泉。因此，教师或家长要基于促进学生发展的眼光，选择合适的难度，采用逐步的难易变化；在训练时，给予学生充分的练习、正确的回馈，增强正确的反应；当学生真有好的表现时对学生进行赞赏、鼓励、认可，应注意不是简单的泛泛之夸，而是切实在表现好的时候给予赞赏。

（4）基于学生身心特点，活动设计有目标性、趣味性和多样性。知觉—动作训练不仅仅是适合某一类的儿童。针对不同儿童时，要根据儿童的身心特点，有侧重地选择内容；在选取活动开展教学时，需要有目标性、趣味性及多样性。

2. 知觉动作训练的内容

基于自闭症学生情绪行为的现状调查，结合文献研究，设计《自闭症学生知觉动作训练活动》。通过知觉动作训练，促进自闭症学生的情绪稳定，减少问题行为。

根据活动的功能，《自闭症学生知觉动作训练活动》分为视知觉—动作、听知觉—动作、触知觉—动作及运动知觉—动作4个模块。主要内容为发展教材教具打开个体的七大感觉学习通道、利用骨盆高阶的动作启动认知及语言的发展、培养基本的学习能力，包括注意力、模仿、人际互动、指令听从、复诵、记忆、理解、回答等。

（1）视知觉—动作。视知觉—动作的发展有赖于视觉敏锐度，视觉敏锐度影响看、注视、追视等能力，视知觉—动作训练包括形象—背景知觉、空间关系、视觉恒常和视动协调等内容，共17个活动设计。其中视知觉—动作之大动作模仿活动设计见表2。

表2 视知觉—动作之大动作模仿活动设计

活动名称	大动作模仿活动	课时安排	6课时
活动目标	训练学生身体知觉和视觉—动作配合能力		
活动场地	康复室(有地垫的教室)		
材料准备	全身镜		
活动设计	在进行运动知觉—动作的训练时,可以引导学生采用不同的姿势(站姿、坐姿、爬姿、跪姿、蹲姿……)进行动作模仿学习,学生只要模仿做出动作就算成功;可以进行简单的体操的模仿练习(可以结合学科内容进行模仿练习,如体育课时的队列模仿、音乐课时的舞蹈动作模仿……)		
活动变化/注意事项	1. 此时和运动知觉—动作训练活动不一样,不要求动作的姿势标准,只要求学生仔细看,认真模仿出动作算成功; 2. 可以加入一些游戏活动的同伴,增加互动性和趣味性; 3. 活动过程中,注意引导学生注意看,耐心等品质		

自闭症学生常表现为不注意看,注意力不集中,不容易区辨等现象。通过对学生进行相应的训练,提高学生的视知觉—动作能力,促进学生学习更多的东西,从而减少因为未接受刺激,未真正理解要求而产生各种各样的情绪行为。

(2)听知觉—动作。听知觉—动作的发展建立于听觉敏锐度,接受和传达听觉刺激是听知觉—动作发展的基础,主要包括形象—背景知觉、声音方位、听觉辨别、时间的听知觉和听觉—动作协调等,共10个活动设计。其中听知觉—动作之听名反应活动设计见表3。

表3 听知觉—动作之听名反应活动设计

活动名称	听名反应	课时安排	2课时
活动目标	能够在听到自己的名字时,马上有眼神、肢体动作的反应		
活动场地	康复室(有地垫的教室)或其他		
材料准备	摆位椅		
活动设计	首先,在生活中需要统一对学生的称呼,引导学生在听到自己的名字时作出反应,如看老师或者站起来等; 之后,可以课堂中进行点名活动,引导学生听到自己的名字答"到"		
活动变化/注意事项	1. 前期学生不能做到时,需要老师有肢体的辅助,慢慢减少辅助,在听到名字转头时可以表扬; 2. 可以不用单独训练很久,在其他活动中,可以加入听名反应的训练; 3. 可以在团体活动中进行点名,可以引导学生听到自己的名字答"到"; 4. 可以反复引导学生进行自我介绍,熟悉自己的名字		

很多自闭症学生的听觉比较敏感,他们对刺激的接受、区辨和理解均呈现出独特的差异。有研究者指出,当个体身处于愉悦音乐气氛中时,听觉会提供丰富的情绪刺激,在传达情绪状态时,听觉比视觉更敏锐。

(3) 运动知觉—动作。运动知觉的发展源于身体的本体刺激感受器所产生的行动。主要包括身体知觉、触觉知觉、两侧感和方向感。身体知觉是一个综合性的名词,包括身体空间、身体形象、身体概念和理解等,共 34 个活动设计。其中运动知觉—动作之跪走推物活动设计见表 4。

自闭症学生在运动知觉—动作的发展上表现不一,可常表现出异常的行为,如不能很好地了解自己的肢体,结合肢体一起运作,甚至是控制肢体力度、方向等。

表 4 运动知觉—动作之跪走推物活动设计

活动名称	跪走推物活动	课时安排	4 课时
活动目标	训练学生感知身体部位及空间关系,提高肢体的控制力		
活动场地	康复室(有地垫的教室)		
材料准备	障碍物、TB 架、矮凳等		
活动设计	引导学生跪在地垫上,采用跪走前进,可放置障碍物,引导学生绕障碍物的跪走,还可以加入滚筒,引导学生手眼协调进行推滚筒跪走;前期可多进行,引导学生形成良好的训练反应,后期可减少,作为上课信号		
活动变化	1. 可将该活动作为上课的启动仪式活动,每次上课前进行,引导学生将注意力集中到训练中; 2. 可对双踝加上适当的沙袋进行活动; 3. 可以根据学生能力,采用不同的难度,如进行假装司机的游戏、搬运工进行推 TB 架、推矮凳等		

(4) 触知觉—动作。触觉知觉是一种解释来自身体皮肤表面的感觉的能力,它是外在的,以触摸、感觉和操作来反映。个体透过触觉的感觉系统体验不同的感觉,来了解周围的环境,共设计 10 个活动。其中触知觉—动作之有趣的物品活动设计见表 5。

表 5 触知觉—动作之有趣的物品活动设计

活动名称	有趣的物品	课时安排	6 课时
活动目标	感受不同的材质的物品,并能够做出一些动作(眼神、肢体)反馈		
活动场地	康复室(有地垫的教室)		
材料准备	毛毯、棉质床单、地垫		

(续表)

活动设计	让学生通过手、面部、身体、脚等不同部位接触感受,促使学生感受材质的不一样; 试着引导着动作的反馈,如拿取、触摸、挥动、逃离等
活动变化/ 注意事项	1. 可以将双手的物品进行替换,如感受不同的干湿、软硬、平尖、光滑粗糙等,还可以通过游戏、互动提高学生的兴趣; 2. 可以利用一些刺刺球,促使学生捏、踩、滚等; 3. 不只是简单提供物品,需要人引导反应,如引导学生尝试跟说; 4. 可以多进行此类活动,推荐在家中可以反复进行

触觉是学生早期感知自身和了解周围环境的最基本的途径。对部分认知弱,学习通道狭窄的自闭症学生来说,需要通过最基础的触觉来建立链接和学习通道。因此,将触知觉单独从运动知觉中单列出来,体现它的重要作用。

3. 知觉动作训练的实施程序

每学期开始,评估学生现有的知觉—动作能力,选择合适的活动对学生实施训练。整个知觉动作训练实施程序如图 7 所示。

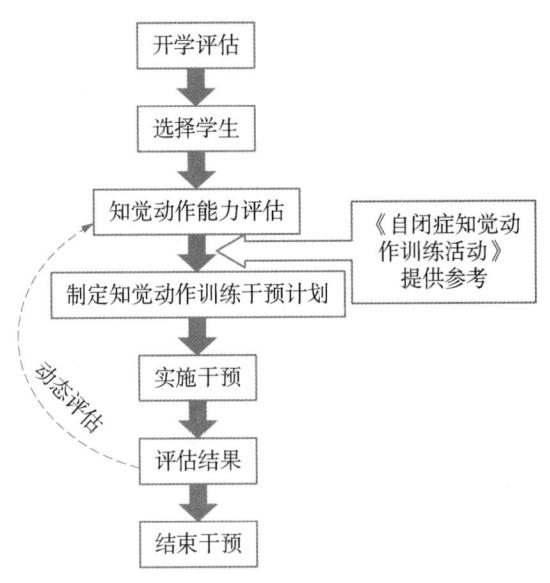

图 7 知觉动作训练实施程序

实施的主要人员为学校的知觉动作训练康复教师。同时也需要学科教师、班主任和家长多方合作。康复教师一是通过个训课或者小组课在专用室对有需要的学生进行针对性训练;二是指导班主任、家长在学校日常生活和家庭生活中对学生进行巩固练习和泛化,提高学生的知觉动作能力;三是指导学科教师在教学过程中关注到学生知觉动作各方面的能力,协同提高学生的知觉动作的能力。

(三) 改善自闭症学生情绪行为的知觉动作训练实验研究结果

研究以培智学校一名自闭症学生为研究对象,通过单一被试实验设计探讨知觉动作训练对自闭症学生情绪行为干预成效,旨在探讨知觉动作训练与情绪行为之间的关系。

1. 研究对象

研究对象为本校的 1 名自闭症学生,持有中国残疾人联合会认定的自闭症诊断证明。通过对学生主要照顾者进行访谈,了解学生的基本信息、现有能力及情绪行为状况。

(1) 个案基本信息。小胡,男,8 岁 4 个月。学生 6 个月会爬,1 岁会走,3 岁会说话。1 岁半时诊断为疑似自闭症,2 岁在静安儿童医院进行音乐治疗、电疗等;3 岁在资优儿进行感统及语训的治疗;2021 年在儿童医院诊断为自闭症。幼儿园只上半天,与父母、奶奶居住,主要教养人是母亲。学生家庭婚姻和睦,家庭经济一般。

(2) 知觉—动作能力情况。视知觉—动作能力上,沉浸在自己的世界,注意力分散,不会主动跟着他人的动作模仿,不会辨别图片;对动作表达也不太理解;听知觉—动作能力上,平时容易沉浸在自己的世界,需要叫多次才会有看向人等反应;听觉非常敏感,难以接受提高分贝的声音;基本不主动与人交往,少部分如坐、站等日常指令能听从,太复杂的不太理解;触知觉—动作能力上,非常挑食,不吃学校的任何食物,家中喜欢将饭菜分开吃,喜欢喝汤;喜欢拥抱和触碰,情绪崩溃时喜欢拥抱安抚;运动知觉—动作能力上,在监督下使用辅具自己吃饭,能够自己上厕所;有比较简单的个人需要表达,如厕所、玩等。比较好动,不太能控制自己的行为,需要时刻提醒;动作的协调性和规范性不佳,手部动作不是特别灵活。

(3) 情绪行为状况。经常会不知原因地出现情绪行为,会哭闹、冲撞跑、猛扑地砸向地面等,特别是尖叫频率极高;小胡的情绪行为持续时间极长,基本达半小时,且不容易安抚。

2. 研究过程

研究使用单一被试 A-B-A 实验设计,并附加家长、教师访谈资料。研究过程分为基线期 A1、干预期 B 及追踪期 A2,共三个阶段。

(1) 基线期。介入前,对学生的主要照顾者进行访谈,了解学生的情绪行为现状。在不进行干预的情况下,为期一个月的每周三在教室进行日常观察,用自编的《情绪行为观察记录表》记录学生的情绪行为,共记录 4 次。情绪行为观测指标及记录方式见表6。

表6 情绪行为观测指标及记录方式

观测指标	操作性定义	记录方式
发生频率	一天中发生了问题情绪行为的次数	从出现到结束记录1次
持续时间	情绪行为从开始到结束的时长	每达到连续5分钟就记录1次
表现类型	出现尖叫、哭闹、攻击(撞击或勒紧他人)、自伤(砸地、发脾气)等	出现就记录该类型,统计记录当天出现的情绪行为表现类型

同时,在康复室采用向阳儿童发展中心使用的《知觉—动作能力评量表(特教版)》对学生的知觉—动作能力进行观察与操作评估,发现其能力在第四项(诱)单手扶持交替半跪1下,当让其跟着模仿时需要在不断提醒下才能看向教师,且反复示范提醒才会模仿动作,对跟着做等指令反应不灵敏,指令的执行也比较欠缺;当没有教师的协助和提示时就马上离开活动。

通过评估的结果,结合设计的《自闭症学生知觉动作训练活动》,选择合适的活动制定出个案的个别化干预计划。

(2) 干预期。干预期时,为控制变量,依然使用《情绪行为观察记录表》对情绪行为进行日常观察记录,记录时间、地点和人员不变。同时每周增加知觉动作训练的干预,为期3个月。知觉动作训练的地点固定为康复室,训练人员为观察人员,训练时间为每周五上午的第2节课,时长35分钟。

将干预前后收集到的情绪行为的变化进行整理后分析,探讨知觉动作训练改善自闭症谱系障碍学生情绪行为的立即成效。

(3) 追踪期。结束对学生的干预,依然持续在相同的时间和地点用《情绪行为观察记录表》对学生情绪行为进行记录,观察学生情绪行为的维持成效。并对主要照顾者及班主任进行介入后的访谈。但在追踪期的时候由于疫情原因突然进行居家学习,因此无法如期进行情绪行为的观察记录。在下学期开始时重新开始观察记录。

3. 研究结果与分析

对该被试干预效果的分析主要从情绪行为持续时间、发生频率及表现类型3方面进行,论证知觉动作训练对被试情绪行为的影响。

(1) 情绪行为持续时间。第一次记录时间为学生第一天入学,学生非常焦虑,有比较严重的依恋情绪,不易安抚下来,情绪的持续时间尤为长。后续观察情绪的持续时间平均为 20 分钟。研究期间,发现小胡的情绪行为持续时间明显降低,从刚开始的情绪行为发生,学生沉浸在自己的情绪之中,不愿看、听,长时间都不能平复下来;到后面能够关注到教师,听到和接受安抚,情绪行为的持续时间呈现下降趋势,情绪行为持续时间降低。甚至多次情绪持续时间为 0,不发生情绪行为。且干预后情绪行为的持续维持在较低的水平状态。情绪行为持续时间记录如图 8 所示。

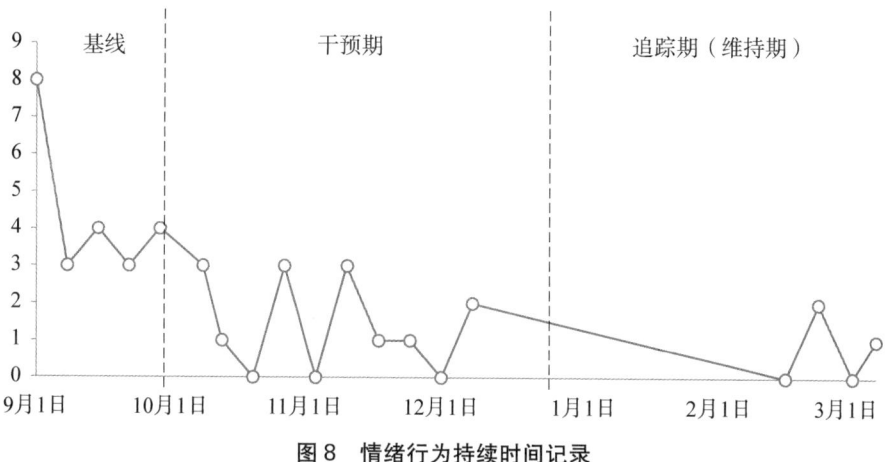

图 8 情绪行为持续时间记录

干预结束后,对小胡的主要照顾者进行访谈。在学生情绪行为的改善上,妈妈给出了肯定——学生能够听、愿意听大人指令,情绪行为发生后能够较快地冷静下来,更好地控制自己的行为。

(2) 情绪行为发生频率。在对学生情绪行为的频率统计上,学生从开始的一天多次情绪行为,到后面发生频率明显减少,从之前一周每天出现情绪行为到后面一周偶尔出现甚至不出现情绪行为。情绪行为发生频率记录如图 9 所示。

主要照顾者也表示,在和小胡相处上更轻松了,能够进行简单的沟通,发生情绪行为的次数减少了很多,愉快的感觉更多而不是每天的吵闹。该生在没有达到某个目的时,沟通后能够等一等,而不是像以往通过情绪行为不达目的不罢休。家长表示,愿意继续进行相关的个训。班级的任课教师表示上课没那么吃力,情绪行为减少不用每节课都处理该生的问题,教师教学效率更高,学生也更加愉快地参与学习。

(3) 情绪行为表现类型。干预前,学生的主要情绪行为有 4 种类型,有尖叫、哭闹、发泄(猛扑到地面、砸地等)、攻击他人(主要冲撞他人等)。

图 9　情绪行为发生频率记录

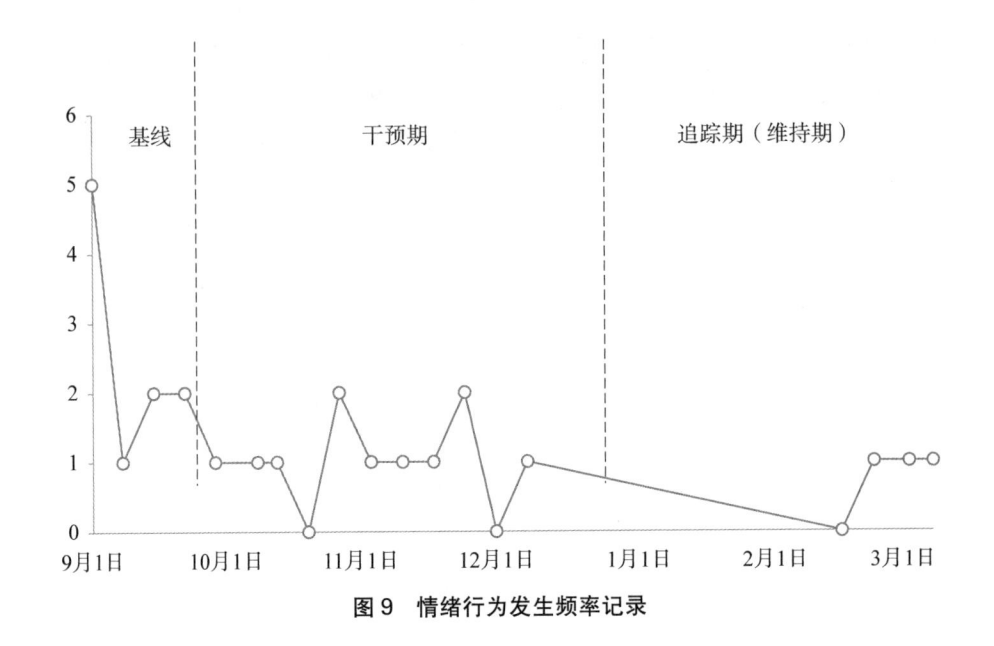

表 7　情绪行为表现类型记录

类型	1	2	3	4	5	6	7	8	9	10	11	12	13	14	15	16	17	18	19
尖叫	○	○	○	○	○	○	○	×	○	×	○	○	○	×	○	○	○	○	○
哭闹	○	○	○	○	○	○	○	○	○	○	○	○	○	○	○	○	○	○	○
自伤	○	×	○	×	○	×	×	×	×	×	×	×	×	×	×	×	×	×	×
攻击	○	○	×	×	○	×	×	×	×	×	×	×	×	×	×	×	×	×	×

注："○"为出现该行为，"×"为未出现该行为。干预后，该生出现的情绪行为表现类型减少。观察发现，该生猛扑砸地的自伤、冲撞等攻击的情绪行为消失；尖叫的频次明显少于干预之前，主要为哭闹。该生情绪行为的严重程度降低，能慢慢改掉一些不恰当的情绪表达方式，对自己情绪的控制能力有所增强。情绪行为表现类型记录见表 7。

六、结论与讨论

经过历时近两年的研究与实践，完成了研究任务的同时，取得了以下成效。

通过调查发现，自闭症学生的情绪行为发生率和发生频率都高，且情绪行为的类型和原因多样，而自闭症学生干预的家校合作有待加强。

（一）自闭症学生情绪行为突出，干预的家校合作有待加强

学生的全面成长需要家、校、社等多方面的共同努力。新时期，家庭教育重新

回到舞台展现出不可替代的作用。国家也颁布实施《中华人民共和国家庭教育促进法》,将家事上升为国事。对自闭症学生来说,家庭更是重要。研究发现家校合作会对学生产生多方面的积极影响[24]。有研究者通过案例研究发现,自闭症学生中,家校合作存在主动性不强、合作内容及方式单一、合作层次低等情况[25]。

家长和教师首先需要增强家校合作的意识,家长意识到家庭教育不再仅仅只是家事,明确家庭教育的作用及重要性,教师对家庭教育有着指导义务。其次,提高家校合作的层次和有效性,一是扩展家校合作的内容,包括沟通学生的日常生活、学习、康复、职业指导;二是对家长的指导内容应涵盖育人观念、干预方法、心理支持等多个维度;三是探索多形式合作,如培训、论坛、亲子活动、面谈、电话访问等。

通过研究,形成了《自闭症学生知觉动作训练活动》,不仅丰富了康复训练的资源,使教师在进行知觉动作训练时有所参考,根据干预流程设计个别化训练计划,切实让训练更加规范、提高训练实效。同时,也可以完善活动,向家长进行推广,促进家庭训练的实施。

(二)知觉动作训练改善了自闭症学生的情绪行为

单一被试实验研究显示,被试小胡的情绪行为从开始经常性达半小时的时间,到后面情绪行为持续时间降低,甚至不发生情绪行为;在频率上,小胡一天中的情绪行为从之前的数次到后面的多数时间不发生情绪行为;在情绪行为的类型上,冲撞和猛扑撞击地面的情绪行为消失,尖叫的频率减少。可以发现,小胡的情绪行为得到了良好的改善。

知觉动作训练中的节律活动、运动知觉活动和听知觉动作活动的运用,有效地改善了小胡的情绪行为。学生能够接受上课,不采用尖叫、逃跑等方式来逃避,且能够根据上课的指令完成课堂活动。

个案小胡通过知觉动作训练后,情绪稳定性得到了显著提高。冲撞、撞击地面等情绪行为消失,尖叫的现象减少;在适度的引导下,学生会很快稳定情绪。此外,语言沟通上,小胡已经能够使用常用的名词、短句进行沟通,表达自己的需求。

(三)自闭症学生情绪行为的改善提高了课堂教学效率

干预结束后,对学生班级的教师进行了开放式的访谈。班级的任课教师表示学生情绪行为减少,上课没么吃力,不用每节课都处理学生的情绪问题,而更关注到课堂教学上,教学效率提高。同时,班主任反馈整个班级氛围更加和谐,哭声、尖叫声较少,危险的情绪行为消失,也让同学们的学习更加安全、舒心。甚至随着知觉—动作能力的提高,可以观察到学生早操从最开始的不关注教师到能够很规范、完整地模仿做广播操;平时也能够主动地用名词和短句来表达自己需求,沟通的意愿和效率都提高。甚至随着视听知觉—动作能力的提高,学生能够马上听到教师的指令作出反应,更愿意看向学习任务,也有能力参与学习,更加愿意完成任务,学习到更多的知识和技能,更好地促进自身的进步和发展。

经过近两年的研究实践,本研究完成了相应的研究任务,达成了研究目标。在后续研究中,还将进一步完善知觉动作训练的个别化课程,建设知觉动作训练的配套视频图片等资源;同时继续搭建个别化教育的核心团队,发挥出核心教师的辐射引领作用,将有效的方法辐射到更多的教师和家长,引导一般教师、家长更好地参与到学生的个别化教育之中,促进学生的成长。

(指导专家:王和平)

参考文献

[1][6] 濑渝,何丽,姜欣,等. 自闭症谱系障碍儿童社交及情绪障碍的研究进展[J]. 重庆医学,2021,50(12):1-5.

[2] 叶家涛,陈顺森,王文强. 自闭症谱系障碍者的感觉特点及诊断价值分析[J]. 牡丹江师范学院学报(哲学社会科学版),2014(01):131-133.

[3][9] 高晓慧. 自闭症谱系障碍儿童听觉反应过度的现状、特征与干预研究[D]. 上海:华东师范大学,2018.

[4] 鲁明辉,雷浩,等. 自闭症谱系障碍儿童感觉异常与情绪行为问题的关系研究[J]. 中国特殊教育,2018(04):60-65.

[5] 安文军,李金花,等. 自闭症谱系障碍儿童青少年抑制控制的研究进展[J]. 中国特殊教育,2019(04):32-39.

[7] [美]罗伯特·索尔所,[美]奥托·麦克林,[美]金伯利·麦克林,等. 认知心理学(第8版)[M]. 上海:上海人民出版社,2019:28-59.

[8] 孟昭兰. 情绪心理学[M]. 北京:北京大学出版社,2005.

[10] 林云强. 自闭症谱系障碍儿童威胁知觉的实验研究[D]. 上海:华东师范大学,2013.

[11] 陈莲俊. 自闭症谱系障碍儿童对眼睛注视线索的视觉注意实验[D]. 上海:华东师范大学,2012.

[12][18] 生辉. 知觉—动作训练改善自闭症学生课堂参与行为的干预研究[D]. 重庆:重庆师范大学,2018.

[13] 罗金. 知觉—动作训练干预自闭症儿童课堂问题行为个案研究[J]. 新课程,2021(19):80.

[14] 梁斐. 知动训练对ASD儿童刻板行为的干预研究[D]. 重庆:重庆师范大学,2015.

[15] 费健. 自闭症学生知觉动作训练案例解析[J]. 河南教育(职成教),2018(Z1):96-98.

[16] 罗燕娇,卢智超,黄嘉璐. 知觉动作训练对自闭症学生影响的个案研究[J]. 体育科技文献通

报,2020,28(07):73-75.
- [17] 邓明昱,劳世艳.自闭症谱系障碍的临床研究新进展(DSM-5新标准)[J].中国健康心理学杂志,2016,24(04):481-490.
- [19] 瞿涛,徐凯,陶菁菁.不同方式的运动干预对 ASD 儿童干预效果的对比分析——基于知觉动作训练和感觉统合训练[J].安徽体育科技,2022,43(01):63-72.
- [20] 王鹤.感觉统合训练与知觉—动作训练比较分析[J].怀化学院学报,2019,39(10):118-120.
- [21] 郭亚静.音乐治疗对自闭症儿童情绪行为的干预研究[D].重庆:重庆师范大学,2019.
- [22] 王辉.特殊儿童教育诊断与评估[M].南京:南京大学出版社,2018.
- [23] 张海新.自闭症儿童的情绪行为问题及其干预[J].科学咨询(教育科研),2021(1):174.
- [24] 王本强.家校合作对自闭症儿童康复教育影响及策略的研究[J].小学教学研究,2021(32):93-94.
- [25] 彭盼盼.自闭症儿童家校合作访谈报告:以 C 市特殊教育学校为例[J].教师,2020(23):70-71.

以主题绘本为载体开展中度自闭症儿童掌握情绪管理策略的个案研究

倪 蕴 冯 晶[*]

摘 要：本研究是以我校两名中度自闭症学生为研究对象，以情绪主题绘本为载体展开的情绪管理个案研究。情绪管理包含"情绪识别、情绪表达、情绪调节"三大板块。本研究使用的绘本包含研究者从市面上筛选出的和针对中度自闭症儿童编撰开发的两类。经本研究发现，干预效果显著。首先，绘本作为一种有效的教学载体，能够激发中度自闭症儿童的学习兴趣。但自闭症儿童的绘本阅读不能采用传统的阅读方式，而要采用个性化互动模式来帮助其理解。其次，通过干预能提高中度自闭症儿童的情绪管理能力。再次，学生情绪管理能力的提高在不同方面存在差异：其中情绪识别、情绪表达方面的提高最为显著，情绪应对方法能在指导下掌握，在运用时需要提醒协助，其中视觉提示册效果最好。此外发现，经干预后，学生因情绪过激导致的破坏和伤害行为大幅减少、持续时间减短。

关键词：情绪主题绘本 中度自闭症儿童 情绪管理

一、研究背景

在我国，家庭和特殊学校是自闭症儿童安置的主要场所。相较于其他残障类型患者，自闭症儿童除了社交及沟通障碍外，常伴随出现过激情绪行为问题，如自残、破坏周围物品、攻击他人等。引起情绪波动的原因很多，如中度自闭症儿童对自身情绪认知存在不足；受社交和沟通障碍的影响不知如何恰当表达自身情绪和意愿，会因他人无法理解其意图而产生情绪问题，从而出现伤害或破坏行为。

美国心理学家萨洛维与梅耶于1990年提出情绪智力理论，最初指个体监控自己及他人的情绪和情感，并识别、利用这些信息指示自己的思想和行为的能力。该"情绪智力理论"为情绪主题教育的活动设计和实施奠定了理论基础。[1]陈英和在

---

[*] 作者单位华东师范大学附属卢湾辅读实验学校

前人研究的基础上将儿童情绪能力概括为情绪理解能力与情绪调节能力,主要包括针对不同对象的情绪认知和理解能力、情绪表达能力、情绪调节能力三大部分。[2]

为减少中度自闭症儿童频繁发生的自残、破坏物品、攻击他人等行为,研究者尝试以情绪管理为切入点,以主题绘本为载体,对中度自闭症儿童开展情绪管理策略的研究。目的是让中度自闭症儿童学会辨识自身情绪、用恰当方式向他人表达情绪及需求、在情绪波动时会选择恰当方法应对,以减少不恰当情绪行为的出现。

二、研究设计

(一)研究前期

1. 选择研究对象

本研究选取了上海市某特殊教育学校的两名自闭症儿童作为研究对象,分别是小 W(12 岁,四年级)和小 T(13 岁,五年级),两人入学前的韦氏智力测验得分分别为 50 分、53 分,属于中度智力障碍。通过对研究对象在校表现的日常观察,了解到两位研究对象的能力特点及家庭教养方式。个案研究对象基本情况见表 1。

表 1　个案研究对象基本情况

项目		共同特点	各自特点	
			小 W 同学	小 T 同学
基础能力	认知能力	1. 短时记忆好; 2. 有观察、模仿能力; 3. 能机械指读低龄儿童绘本;	1. 擅长拼图和七巧板; 2. 喜欢观看动物百科视频和有大幅配画的书籍; 3. 就阅读材料提问,只会机械重复教师的问句	1. 喜欢绘画涂色; 2. 喜欢有贴纸互动的游戏书; 3. 就阅读材料提问,会在图片提示下进行简单回答
	言语沟通	1. 能听懂简单指令; 2. 有言语能力,能简单表达需求但不愿主动表达	1. 不喜交流,常自言自语; 2. 不会用言语而是用发脾气的方式表达拒绝; 3. 心情好时会用短句回应	1. 不断复述以博关注; 2. 会用言语但更喜欢用发脾气表达意愿; 3. 能用短句回应他人
	动作能力	1. 精细动作和大运动能力很好; 2. 出现破坏行为的动作极其迅速	喜快攀爬、跳跃	喜揉捏、掐压等

(续表)

项目		共同特点	各自特点	
			小W同学	小T同学
存在的情绪行为问题	异常表达	持续尖叫	1. 尖叫并吵嚷"生病了"来逃避任务； 2. 言语威胁"咬××"表示不满	1. 频繁尖叫并哭泣，发泄情绪； 2. 言语威胁"打××"表示不满
	异常行为	不合理要求被拒或不良行为被阻止时，立即出现自残、攻击行为	1. 自残方式：头撞墙和地板、快速爬至高处后向下跳、吞食异物； 2. 攻击方式：咬人、打人	1. 自残方式：撕咬手、唇，猛打头； 2. 破坏物品：砸碎随手可得物品、头猛撞或捶桌； 3. 攻击行为：咬人、掐人、打人
家庭教育	教育氛围	1. 家庭和睦，父母文化程度高； 2. 重视文化知识，忽视行为问题； 3. 存歉疚心理，用溺爱来补偿，缺少惩戒	1. 用顺应、无限满足方式来应对； 2. 将孩子情绪问题归咎到自身； 3. 只奖励、从不惩戒	1. 仅用代币法去约束孩子的行为； 2. 将孩子情绪问题归咎为他人的错，要求别人要做到无限包容； 3. 只奖励不许惩戒

2. 访谈和问卷调查

研究者与个案家长在研究前进行沟通，向其说明研究的目的、训练方案以及研究的保密性，获得家长的知情同意后，对个案家长进行问卷调查和访谈，了解个案在校内及校外的情绪管理能力现状，家长对个案情绪管理能力的期望，以及个案在校内外的行为表现，与家长建立良好关系。

通过梳理访谈结果发现：家长们都表示，难以忍受孩子在家时频繁出现的情绪行为问题，并错误地认为孩子随着年龄增长会懂事、不再出现情绪行为问题，因歉疚心态，认为不该对"可怜"的孩子进行惩戒。应对措施比较单一，小W家长总用行为分析法分析自身行为对孩子情绪的影响，小T家长总是用代币奖励法应对一切问题。

问卷调查结果显示：两名个案均缺乏主动管理、调节情绪的能力，主要靠他人协助安抚情绪。但家长能力有限，无法有效阻止其不恰当的情绪释放行为，只能等孩子宣泄情绪力竭后停止。

3. 观察个案在校情绪行为情况

研究者拟定《在校情绪行为问题观察记录表》进行前测，观察者为坐班的班主任，每天5小时，分别在6节课堂、课间和午休期间观察，对两名研究对象进行为期一周5天的观察，记录出现情绪行为问题的频次和持续时长。在校情绪行为问题观察记录样表见表2。

表2 在校情绪行为问题观察记录表(样表)

学生		观察者		观察时间		月 日 上/下午	
情绪行为问题	是/否尖叫		是/否自残		是/否破坏物品		是/否攻击他人
发生次数							
持续时长							
是否使用情绪管理策略(自我安慰/替代活动/寻求帮助/安全宣泄)							
行为描述							

(1) 小T在校情绪行为问题。小T的情绪行为问题主要发生在每节课的后15分钟以及课间活动,每次持续的时间长短不一,但都会影响班级整体的教学秩序,还会引起其他学生的模仿及安全问题。小T出现的情绪行为问题主要分为以下几类:①在上课或课间会突然猛地推倒眼前的桌子;②会过度兴奋,频繁尖叫并哭泣,同学会纷纷捂耳;③拍打自己头部,拍打自己周围的人或物,甚至会在课前排队、课中走过去快速咬同学;④当教师或者陪读对其他学生有过多关注时,他会抛或砸随手可得的物品,引起他人的关注。

(2) 小W在校情绪行为问题。小W课上遇到自己不感兴趣或者需要进行书写的环节会产生抗拒,并伴随撕心裂肺的持续尖叫,用自残的方式快速爬到高处向下用力跳落,说"腿摔断了,要去医院",以此来逃避任务。午间休息及课间时,观察者发现小W偷偷捡地上异物入口、扔异物到窗外、撕书皮吃进嘴里等不安全行为并进行阻止,他便会突然头撞墙或者倒地撞地板。小W心理比较脆弱,过度敏感,喜欢别人的表扬,一旦有人批评他,他会出现攻击或者进行自残行为。

(3) 原因分析。当两位个案需求得不到满足,又无法用正确方式表达时,就会使用问题行为引起他人关注或者表达不满。另外两位个案因天气突然变化的原因,也会造成身心的不适,无法正确表达,从而引起情绪行为问题。

经过观察和分析发现,这两位个案情绪过激时均会出现异常表达、自残、破坏物品和攻击他人的不当行为。这些不当行为往往不是单一出现,而是两种及以上形式同时出现。在观察的一周中,小T四种情绪行为问题均有出现,周二、周三的发生频次较高。小W同学异常表达的频次高于其他的情绪行为问题,一周中出现了37次，其中周二至周四异常表达出现的频次占70.2%，攻击他人次数较少，一周内仅出现4次。两名研究对象情绪行为问题的频次记录如图1所示。

小T一周情绪行为问题出现频次

小W一周情绪行为问题出现频次

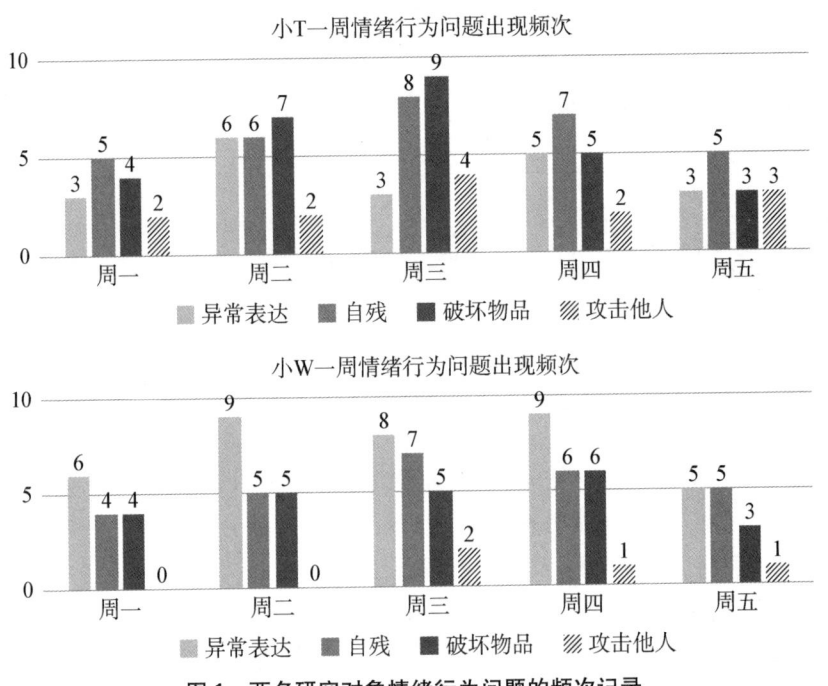

图1 两名研究对象情绪行为问题的频次记录

小T和小W一周内各类型情绪行为问题出现的总计时长分别为208分钟和170分钟，其中小T自残和破坏物品的行为占比最高，达45.6%和35.6%。其次是异常表达行为占22.6%。小W自残行为占比达35.8%，其次是异常表达与破坏物品的行为分别占比31.4%与30.5%。两名研究对象单次情绪行为问题平均持续1.5~2.5分钟。个案一周5天情绪问题出现的时长分别见表3和表4。

表3 小T一周5天情绪行为问题出现的时长

行为类型	一周情绪行为问题出现时长/分钟					总时间	总比例
	周一	周二	周三	周四	周五		
异常表达	5	14	4	13	11	47	22.6%
自残	12	13	18	17	12	72	34.6%
破坏物品	11	20	22	12	9	74	35.6%
攻击他人	2	2	5	3	3	15	7.2%

表 4　小 W 一周 5 天情绪行为问题出现的时长

行为类型	一周 5 天情绪行为问题出现的时长/分钟					总时间	总比例
	周一	周二	周三	周四	周五		
异常表达	8	13	10	13	9	53	31.4%
自残	10	11	15	14	11	61	35.8%
破坏物品	7	11	18	11	5	52	30.5%
攻击他人	0	0	2	1	1	4	2.3%

研究者以《学前情绪与行为量表(Pre BERS)》中文修订版[3]为基础进行改编，用于测评研究对象的情绪感知、情绪认知、情绪表达与沟通、情绪调节能力。

整理测评结果后发现，两位研究对象能感知自身部分情绪，极少主动观察他人情绪变化，无法根据他人情绪来调整自己的行为。他们的主动沟通表达能力薄弱，缺乏主动表达自身情绪状况和需求的内驱力。在认知上，两人基本无法将奖惩和自身行为相联系，也不关注自己情绪失控时对他人及物品的破坏会造成什么严重的后果。他们出现过激情绪的时候，无法主动选择安全且恰当的方式去缓解自己的情绪。两名研究对象情绪管理能力初测结果见表 5。

表 5　两名研究对象情绪管理能力初测结果

类别板块	评估项目	小 T（得分/总分）	小 W（得分/总分）
情绪感知能力	对自身情绪的感知能力	5/12	3/12
	对他人情绪的感知能力	4/12	1/12
表达与沟通能力	表达自身情绪、需求	0/12	1/12
情绪行为的认知	将自己情绪行为和行为后果相联系	2/8	1/8
情绪应对	能使用不同的情绪应对方法	1/36	0/36

4. 选择和设计适合研究对象的主题绘本

根据研究需要，将市面上现有的情绪类主题绘本按"情绪识别、情绪行为认知建构、情绪管理策略"三大板块分类收集。将所搜集的绘本根据自闭症儿童的认知特点进行再次筛选，选出符合其理解能力的绘本。本研究主要搜集使用的情绪识别绘本有《我的情绪小怪兽》；情绪行为认知建构绘本有《我不随便发脾气》《手不是用来打人的》《我好害怕》《咚咚咚生气了》；情绪管理策略绘本有《我会寻求帮助》《兔子爬山》《朋友抱抱》《拥抱你的坏情绪》《菲菲生气了》《把坏脾气收起来》。

对三大板块中无法搜寻到的适合的主题绘本，研究者有针对性地设计、编写、绘制绘本进行了补充，使各大板块的绘本形成体系。研究者编写的绘本尽量以自闭症儿童为原型，将其真实发生的情绪类故事用易于理解的方式记录改编，以获得自闭症儿童的共鸣从而提高其阅读兴趣。

（二）研究中期

1. 制定个别化教育计划

个别化教育的实施时间为2022年3月—2022年6月，每周干预1次，每次持续30分钟。分为4个阶段，3—5月主要以校内的个别化教育为主，6月采用家校合作的形式指导家长在家尝试使用操作指导手册提示孩子进行情绪的识别和表达，巩固练习所学的情绪应对方法。研究者经过前测和观察两名研究对象的学习特点，选择了适合他们学习的情绪识别、情绪表达和情绪管理的方法策略。具体实施目标见表6。

表6　小T小W个别化教育实施目标

时间	主题类别	总目标	分目标
3月	情绪识别	学会识别自己当前的情绪（开心、生气、害怕、难过）	小T、小W识别当下自身情绪；尝试学习识别他人情绪
4月	情绪表达	学会利用言语、肢体语言、操作活动表达自己当前情绪	小T学习用言语、卡片操作表达；小W学习用肢体语言、操作活动表达
5月	情绪应对方法	学会用寻求安慰法（抱一抱、球上山、滚瓶子、擦一擦）	小T（抱一抱、擦一擦）小W（球上山、滚瓶子）
		学会用寻求帮助法（言语求助、动作求助、提示卡求助）	小T（言语求助、提示卡求助）小W（动作求助、提示卡求助）
		学会用替代活动法（呼吸法、散步法、游戏法、美食法）	小T、小W（呼吸法、散步法、游戏法、美食法）
		学会用安全发泄法（拍柔软物、定点投掷、捏解压物、语言发泄）	小T（拍柔软物、捏解压物）小W（定点投掷、语言发泄）
6月	家校配合学习使用《情绪管理操作手册》	家长学习利用《情绪管理操作手册》帮助孩子，提供视觉提示，起到辅助作用。当家长熟悉指导手册的内容时，可以进行口头提示，提供相应的情绪应对道具来引导孩子平复激烈情绪。	

2. 筛选适合学生的情绪主题绘本

由于两名个案的认知习惯和兴趣爱好有共同点和不同点，所以研究者在本次研究所用到的情绪类主题绘本见表7。

表7 情绪类主题绘本各阶段运用目标

类别	书目	训练目标	使用对象
情绪识别	《我的情绪小怪兽》	学会用色彩对应不同的情绪	小T 小W
	《我的情绪花瓶》	学会用不同方式表达自己当下情绪:情绪标签插入法、对应色块投入情绪容器法投入情绪收纳瓶	
情绪行为的认知建构	《我的桌子兄弟》	知道情绪不好时损坏物品会导致物品无法使用	小T
	《请你等一会儿》	知道遇事要等待,因等不及而发脾气还会导致各种不好的后果	小W
	《心急的乐乐》	知道在等待的时间里可以做喜欢的事情,时间就不会觉得漫长了	
	《手不是用来打人的》	知道手不可用来打人,而是该用于打招呼、画画等其他允许的活动	
	《伤》	知道不能用自伤的方式发泄情绪	小T 小W
	《不爱说话的小猫咪》	知道要用沟通表达的方式让别人知晓自己的想法和意图,避免误解和忽视	
情绪管理策略之寻求帮助法	《我不会说话》	利用动作语言和辅助沟通工具来寻求帮助	小T 小W
	《我会寻求帮助》	知道可以向谁寻求帮助,知道可以求助的对象有哪些	
	《米饭粒》	遇到困难、挫折时不用发脾气,学会用沟通的方法来求助、解决问题	
情绪管理策略之寻求安慰法	《来,抱抱》	学会利用抱抱家长、喜爱或熟悉的物品减少来害怕情绪	小T
	《真好!瓶子》	学会利用携带常见的瓶装水来帮助自己平复情绪	小W
情绪管理策略之替代活动法	《圆圆》	引导不会主动深呼吸的孩子借助道具被动深呼吸来平复情绪	小T
	《旋转木马》	学会利用替代游戏的方式来平复情绪	小W
情绪管理策略之安全发泄法	《神奇的朋友》	学会利用揉捏发泄玩具来宣泄情绪	小T 小W
	《软软的》	学会当自己情绪无法自控的情况下,使用拍打柔软物等安全宣泄形式	

3. 形成绘本教学的一般模式

自闭症儿童往往面临着社交和沟通困难，理解和运用语言的能力有限。因此，为了帮助自闭症儿童更好地理解和组织信息，前期通过认识情绪产生过程的图片，帮助自闭症儿童理解事物的发展过程、步骤和顺序。这些图片具有简洁明了、直观易懂的特点，能够帮助自闭症儿童快速获得信息，并且更容易掌握情绪相关知识和技能。本研究的教学模式为：绘本导入——巩固练习——应用操作——家校合作四大环节。

下面以训练内容"情绪识别"为例具体说明。

（1）绘本导入。①教师出示绘本中的表情图片，引导研究对象观察表情图片的面部表情或肢体动作的细节，教师将说出的细节写在卡片上；②将归纳出的表情细节卡片放入对应的4个情绪筐，并读一读各表情的细节加深印象。

（2）巩固练习。①教师出示表情图片，研究对象直接说出是什么表情类型；②教师说表情类型，请研究对象主动回忆各表情细节和特征，也可以用卡片进行辅助提示；③演一演4种表情类型，教师可以带领研究对象进行面部表情或肢体动作模仿。

（3）应用操作。教师拍摄研究对象的表情图片或视频，引导研究对象说说自己处于什么情绪状态。

（4）家校合作。在学校进行个别化教育后，向家长提供所学内容的资料包（微课视频、各种家庭练习活动和材料清单、情绪管理操作手册及使用说明），让家长在家配合进行练习。

4. 实施个别化教育的策略

考虑到自闭症儿童的个体差异，即使利用同一绘本施教，面对不同研究对象，实施的教学策略也是略有差异的。本研究两位研究对象的教学策略差异分析见表8。

表8　两位研究对象的教学策略差异分析

研究对象	个体差异	教学策略差异
小W	不喜交流，抵触用言语表达回答问题； 迷恋电子产品，对视频展示方式感兴趣； 无主动阅读意愿，仅能认少量文字，且理解能力差； 阅读中对图片依赖度很高； 喜欢电子游戏中图片或视频冲击的体验； 喜欢撕扯物品带来的快感	利用电子播放、图片提示问答、他人演绎情境等

(续表)

研究对象	个体差异	教学策略差异
小 T	特别渴求他人关注,对他人演绎、互动演绎的形式感兴趣; 能阅读简单文字,有一定理解能力,愿意用言语表达回答问题; 喜欢动手操作类的活动,喜欢电子游戏闯关带来的成就感	利用文字提示和言语交流问答、互动演绎体验等

提供给研究对象学习的绘本主要分成情绪识别、情绪行为认知建构、情绪应对方法三大类。以下分别从这三大类里各选取一个绘本施教的例子对个别化教育实施过程进行说明。

（1）情绪识别的个别化教学。知道情绪有不同种类,能感受并辨识不同情绪对自闭症儿童来说很重要。研究者选取《我的情绪小怪兽》让研究对象初步了解情绪类型,以及色彩表达和情绪类别的配对。在能辨识情绪类别后,更重要的是引导自闭症儿童去表达当下情绪。因为自闭症儿童的能力差异极大,所以难以用一种固定的方式要求其表达情绪。需要研究者根据研究对象特点设计多种情绪表达形式,供自闭症儿童选择适合自己的方式。

研究者自编绘本《我的情绪花瓶》,通过该绘本的施教去指导研究对象利用多种方式表达自身情绪。施教策略如图2所示。

施教基础:研究对象通过学习《我的情绪小怪兽》已学会色彩和情绪类别配对

⇩

施教载体:《我的情绪花瓶》

⇩

施教内容:情绪表达操作游戏
1. 心情插花(将贴有学生头像的小木棒插入对应色彩的情绪花瓶里);
2. 情绪收纳瓶(选择当下情绪对应的色块,放入情绪收纳花瓶里)

图2 自编绘本《我的情绪花瓶》施教策略

(2) 情绪行为认知建构的个别化教学。本研究将情绪行为认知建构分成以下几方面:①知道各种情绪的产生都是正常的,允许有开心、难过、害怕、生气等各种情绪;②知道情绪产生后可以有很多释放的方法,应该选择安全且允许的方式释放;③知道错误的情绪宣泄形式对自身、他人、物品所造成的后果;④知道沟通的重要性;⑤知道等待的重要性。

研究者编写了一系列认知建构类绘本,如《我的桌子兄弟》《请你等一会儿》《伤》《心急的乐乐》《不爱说话的小猫咪》等。如针对"不该用破坏物品的方式来释放情绪"这一认知的建构,自编绘本《我的桌子兄弟》施教策略如图3所示。

根据研究对象小T的真实破坏行为编写成绘本故事《我的桌子兄弟》

⇩

想要通过绘本施教让研究对象形成的正确认知:
1. 绘本主角日常对桌子进行的发泄行为是不正确的(用力猛踹、向前用力推倒、用物品猛戳桌面、用脚猛踹);
2. 以上行为对桌子造成了不可逆转的后果;
3. 情绪过激时的行为导致的后果并非绘本主角乐于见到并愿意承担的

⇩

施教策略
1. 情景对比(为加深研究对象的感受,通过图片对比、视频对比的方式向其展示;起初他在心爱的桌子上高兴地书写、玩玩具的情景,对比他朝桌子发泄情绪后桌子破烂不堪无法使用、及他自己因桌子毁坏而哭泣的情景);
2. 游戏闯关(利用希沃白板制作问答闯关游戏,让研究对象判断回答当情绪不好时,对待物品哪些行为是可以的,哪些行为是不能做的);
3. 情境再现(通过教师创设情境并演绎,让研究对象在身临其境中做出正确的行为选择)

图3 自编绘本《我的桌子兄弟》施教策略

(3) 情绪应对方法类的个别化教学。当自闭症儿童情绪极其不稳定时,有强烈的宣泄欲望,他人若试图压制他们、阻止其破坏伤害行为只会激起他们更强烈的情绪应激反应。这时需要给他们提供安全的情绪释放途径和方法,所以情绪应对方法的施教是整个研究中最重要的部分。研究者根据易实施性和可操作性,选择若干情绪应对方法通过绘本形式教给研究对象,让他们在情绪不稳时可以选择在限定范围内的一些活动去转移注意力并释放情绪。

研究者将情绪应对方法分成替代活动、寻求帮助、寻求安慰、安全发泄四大类。调节呼吸是替代活动类别中的一种方法,下面以该应对方法为例,说明研究者是如何根据研究对象的喜好差异设计不同的情绪应对方法的。两位研究对象的情绪应对方式个体差异分析见表9。

表9 两位研究对象的情绪应对方式个体差异分析

研究对象	个体共性	个体差异	情绪应对方式上的差异 (通过游戏方式进行被动深呼吸)
小W	无法主动深呼吸	喜欢撕扯、揉捏物品,喜欢坐着观看班级的绿植叶子随风飘动	吹纸巾法:将纸巾撕成条状后拿在手里吹动,享受撕纸条、吹纸条、观赏纸条飘动
小T		喜欢抛扔物品,精力旺盛、动个不停	吹塑料袋法:反复将塑料袋用力向上吹动,然后接掉下来的塑料袋,享受吹动、追逐的动态游戏过程

实施载体:自编绘本《圆圆》(绘本简介:圆圆喜欢生气,有时气得像个要爆炸的气球。他梦到气球爆炸,很害怕像气球一样爆炸。妈妈教他生气时吹纸条法把气泄出去。圆圆有时气得像条要爆炸的河豚,他也害怕像河豚一样气炸,爸爸教他生气时用吹、接塑料袋的方法把气泄出去。)

因为研究对象的个体差异性,施教时还需要利用不同的策略展开。两位研究对象对绘本《圆圆》的施教策略比较见表10。

表10 两位研究对象对绘本《圆圆》的施教策略比较

环节	施教目的	共性化施教策略	个性化施教策略	
			小W	小T
绘本引入	初步了解绘本内容	自主阅读绘本	观赏绘本播放	翻阅纸质绘本
师生共读	激发学生阅读兴趣	绘本演绎法	教师演绎绘本场景	师生共同演绎
	深入理解绘本内容	文本共读(教师朗读文本内容)	教师就绘本内容进行提问,研究对象以指认绘本插图形式进行回答	教师就绘本内容进行提问,研究对象说出答案或以指认文字方式回答

153

(续表)

环节	施教目的	共性化施教策略	个性化施教策略	
			小W	小T
巩固练习	深入理解绘本内容，联系自身进行行为选择	游戏闯关法（教师利用希沃白板，就绘本内容制作问答闯关游戏）	图片选择提示（闯关答案以图片形式展示）	文字选择提示（闯关答案以文字形式展示）
应用操作	绘本学习后将所学情绪应对方法进行练习	情境体验教师创设场景，让学生选择适合自己的呼吸法来应对情绪过激	利用吹纸条方式来进行被动深呼吸法进而缓解情绪	利用吹、接塑料袋方式来进行被动深呼吸法进而缓解情绪

（三）研究后期

在完成情绪辨识、情绪表达、具体的情绪应对方法操作学习之后，还要考虑到学生是否能将所学的内容在学校以外的日常生活中进行泛化和应用。研究者采用操作手册作为提示方式，将整个情绪管理策略程序化地呈现在操作手册上，通过提示来引导自闭症儿童完成表达情绪、选择应对策略类别并选择具体应对方法。因此研究者需要家校配合，让家长了解并学会利用此工具对孩子进行提示协助。最理想的目标是逐渐引导孩子脱离提示也能主动使用情绪应对策略去解决自身的情绪问题。

三、研究结果

（一）对研究对象在校期间出现的情绪行为问题次数进行后测观察

在干预前后研究成员使用《在校情绪行为问题观察记录表》对个案小T和小W的一周在校情绪行为问题的表现进行观察和测评。

小T一周情绪行为问题次数前后测对比见表11。可以看到，前测时个案小T自残行为一周共出现31次，最大值一天8次，最小值一天5次，平均每天6.2次；破坏物品一周共出现28次，最大值9次，最小值为3次，平均每天5.6次。后测中小T自残行为平均每天出现2.4次，破坏物品行为平均每天出现2.4次，异常表达和攻击行为次数也均有下降。

表 11　小 T 一周情绪行为问题次数前后测对比

行为类型	周一 前测	周一 后测	周二 前测	周二 后测	周三 前测	周三 后测	周四 前测	周四 后测	周五 前测	周五 后测
异常表达	3	1	6	3	3	3	5	2	3	3
自残	5	2	6	3	8	4	7	4	5	2
破坏物品	4	2	7	3	9	3	5	2	3	2
攻击行为	2	1	2	0	4	1	2	1	3	0

小 W 一周情绪行为问题次数前后测对比见表 12,可以看到,前测时个案小 W 异常表达行为一周共出现 37 次,其中最大值一天 9 次,最小值为一天 5 次,平均每天 7.4 次;自残行为一周共出现 27 次,最大值 7 次,最小值 4 次,平均每天 5.4 次;破坏物品行为一周共出现 23 次,最大值 6 次,最小值为 3 次,平均每天出现 4.6 次。后测中小 W 异常表达行为平均每天出现 3.8 次;自残行为平均每天出现 2.4 次,破坏物品行为平均每天出现 2.8 次,未见攻击行为。

表 12　小 W 一周情绪行为问题次数前后测对比

行为类型	周一 前测	周一 后测	周二 前测	周二 后测	周三 前测	周三 后测	周四 前测	周四 后测	周五 前测	周五 后测
异常表达	6	4	9	3	8	4	9	5	5	3
自残	4	3	5	2	7	2	6	3	5	2
破坏物品	4	3	5	3	5	3	6	3	3	1
攻击行为	0	0	0	0	2	0	1	0	1	0

(二) 家长反馈

研究后期,通过家校沟通获得反馈,了解孩子在家情绪行为问题变化情况和情绪管理能力。家长表示干预效果很不错,具体如下。

(1) 双方家长都提到孩子现在会主动表达自己不开心或者害怕等,说明研究对象能在家中感知并表述自身情绪。

(2) 以前孩子发脾气时间很长,形式激烈,自从进行干预后,孩子发脾气持续时间变短,次数明显变少。

(3) 以前孩子发脾气时,家长对他们的指令是"不要……不可以……"等抑制性的指令,而孩子的反应通常是抗拒。经过干预后,家长学会用疏导式的表述方式去引导孩子进行恰当的情绪释放。孩子也从一开始的抗拒指令转变为愿意接受指令。

（4）孩子在情绪波动不是太剧烈时，会表述要进行某项情绪应对活动。当孩子情绪波动很剧烈时，他们通常想不起来要进行情绪应对。这时家长提示他们选择情绪应对方法，孩子也会回答想使用的方式。安全宣泄是孩子和家长都比较喜欢的应对形式。

研究者结合对研究对象在校的情绪行为表现观察和情绪管理能力的评估，以及收集家长关于孩子在家情绪状况的反馈，可以得出结论：此次研究采取的干预措施有效，有助于提升研究对象的情绪管理能力。

四、研究反思和启示

（一）转变对情绪管理策略的观点

情绪无好坏之分，无论是教育研究者还是家长都应该有这种观念，去接纳自闭症儿童出现的各种情绪，允许其生气、害怕等。而行为可以区分成"可行行为"和"不当行为"。彼此分界点在于是否会伤害自身、他人身心健康以及是否会造成物品的严重损坏。所以教育研究者和家长应该接纳孩子的情绪，引导孩子实施正确的行为。

当自闭症儿童情绪波动时，照料者常见的应对方式是要求儿童控制情绪并停止其不当行为，是典型的"堵"。自闭症儿童本身配合指令的能力是比较差的，在情绪激动时遇到这类要求往往是出现更强烈的应激反应。因此，教育研究者和照料者不妨转变观念和做法，改"堵"为"疏"，让过激情绪进行恰当的释放。不是一味地让孩子"不许做"，而是让其在情绪波动时"可以做"。但"可以做"的活动都是事先经过筛选的和安全的，有意引导到"可行行为"这一范畴内。

（二）构建情绪主题绘本体系

本次研究使用情绪主题绘本涵盖对应情绪管理策略的不同板块（情绪识别和表达、情绪行为认知建构、情绪应对方法），分别起到不同作用。这些绘本要组合运用才能达到最好的效果，而不是孤立地使用。要让自闭症儿童不仅知道自己的情绪状态、同时搞清楚为何情绪波动时不能做某类行为，进而在行为上能采用恰当方式应对、在沟通上能表达自身情绪和需求让人知道，将这些绘本建构成一个整体去进行施教干预。

（三）落实对个体差异的关注

尊重自闭症儿童个体的差异,要采用多元的施教策略。这个多元指两方面,一方面是指尽可能多地开发各种施教策略,重点在"创新""多样",另一方面是指做出"适用性选择",即根据自闭症儿童的个性喜好等细微差异选择更适用于不同个体的策略形式。干预施教过程中只有做到充分关注个体差异、实施多元策略才可能获得最大的效果。

（四）开展家校共育模式

家长和研究人员是共同协作的团队成员。家长作为最了解孩子生活习惯及喜好的人,在家校沟通中不仅向研究者提供孩子的充足信息,还能就具体方法的选择提供必要的建议。家长在家尝试使用《情绪管理操作手册》试用本后提供给教师使用体会和修改意见,以协助研究人员进行修改并完善,使得所选择的情绪应对方法更加适合自闭症儿童,操作过程更具可实施性,使用效果更加显著。

（五）不足和今后设想

研究以个案形式开展,研究对象的选择较为局限。由于时间和人力、物力的局限,研究者选取的研究对象仅限于本校的两位自闭症儿童。虽然经过绘本教育干预,这两位研究对象的情绪管理能力有了提高,情绪行为问题也大大减少。但考虑到自闭症儿童的个体差异,若推广使用到其他中度自闭症儿童身上是否也能取得效果,缺乏直接的泛化数据支持。因此,需要在今后开展进一步验证,了解这一干预方式对其他中度自闭症儿童是否也能取得效果。

（指导专家:于素红）

■ 参考文献

[1] [美]埃里克·J. 马什,戴维·A. 沃尔夫,等. 异常儿童心理(第三版)[M]. 徐浙宁,等译. 上海:上海人民出版社,2009.

[2] 姚端维,陈英和,赵延芹. 3～5岁儿童情绪能力的年龄特征、发展趋势和性别差异的研究. 心理发展与教育[J],2004,2(1):12-16.

[3] 华弥之,周仁来. 学前行为与情绪量表在中国学前儿童中的应用[J]. 中国临床心理学杂志,2012,20(3):140-141.

自闭症儿童课堂教学

集体教学环境中自闭症儿童
识字教学干预策略研究

张 燕[*]

摘　要：自闭症儿童由于其特殊性，往往存在识字困难。本研究提出了3项针对自闭症儿童的识字教学干预策略。第一，字理识字教学，运用图示、演示、比较等方式，帮助自闭症儿童从具体到抽象、从已知到未知进行学习，提高他们的识字能力。第二，生活化识字教学，能够更好地将抽象的汉字联系实际生活，激发自闭症儿童兴趣，集中注意力。第三，游戏化识字教学，帮助自闭症儿童在玩中巩固已学知识，并及时给予他们积极的正反馈和鼓励，增强他们的学习自信心，培养积极的学习态度。

关键词：自闭症儿童　识字困难　集体教学环境　教学干预策略

一、研究背景

（一）识字能力是自闭症儿童适应社会生活的基础

识字能力是阅读的基础。具有适当的识字量及流畅的（自动化的）识字速度，是阅读理解的必要条件。研究表明，自闭症谱系障碍（以下简称自闭症）儿童的早期读写能力、识字能力、口语表达能力可以显著预测未来学业水平和生活适应的发展。[1]《培智学校义务教育生活语文课程标准（2016年版）》中，识字与写字是学习领域目标之一，要求能认读和书写一定数量的常用汉字[2]。对于自闭症儿童而言，识字不仅有助于获取信息、表达思想，更是其适应社会生活的基础。

（二）自闭症儿童识字能力不足

有效识字需掌握两种技能：一是编码技能，包括认识字母（Letter Knowledge）、

---

[*] 作者单位上海市奉贤区惠敏学校

印刷概念（Print Concept）、快速命名和早期语音意识的发展等；二是与意义相关的技能，包括词汇、语法、语义等。Westerveld等人发现，40%～75%的自闭症儿童在以编码为中心的技能范围内可达到预期范围，但在以意义为重点技能的预期范围内得分仅为15%[1]。自闭症儿童识字能力不足，且目前国际有关自闭症儿童识字发展的研究也相当有限，需要做出更多的探索性实践。

（三）班集体环境下自闭症儿童的识字教学效果不佳

在特殊学校教育中，集体教学是常见的教学模式。由于自闭症儿童在视觉、听觉、注意力方面的特性，自闭症儿童在教学过程中会存在阅读理解困难、注意力不集中、容易受到噪声、人群和外界干扰的现象，进而影响他们的课堂参与度，从而使班集体环境下自闭症儿童的识字教学效果不佳。针对这些现象，教师根据自闭症儿童特性设计针对性的干预策略实施教学。

二、研究设计

（一）研究目标

通过对培智学校自闭症谱系障碍学生识字水平的调查，了解培智学校自闭症儿童语文识字能力水平的现状，实施针对性识字教学干预策略，提高自闭症儿童识字能力。

（二）研究思路

在对自闭症儿童识字能力进行调查后，研究文献收集识字教学干预策略，在实践过程中对识字教学干预策略的有效性和实际效果进行分析和研究，通过"研究计划—教育行动—效果观察—研究反思—再计划—再行动"的行动研究，最终完善针对集体教学环境下自闭症儿童的识字教学干预策略。研究思路如图1所示。

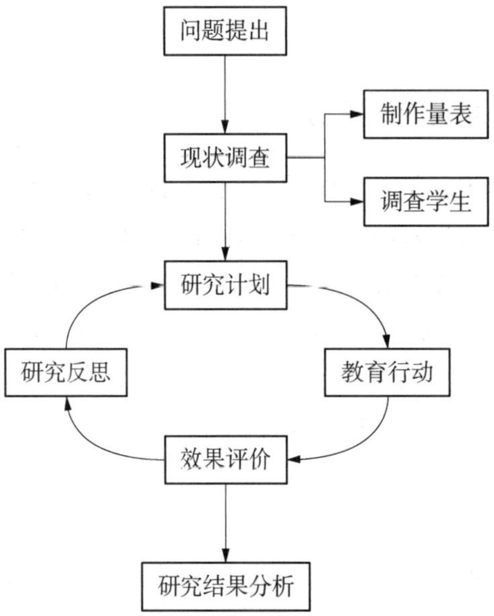

图1 研究思路

(三）研究方法

1. 调查研究法

本研究根据教育部发布的《培智学校义务教育生活语文课程标准（2016版）》，针对不同年级的自闭症学生特点，自编识字能力调查表，干预前、干预中及干预后分别对自闭症儿童进行前测、中测及后测，观察其识字量的变化情况。

2. 行动研究法

实施"研究计划—教育行动—效果观察—研究反思—再计划—再行动"的研究范式。通过调查自闭症儿童识字能力，查找文献收集识字教学干预策略，进行生活语文课堂教学实践，课后及时反思，不断总结经验，发现问题，解决问题，探索集体教学环境下适合自闭症儿童的识字教学策略。

3. 案例研究法

本研究长期跟踪学校9个年级的在读自闭症儿童在集体教学环境中识字能力的变化，实施不同的教学干预策略，记录其对应的识字能力变化，分析自闭症儿童在不同教学干预策略下识字能力变化的原因，总结不同识字教学干预策略对集体教学环境中自闭症儿童的影响。

三、研究成果

（一）自闭症儿童识字能力的调查

1. 调查对象和工具

惠敏学校现有35名自闭症儿童，其中轻度自闭症10人，中度自闭症8人，重度自闭症17人。基于《培智学校义务教育生活语文课程标准（2016版）》和各年级语文教科书，自编自闭症学生识字能力调查表（见表1），从字音、字形、字义这3个角度入手，调查自闭症儿童的具体识字量。发放调查表35份，收回35份，数据全部有效。

表1 自闭症学生识字能力调查表

班级：_____ 姓名：_____

四年级上册				
手	□音 □形 □义 备注：	用	□音 □形 □义 备注：
两	□音 □形 □义 备注：	宝	□音 □形 □义 备注：

（续表）

四年级上册		
双	□音 □形 □义 备注：	脑 □音 □形 □义 备注：
我	□音 □形 □义 备注：	丁 □音 □形 □义 备注：
老	□音 □形 □义 备注：	师 □音 □形 □义 备注：
说	□音 □形 □义 备注：	话 □音 □形 □义 备注：
们	□音 □形 □义 备注：	王 □音 □形 □义 备注：
学	□音 □形 □义 备注：	分 □音 □形 □义 备注：
黑	□音 □形 □义 备注：	桌 □音 □形 □义 备注：
九	□音 □形 □义 备注：	云 □音 □形 □义 备注：
重	□音 □形 □义 备注：	阳 □音 □形 □义 备注：
爷	□音 □形 □义 备注：	气 □音 □形 □义 备注：
吃	□音 □形 □义 备注：	生 □音 □形 □义 备注：
水	□音 □形 □义 备注：	会 □音 □形 □义 备注：
关	□音 □形 □义 备注：	病 □音 □形 □义 备注：
好	□音 □形 □义 备注：	几 □音 □形 □义 备注：
过	□音 □形 □义 备注：	那 □音 □形 □义 备注：
边	□音 □形 □义 备注：	火 □音 □形 □义 备注：
今	□音 □形 □义 备注：	金 □音 □形 □义 备注：
地	□音 □形 □义 备注：	古 □音 □形 □义 备注：
有	□音 □形 □义 备注：	花 □音 □形 □义 备注：
来	□音 □形 □义 备注：	画 □音 □形 □义 备注：
远	□音 □形 □义 备注：	近 □音 □形 □义 备注：
无	□音 □形 □义 备注：	少 □音 □形 □义 备注：
个	□音 □形 □义 备注：	只 □音 □形 □义 备注：
黄	□音 □形 □义 备注：	猫 □音 □形 □义 备注：
鸭	□音 □形 □义 备注：	草 □音 □形 □义 备注：
果	□音 □形 □义 备注：	子 □音 □形 □义 备注：
园	□音 □形 □义 备注：	村 □音 □形 □义 备注：
许	□音 □形 □义 备注：	树 □音 □形 □义 备注：
飞	□音 □形 □义 备注：	青 □音 □形 □义 备注：

(续表)

四年级上册										
叫	□音	□形	□义	备注：	动	□音	□形	□义	备注：
物	□音	□形	□义	备注：	跑	□音	□形	□义	备注：
狗	□音	□形	□义	备注：	林	□音	□形	□义	备注：
国	□音	□形	□义	备注：	河	□音	□形	□义	备注：
鱼	□音	□形	□义	备注：	祖	□音	□形	□义	备注：
朵	□音	□形	□义	备注：					

为了更好地了解自闭症儿童的识字情况，按年级划分，一、二年级采取图文配对形式，三年级采取生字组词形式，借以了解自闭症儿童的识字能力。自闭症儿童识字能力调查工具如图2所示。

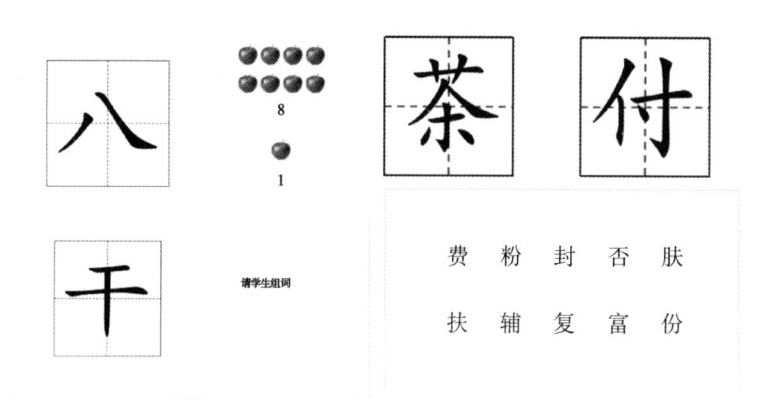

图2 自闭症儿童识字能力调查工具

2. 自闭症儿童识字能力情况

（1）掌握字音情况。测评数据显示，一年级学生在20字识字表中平均能掌握字音的汉字个数为4.22字，比例为21.1%；二年级学生在42字识字表中平均能掌握字音的汉字个数为7字，比例为16.7%；三年级学生在64字识字表中平均能掌握字音的汉字个数为7.67字，比例为12.0%；四年级学生在155字识字表中平均能掌握字音的汉字个数为51.22字，比例为33.0%；五年级学生在192字识字表中平均能掌握字音的汉字个数为42.5字，比例为22.1%；六年级学生在231字识字表中平均能掌握字音的汉字个数为64.5字，比例为27.9%；七年级学生在153字识字表中平均能掌握字音的汉字个数为143字，比例为93.5%；八年级学生在142

字识字表中平均能掌握字音的汉字个数为46字,比例为32.4%;九年级学生在148字识字表中平均能掌握字音的汉字个数为148字,比例为100%。各年级自闭症儿童掌握字音字数占比如图3所示。

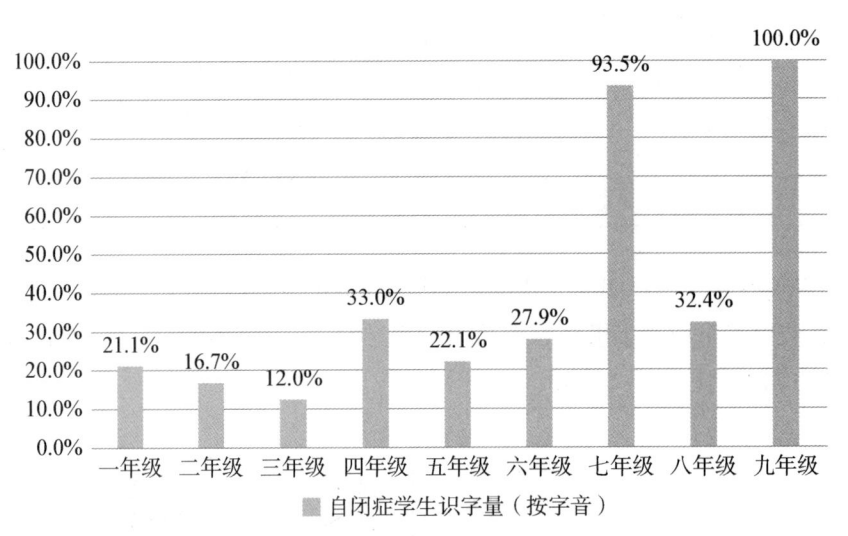

图3 各年级自闭症儿童掌握字音字数占比

年级	一年级	二年级	三年级	四年级	五年级	六年级	七年级	八年级	九年级
自闭症学生识字量(按字音)	21.1%	16.7%	12.0%	33.0%	22.1%	27.9%	93.5%	32.4%	100.0%

测评数据显示,轻度自闭症儿童平均能掌握字音的字数比例为79.80%,中度自闭症儿童平均能掌握字音的字数比例为46.08%,重度自闭症儿童平均能掌握字音的字数比例为5.68%。不同障碍程度自闭症儿童掌握字音字数占比如图4所示。

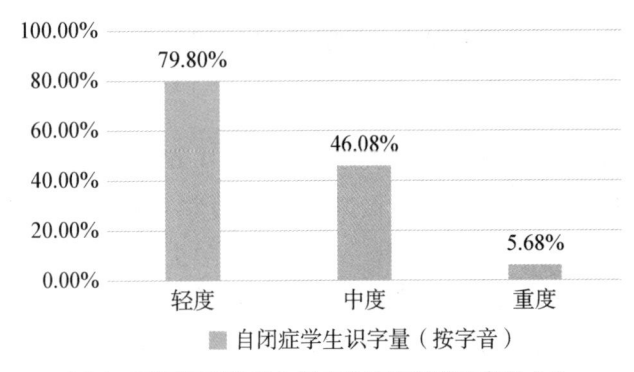

图4 不同障碍程度自闭症儿童掌握字音字数占比

程度	轻度	中度	重度
自闭症学生识字量(按字音)	79.80%	46.08%	5.68%

(2)掌握字形情况。一年级学生在20字识字表中平均能掌握字形的汉字个数为3.67字,比例为18.4%;二年级学生在42字识字表中平均能掌握字形的汉字

个数为4.67字,比例为11.1%;三年级学生在64字识字表中平均能掌握字形的汉字个数为6.33字,比例为9.9%;四年级学生在155字识字表中平均能掌握字形的汉字个数为50字,比例为32.3%;五年级学生在192字识字表中平均能掌握字形的汉字个数为42.5字,比例为22.1%;六年级学生在231字识字表中平均能掌握字形的汉字个数为64.25字,比例为27.8%;七年级学生在153字识字表中平均能掌握字形的汉字个数为143字,比例为93.5%;八年级学生在142字识字表中平均能掌握字形的汉字个数为46字,比例为32.4%;九年级学生在148字识字表中平均能掌握字形的汉字个数为148字,比例为100%。各年级自闭症儿童掌握字形字数占比如图5所示。

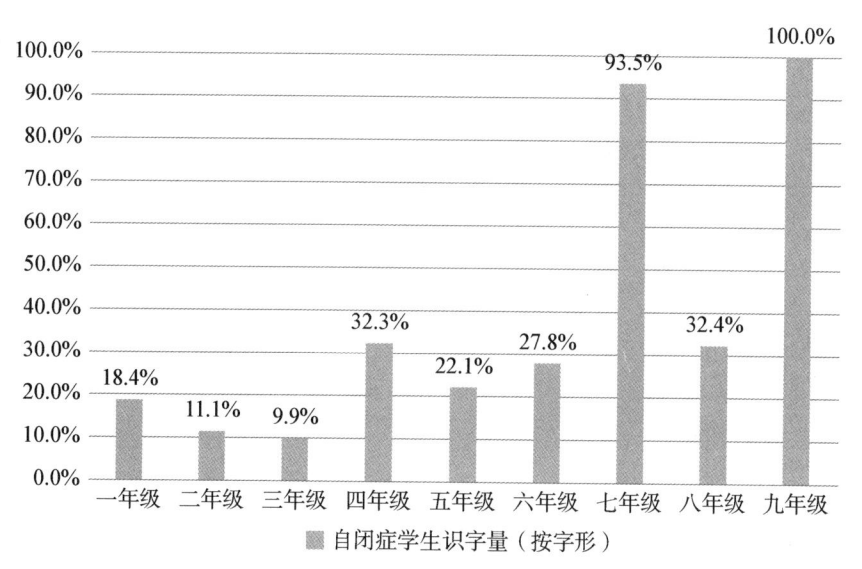

图5 各年级自闭症儿童掌握字形字数占比

轻度自闭症儿童平均能掌握字形的字数比例为78.51%,中度自闭症儿童平均能掌握字形的字数比例为48.69%,重度自闭症儿童平均能掌握字形的字数比例为5.49%。不同障碍程度自闭症儿童掌握字形字数占比如图6所示。

(3)掌握字义情况。一年级学生在20字识字表中平均能掌握字义的汉字个数为3.11字,比例为15.6%;二年级学生在42字识字表中平均能掌握字义的汉字个数为5.33字,比例为12.7%;三年级学生在64字识字表中平均能掌握字义的汉字个数为5.33字,比例为8.3%;四年级学生在155字识字表中平均能掌握字义的汉字个数为35.11字,比例为22.7%;五年级学生在192字识字表中平均能掌握字义的汉字个数为38字,比例为19.8%;六年级学生在231字识字表中平均能掌握

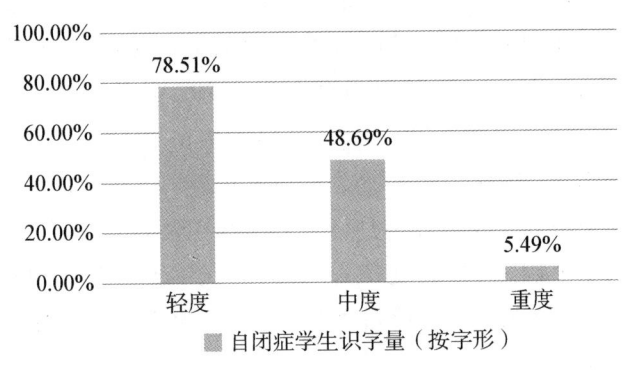

图6　不同障碍程度自闭症儿童掌握字形字数占比

字义的汉字个数为48.5字，比例为21.0%；七年级学生在153字识字表中平均能掌握字义的汉字个数为136字，比例为88.9%；八年级学生在142字识字表中平均能掌握字义的汉字个数为42.33字，比例为29.8%；九年级学生在148字识字表中平均能掌握字义的汉字个数为148字，比例为100%。各年级自闭症儿童掌握字义字数占比如图7所示。

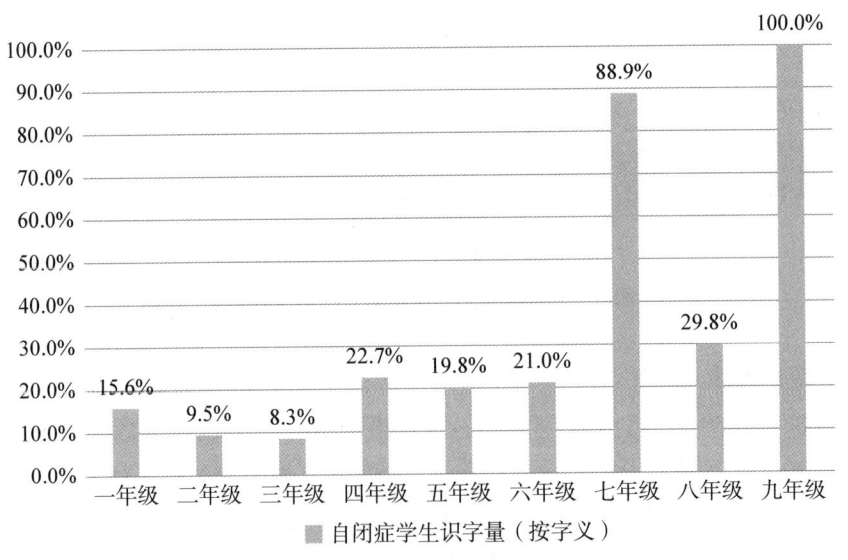

图7　各年级自闭症儿童掌握字义字数占比

轻度自闭症儿童平均能掌握字义的字数比例为67.43%，中度自闭症儿童平均能掌握字义的字数比例为35.27%，重度自闭症儿童平均能掌握字义的字数比例为3.52%。不同障碍程度自闭症儿童掌握字义字数占比如图8所示。

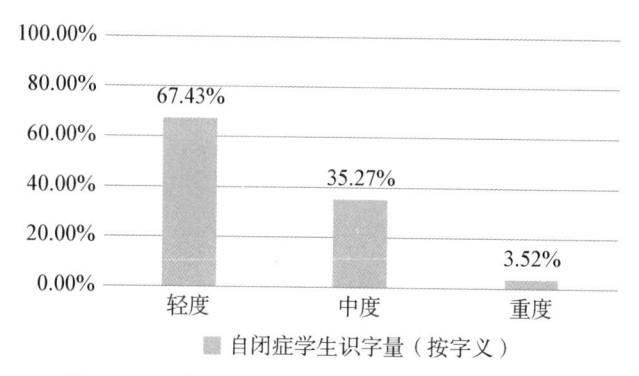

图 8 不同障碍程度自闭症儿童掌握字义字数占比

3. 自闭症儿童识字能力特点分析

（1）综合识字能力较弱。自闭症儿童在字音、字形和字义方面的综合识字能力都相对较弱，其中字音掌握能力相对较好，字形掌握能力一般，而字义掌握能力最差。这意味着自闭症儿童在识字过程中面临着多方挑战，需要针对不同方面进行针对性干预和教育。

（2）识字进展缓慢。从数据显示，自闭症儿童在字音和字形方面的认识并没有随年级升高而有明显增长。

（3）障碍程度影响识字能力。调查结果显示，自闭症儿童障碍程度越轻，识字能力越好。这说明自闭症儿童的障碍程度对其识字能力产生很大影响，对于中重度自闭症儿童，需要更多的实物感受和情境教学来帮助他们识字。

4. 自闭症儿童识字困难分析

调查显示，自闭症儿童字音、字形、字义3方面的识字量分别为44.8%、44.3%和40.1%，如图9所示。下面将详细探讨自闭症儿童在这3个方面的识字困难，并分析造成这些困难的原因。

（1）字音识字困难。自闭症儿童在字音识字方面表现出相对较好的能力，平均掌握字音的字数比例为44.8%，这可能与其较强的语音产生和听觉感知能力有关。然而，仍有相当比例的自闭症儿童在字音识字上表现较差，尤其重度自闭症儿童中，平均掌握字音的字数比例仅为5.68%。这主要是因为以下几点：①认知困难，部分重度自闭症儿童由于认知能力较差，无法辨别字音；②语音感知障碍，有些自闭症儿童在听觉感知方面存在问题，可能无法准确地区分不同的音节或语音，导致在识字过程中难以理解和辨认字音。

（2）字形识字困难。自闭症儿童在字形识字方面与字音识字相近，但总体稍

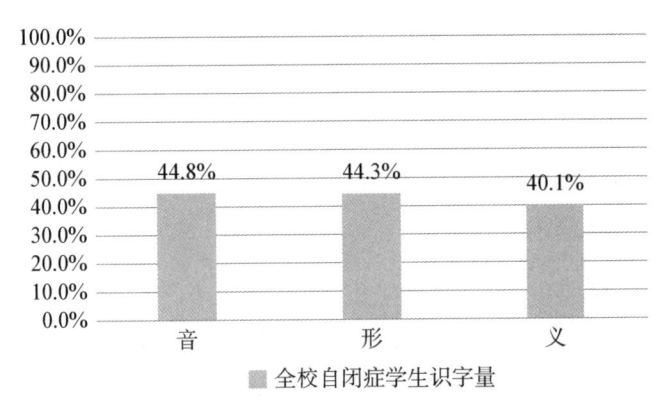

图9　自闭症儿童识字字数占比

弱，平均掌握字形的字数比例为44.3%。这主要是因为以下几点：①视觉感知障碍，自闭症儿童中部分学生存在空间视觉感知障碍，导致对汉字的笔画和结构理解或记忆困难，难以准确地辨认和记忆字形；②抽象概念难以理解，自闭症儿童往往难以处理抽象的概念，汉字作为一种抽象符号，他们可能无法理解字形所代表的具体含义和意义，从而影响了他们对字形的记忆和识别；③注意力难以集中，自闭症儿童通常因注意力无法集中于平面上的字形，而无法记忆或理解字形。

（3）字义识字困难。自闭症儿童在字义识字方面表现最差，平均掌握字义的字数比例仅为40.1%。这主要是因为以下几点：①理解词义困难，自闭症儿童往往在理解词义和词语含义方面存在困难，他们可能无法准确地理解汉字所代表的具体意思和概念，导致在识字过程中难以理解字义；②缺乏联想能力，自闭症儿童可能缺乏联想能力，难以将字形和字义与实际生活经验联系起来，从而导致在识字时缺乏有效的记忆和学习策略。

综合以上分析可知，自闭症儿童在识字方面存在着多方面的困难，这些困难主要源自于他们在注意力、认知和感知方面的独特特点。

结合自闭症儿童的个体特点和能力水平，需要采取个性化的教学方法和策略。如利用多感官教学，创设情境，强化正反馈等方式，针对不同的识字困难，制定有针对性的教学计划，帮助自闭症儿童克服识字困难，提高他们的识字能力。在教育过程中，教育者需要持续关注和理解自闭症儿童的学习进展，及时调整教学策略，创造有利于学习的环境，为他们提供更好的学习支持和帮助。

（二）自闭症儿童识字教学干预策略的应用探索

《周礼》中"六书"理论系统地阐述了汉字的结构原理，并归纳出4种基本的汉字结构类型,即象形、指事、会意、形声。每一个汉字都有其独特意义,汉字的构形是依据词义的字意来形成的[3]。字形的基础工作是将汉字部件从现代汉字中拆分出来,教学中应教会学生读字音、知晓字形、明确字义,探究字形与字音字义之间的关系,使学习的汉字能够在语言环境中灵活运用[4]。

基于汉字学理论、自闭症儿童的学习特点和特殊需求,本研究探索了字理识字教学、生活化识字教学及游戏化识字教学3种识字教学干预策略,以提高他们在集体教学环境下的识字能力。

1. 字理识字教学

字理识字教学法根据汉字构造理据进行识字教学,或直接讲解或拆分组合,通过阐释汉字的构造原理以加深学生对汉字形音义的印象,记住汉字[5]。其基本方法包括依据汉字字理的图示法[6]、演示法、比较法、联想法[7]。

(1) 图示法根据自闭症儿童具象化思维的认知特点,通过出示图片展现构形较为简单的汉字的本义。学生可以更直观地观察出汉字特点,发现汉字在字形与字义上的关联。尤其在象形字与指事字的教学中,图示法简单实用,是辅助字理识字教学的好方法。如象形字"月"的教学,教师可以出示从图片弯月到现代汉字"月"的视频,学生理解现代汉字"月"的字形与字义就轻而易举了。"象形字变形"这一教学方法能够有效促进自闭症学生在集体教学环境下进行识字,不仅能够帮助学生记住汉字的音形,也能利用图形帮助学生理解意思。但是该方法只限于象形字的学习,无法使用于其他汉字;且对自闭症学生的认知能力有一定要求,并不是每位学生都适用。

(2) 演示法则可以针对构形较复杂的汉字,结合现实生活,让学生在亲身实践中体会字理。如进行"从"字教学时,使用演示法表演"人+人"。请两位学生上台表演。一人跟着一人走,形象的表演启发学生理解了"跟从",学生立刻就明白了"从"的字形和字义。

(3) 比较法更适合具有一定识字基础的自闭症儿童,通过对比汉字间各部件或元素的异同,他们能够发现不同汉字之间的区别与联系,从而促进识字效率[8]。如在生活语文五年级下册《7.小青蛙》一课中,"青""睛""清""情""请""晴"6个字的读音相似,形旁不同,所包含的意思也天差地别。可以使用比较法,通过形旁的对比,来掌握生字的含义。

(4) 联想法要求学生具有一定想象力,对自闭症儿童而言较难,因此较少使用。

总体来说,字理识字教学法是自闭症儿童识字教学中较为常用的识字教学干预策略。特别是对于低年级自闭症儿童而言,图示法和演示法符合自闭症儿童的

171

认知特点，能通过直观展示来提高其对字义的理解，从而促进学生的识字能力。对于具有一定识字基础的中高年级学生而言，比较法能提高其识字效率。

2. 生活化识字教学

随着融合教育的推行，越来越多的轻、中度自闭症儿童进入普通学校就读，而培智学校主要面向重度和极重度学生[7]。这就要求培智学校的教师必须根据不同学生的能力特点和学习需求及时调整识字教学方法。生活化识字教学法适合自闭症儿童以具体形象思维为主的学习特点，强调将识字任务自然地融入日常生活环境中，让学生利用现代媒体、街道名、宣传单等生活资源，拓展知识面，增加识字量，巩固所学汉字。高年级进行识字教学时，如有涉及街道名、警示牌等的生字，课堂上会直接一起教学，还会带领学生实地参观，让他们能够将所学知识运用到生活实际中。

生活化识字教学法的优点在于能帮助学生观察生活，深刻理解每个生字词的字义及用法，增加学生掌握和运用新授汉字、词的可能性[9]。通过与日常生活紧密结合，学生更容易理解课堂上所学的内容。然而，该方法的不足之处在于：识字内容具有较强的随意性，难以开展系统性的字、词学习；且该方法要求学生有一定的识字基础。因此，生活化识字教学法更适用于中高年级。教师在使用该方法时需要注意平衡，确保学生在实际生活中学习和理解生字词的意义的同时，也要结合其他方法，开展系统性的字、词学习，以提高学生的识字水平。

3. 游戏化识字教学

游戏识字教学法的独特价值在于它的形式丰富有趣。通过精心设计的游戏，能够最大程度地激活并维持学生的注意力，提升自闭症儿童参与识字课堂学习的主动性[10]。在轻松愉悦的课堂氛围中，学生能够在玩耍的过程中学习汉字和词汇，从而达到提高识字效果的目标。如设计一个"摘苹果"的小游戏，苹果内标有需要掌握的生字，请学生按要求摘下带有相应字的苹果；再比如让学生"找朋友"，学习生词"学生"，请拿着"学"的学生找到拿着"生"的学生。

然而，游戏识字教学法也有一定的限制。首先，它并不适用于所有自闭症儿童，特别是对抽象思维水平较低、规则意识较弱的学生来说，参与需要遵循多个规则的游戏可能会较为困难。其次，该方法更适用于教学的巩固和练习环节，难以在新授阶段广泛应用。

综合来看，游戏识字教学法是一种富有趣味性的教学方法，适合在适当情况下用于自闭症儿童的巩固识字教学。教师在应用该方法时需要根据学生的认知特点和学习需求，恰当选择适合学生的游戏形式及难度，以提高学生的识字兴趣和学习效果。同时，也应结合其他教学方法，保障教学的全面性和系统性。

(三) 自闭症儿童识字教学干预案例

在生活语文第一册第四单元第十课《太阳月亮》教学中,使用字理识字教学法进行干预。"月"是学生需要认读的生字。"月"笔画较多,笔画较为复杂,是一年级上册中最难的需要掌握的生字。教学过程中,使用"演示法"进行生字教学,过程中学生对"月"字的学习兴趣浓厚,课后进行测试时,学生能够掌握"月"的读音和字形,也能和"月亮"的图片进行配对。

该班共有两名自闭症学生,情况如下。

骏骏,自闭症,男生,目前就读一年级。他的认知能力和情绪控制能力较好,课堂服从性较高,能够听懂日常生活中的大部分简单指令,并能在帮助下用简单的词语表达自己的想法。在教师或助教的帮助下,能够积极参与课堂,完成大部分任务。但唯独在识字方面存在困难,可以跟读,但无法认读生字;可以描红,但也无法独立书写汉字。

婷婷,自闭症,女生,目前就读一年级,认知水平较好,但情绪控制差,刻板行为严重,喜欢自言自语、鹦鹉学舌,无法理解问题;注意力水平也较差,需要专人辅助,才能参与课堂。可以跟读,但认读差,无法描红。

认读"月"对于2名自闭症学生是有一定的难度的。运用"字理识字教学法"进行教学,呈现从"月亮"图片变为"月"汉字的过程。"月"字的变形动画"一轮弯月图形慢慢变成生字月"生动有趣,既增加了生字教学环节的趣味性,又帮助了自闭症学生认读生字。该环节的设置不止加强了自闭症学生的学习兴趣,也吸引了其他障碍类型学生的注意,提高了学生的识字效率。在课后进行练习时,2名自闭症学生都能认识该字,且看到该字就能说出"月亮"这一词语,这在以往的教学中是没有出现的,说明这两位学生已经初步掌握汉字"月"的音形义。

(四) 自闭症儿童识字教学干预成效

为探究各识字干预策略的成效,学期末对自闭症儿童使用相同调查表进行测试。发放调查表35份,收回35份,数据全部有效。

1. 各年级自闭症儿童识字量总体有所提升

各年级自闭症儿童在一学年的识字教学干预后,识字量都有了一定的提升。一年级自闭症儿童在字音方面从21.1%提升至55.6%,在字形方面从18.4%提升至53.9%,在字义方面从15.6%提升至38.9%;二年级自闭症儿童在字音方面从16.7%提升至51.6%,在字形方面从11.1%提升至49.2%,在字义方面从9.5%提升至27.8%;三年级自闭症儿童在字音方面从12.0%提升至26.6%,在字形方面从9.9%提升至24.0%,在字义方面从8.3%提升至13.5%;四年级自闭症儿童在字音方面从33.0%提升至41.8%,在字形方面从32.3%提升至40.6%,在字义方面从22.7%提升至31.3%;五年级自闭症儿童在字音方面从22.1%提升至28.9%,在字形方面从22.1%提升至28.6%,在字义方面从19.8%提升至22.9%;六年级自闭症儿童在字音方面从27.9%提升至33.5%,在字形方面从27.8%提升至33.5%,在字义方面从21.0%提升至26.3%;七年级自闭症儿童在字音方面从93.5%提升至96.1%,在字形方面从93.5%提升至95.4%,在字义方面从88.9%提升至90.8%;八年级自闭症儿童在字音方面从32.4%提升至34.5%,在字形方面从32.4%提升至34.5%,在字义方面从29.8%提升至32.6%;九年级自闭症儿童在字音、字形、字义方面均为100%。各年级自闭症儿童识字量前后测对比如图10所示。

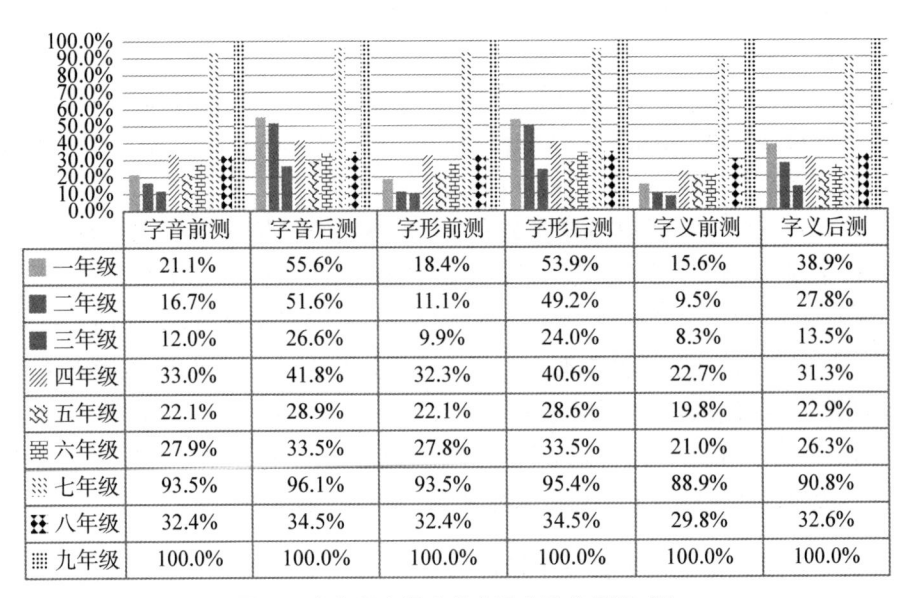

	字音前测	字音后测	字形前测	字形后测	字义前测	字义后测
一年级	21.1%	55.6%	18.4%	53.9%	15.6%	38.9%
二年级	16.7%	51.6%	11.1%	49.2%	9.5%	27.8%
三年级	12.0%	26.6%	9.9%	24.0%	8.3%	13.5%
四年级	33.0%	41.8%	32.3%	40.6%	22.7%	31.3%
五年级	22.1%	28.9%	22.1%	28.6%	19.8%	22.9%
六年级	27.9%	33.5%	27.8%	33.5%	21.0%	26.3%
七年级	93.5%	96.1%	93.5%	95.4%	88.9%	90.8%
八年级	32.4%	34.5%	32.4%	34.5%	29.8%	32.6%
九年级	100.0%	100.0%	100.0%	100.0%	100.0%	100.0%

图10 各年级自闭症儿童识字量前后测对比

2. 不同障碍程度自闭症儿童识字量有所提高

不同障碍程度的自闭症儿童在一学年的识字教学干预后,识字量都有了一定的提升。轻度自闭症儿童在字音方面从79.80%提升至92.57%,在字形方面从78.51%提升至90.89%,在字义方面从67.43%提升至78.51%;中度自闭症儿童在字音方面从46.08%提升至62.47%,在字形方面从48.69%提升至61.16%,在字义方面从35.27%提升至46.44%;重度自闭症儿童在字音方面从5.68%提升至8.67%,在字形方面从5.49%提升至8.77%,在字义方面从3.52%提升至

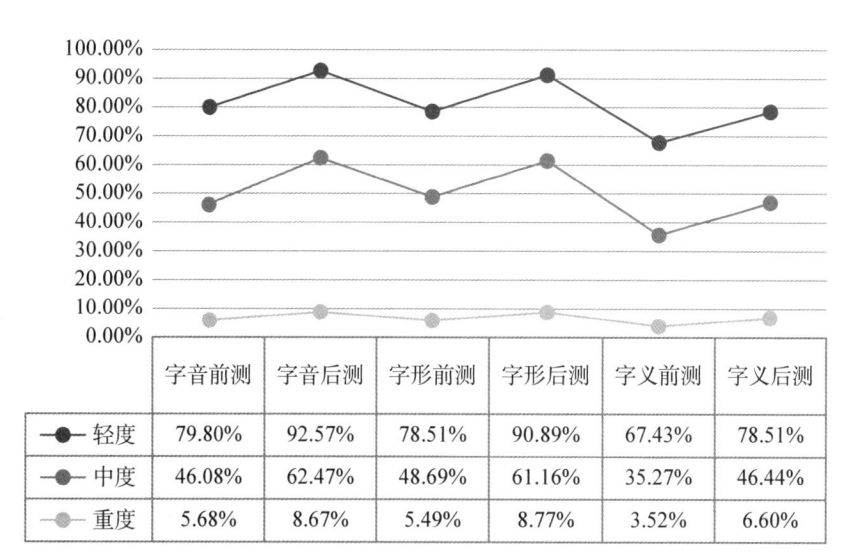

6.60%。不同障碍程度自闭症儿童识字量前后测对比如图11所示。

	字音前测	字音后测	字形前测	字形后测	字义前测	字义后测
轻度	79.80%	92.57%	78.51%	90.89%	67.43%	78.51%
中度	46.08%	62.47%	48.69%	61.16%	35.27%	46.44%
重度	5.68%	8.67%	5.49%	8.77%	3.52%	6.60%

图11 不同障碍程度自闭症儿童识字量前后测对比

创设支持性学习环境对自闭症儿童的集体教学具有积极影响。在这样的环境中，教师理解、尊重并关注自闭症儿童的个体差异，利用符合自闭症学习特点的识字干预策略，从而营造出适宜的学习环境。这种学习环境有助于吸引自闭症儿童的注意力，缓解他们的问题行为，促进他们更好地适应和融入集体教学[11]。同时，支持性学习环境也为自闭症儿童提供了发展潜能的机会，使他们更有动力参与学习并展现自己的优势。

针对自闭症儿童的学习特点和需求，采取个性化识字干预策略可以显著提高教学效果。通过了解每位自闭症儿童的认知水平、学习风格和兴趣爱好，教师可以为他们提供针对性的识字干预策略，使学习过程更适合他们的处事方式。这种个性化的教学方法有助于自闭症儿童更好地参与学习，并在学习过程中取得积极的成果。

四、研究反思

自闭症儿童因其注意力不集中、情绪不稳定、问题行为较多等在集体教育环境下面临着挑战，尽管采用适应的识字干预策略能够一定程度上帮助自闭症儿童提高识字能力，但在实际应用中，仍存在不少不足。

（1）在集体教学环境中，由于教学时间有限，教师面对班级中问题各异的学生时,往往难以为每位自闭症儿童提供充足的个体化关注和支持。因此,一些自闭症儿童可能未能得到针对性的教学和辅导,影响了他们的学习效果和学习积极性。

(2) 对自闭症儿童的识字教学干预建立在其具有一定的认知水平,并且情绪相对稳定的状态下。对于认知水平差或情绪不稳定的自闭症儿童而言,仍未找到有效的识字干预策略。

(3) 针对自闭症儿童的教学需要具备一定的专业知识和技能。然而,在实际教学中,教师可能面临缺乏相关知识和技能的问题,不知道如何更好地应对自闭症儿童的特殊需求。这可能导致干预策略的实施效果不佳,甚至可能产生误解和不适当的教学行为。

(指导专家:马红英)

■ 参考文献

[1] 黄文桥,李欢. 融合教育背景下自闭症谱系障碍儿童语文学业能力研究述评[J]. 现代特殊教育,2019(24):54.
[2] 中华人民共和国教育部. 培智学校义务教育生活语文课程标准(2016年版)[R]. http://www.moe.gov.cn/srcsite/A06/s3331/201612/W020180117596171784593.pdf.
[3] 贾国均. 字理识字教学法[J]. 中国教育学刊,1996(03):44.
[4] 郑婉婷,王薇,徐利敏,等. 5~7岁自闭症谱系障碍儿童环境文字阅读的特点[J]. 心理发展与教育,2022,38(06):822-829.
[5] 王宁. 汉字汉语基础[M]. 北京:科学出版社,1996:78.
[6] 王淑艳. 一笔一道理一字一故事——浅谈长春版语文低年级字理识字教学[J]. 吉林教育,2014:63.
[7] 郭明霞. 自然情境教学在自闭症儿童沟通教学中的应用[J]. 语文课内外,2019.
[8] 薛战英. 情境教学法在自闭症儿童语言教学中的运用[J]. 基础教育论坛. 2021(07):75+77.
[9] 顾秋红. 用心呵护,用爱引导——浅谈训练自闭症儿童语言表达能力的方法[J]. 新作文(语文教学研究),2019.
[10] 李建春. 引导特殊儿童快乐识字的方法研究[J]. 科幻画报,2019(10):1.
[11] 郭旭宁,普迎琦,马静文,等. 三~五年级阅读障碍儿童的识字量和识字错误类型研究[J]. 中国儿童保健杂志,2022,30(12):1315-1321.

RDI游戏教学在自闭症学生数学教学中的运用研究

王　懿[*]

摘　要：自闭症（autism）是一种由于神经系统失调导致的发育障碍，其中社交能力的发展障碍是自闭症患儿的最主要特征。而RDI（人际关系发展干预疗法）就是主要用来发展自闭症患儿的人际交往能力的。研究将RDI游戏与生活数学课程内容相结合，并运用于培智学校高年级段生活数学的课堂教学中。本研究发现：通过RDI游戏提升自闭症学生的人际沟通交往能力，让自闭症学生能参与到集体互动教学中，提高了自闭症学生的数学学习效率和数学成绩，发展了学生的主动性和创造性，能为自闭症学生适应生活、适应社会奠定重要的基础。

关键词：RDI游戏　自闭症学生　生活数学

一、研究背景

近年来，随着自闭症发病率的上升，培智学校中自闭症学生的数量大幅提升。他们逐步成为培智学校的主要受教育对象之一。自闭症学生在数学学习中所需的理解、运算、应用、推理及参与能力上存在一定的问题，有关自闭症学生数学学习的纵向研究表明，在低年级中，大多自闭症学生可以利用机械记忆保持一个相对良好的数学学习表现，但随着年龄的增长，数学学习内容逐渐抽象化与复杂化，使得自闭症学生在数学学习上举步维艰[1]。

自闭症学生个体差异较大，社交障碍又是自闭症学生的核心障碍之一，对于正常人而言，人际关系能力的发展是一个由低级到高级的过程，而各项能力的获得是通过在动态系统中不断地探索而实现的，自闭症儿童通常在这个发展过程的早期阶段就遇到了障碍，可以归结为"失去在动态系统获取成功的动机"，从而导致人际关系能力的发展停滞不前[2]。同伴交往困难使得自闭症学生在数学课堂中往往无

---

[*] 作者单位上海市黄浦区阳光学校

法融入进互动教学,这造成他们的学习变成了简单机械的重复,长此以往,自闭症学生的心智和能力都没有得到足够的发展[3]。

人际关系发展干预活动(relationship development intervention, RDI,又译为"人际发展介入"),以各种广泛性发展障碍者和不明原因的社交障碍者为康复对象,目前被广泛应用于自闭症康复训练。RDI以游戏为主要训练方式,通过精心设计的游戏,让儿童主动参与,在游戏中感受到与他人的互动。在每一级中都尽力发展出经验分享互动。让自闭症儿童增加积极的情绪体验,进而帮助他们发展出表达和交往的能力[4]。

RDI操作中要遵循3个基本原则:①社会参照;②共同调控;③功能运用优于方法。在游戏中,家长与教师并不是主导,自闭症儿童才是"主角"。教师和家长要做的是引导儿童做社会参照,并慢慢要求儿童在练习共同调控的过程中,扮演更重要的角色,来达到沟通与协调彼此的目标[5]。

RDI着重于儿童的精神状态,当儿童能真正享受到互动游戏的快乐,且目光能主动追随他人,此时在游戏中加入学科知识概念就非常容易让儿童理解和接受。外部的RDI活动给儿童提供了一个游戏的场景,而只有自闭症儿童内心世界得到真正发展,他们才会主动去学,而非过去机械听从指令[6]。这点与生活数学的教学理念不谋而合,生活数学主张发展学生独立思维的能力,培养学生主动用数学方法解决生活中问题的能力。RDI的目标并非独立存在的,而是一系列连续的、发展性的目标。这点也适用于生活数学的单元教学设计,单元教学目标是一系列层层递进的教学目标,由浅至深地贯穿了整个单元教学活动。

二、研究设计

研究将RDI游戏与生活数学课程内容相结合,并运用于培智学校高年级段生活数学的课堂教学中。通过提升自闭症学生的人际沟通交往能力,让自闭症学生能参与到集体互动教学中,以此提高自闭症学生的数学学习效率,发展学生的主动性和创造性,为自闭症学生适应生活、适应社会奠定重要的基础。

研究对象为实验班(八年级)自闭症学生。八年级共有6名学生,其中3名是自闭症学生,他们均为中度自闭症伴中度智力障碍。通过调查法,对这3名学生七年级时在数学课堂学习中的表现,结合他们七年级数学期末考核时的反馈结果进行分析。通过家长访谈法,利用问卷收集这3名学生在家中数学学习时出现的问题表现。结合校内外综合信息后,针对3名学生在数学学习时所出现的人际沟通方面的障碍,结合《生活数学课程标准纲要》设计匹配教学内容的RDI游戏以运用于数学课堂教学中。在2021年9月,对实验班进行RDI游戏教学在数学课堂教学中的实践研究。经过一个学期的实践行动。根据这一学期中3名学生的课堂表现、阶段考核以及期末考核结果进行分析,对RDI游戏进行调整,再调整后,于2022年2月,将实验对象扩大到高年级段的全部3个班级,再经过一个学期的实践行动后,汇集所有的反馈结果。对研究做归纳总结。

三、研究结果

(一)自闭症学生在数学学习中的困难表现及原因分析

1. 自闭症学生在数学学习中出现的问题

根据3名自闭症学生在七年级时的数学课堂学习表现,结合学生期末考核表现以及家长访谈结果。3名自闭症学生课堂教学时和家庭联习时的数学学习情况分别见表1和表2。

表1 八年级自闭症学生数学学习情况(课堂教学时)

学生姓名	已掌握的数学能力	课堂教学时出现的问题
小Z (中度自闭症伴中度智力障碍)	1. 能独立进行百以内的加法、减法以及加减混合运算; 2. 掌握表内乘法口诀,会进行表内乘法计算	1. 不会运用加法、减法以及加减混合运算解决简单实际问题; 2. 对同伴无动于衷,在小组合作练习时,往往独处而不动; 3. 不会参与到集体互动教学中去,如在认识账单的课程中,模拟生活课堂"我会付电费",该生全程游离在外,参与度很差
小Q (中度自闭症伴中度智力障碍)	1. 能独立进行百以内的加法、减法以及加减混合运算; 2. 掌握表内乘法口诀,会进行表内乘法计算	1. 不会运用加法、减法以及加减混合运算解决简单实际问题; 2. 不会和同伴合作,在小组合作练习时,往往全部自己独自完成,不管正确与否; 3. 在集体互动教学中参与度很低,如在认识账单的课程中,模拟生活课堂"我会付电费",该生只是机械地跟随他人,将单据交给他人后,没有任何其他行为
小N (中度自闭症伴中度智力障碍)	1. 能独立用计算器进行百以内的加法、减法以及加减混合运算; 2. 能独立用计算器进行表内乘法计算	1. 不会运用加法、减法以及加减混合运算解决简单实际问题; 2. 在巩固练习时,不明白教师下的指令,多次出现独自干坐的情况; 3. 不会参与到集体互动教学中,有时还会有一些情绪问题

表2　八年级自闭症学生在家中数学学习情况(家庭练习时)

学生姓名	能完成的家庭练习	家庭练习时出现的问题
小Z (中度自闭症伴中度智力障碍)	1. 自己进行计算练习； 2. 自己能独立背诵乘法口诀	1. 不会用数学解决生活问题； 2. 不能和父母进行口诀接龙练习
小Q (中度自闭症伴中度智力障碍)	1. 自己进行计算练习； 2. 自己能独立背诵乘法口诀	1. 不会用数学解决生活问题； 2. 不会和父母一起玩数学游戏，如利用乘法快速说出有多少块积木，该生全程无动于衷
小N (中度自闭症伴中度智力障碍)	能用计算器完成计算作业	不会和父母一起学习，有时会爆发一定的情绪问题

2. 针对自闭症学生数学学习困难的原因分析

结合3名自闭症学生在课堂教学中出现的数学问题以及他们在家中数学练习时出现的问题，发现这3名自闭症学生在数学学习时都有着类似的问题。

(1) 3人几乎都是只会机械地计算，不会在生活中运用已经习得的数学技能(计算能力)来解决问题。

(2) 3人都不会和同伴合作，小组练习表现非常不好。

(3) 3人都不适应集体互动教学，对生活化的课堂模式毫无感觉，参与度极低，根本无法通过此模式得到数学能力的锻炼和提升。

而造成3名自闭症学生在数学学习时出现以上困难的原因正是由于他们人际沟通方面的缺陷。自闭症学生教学学习困难情况以及对应的人际沟通缺陷见表3。

表3　自闭症学生数学学习困难情况以及对应的人际沟通缺陷

数学学习出现的困难	人际沟通方面存在的缺陷
只会机械计算，不会解决生活问题	不会自主总结，归纳总结能力的缺失
不会和同伴合作，小组练习表现差	不能维持对他人的注意力；不能理解同伴的要求；情感参照能力的缺失
不适应集体互动教学，参与程度极低	不会与人进行互动；社会性调试能力的缺失

(二) 针对自闭症学生数学学习困难表现进行RDI游戏设计

3名自闭症学生在人际沟通方面的缺陷，导致他们不会与同伴合作，进行小组练习,也不适应集体互动教学。而缺乏对知识的归纳总结能力又使得他们在实际生活中运用数学解决问题的能力很差。对应《培智学校生活数学课程标准纲要》中"常见的量""数与运算""图形与几何""统计""综合与实践"这5个部分的课程内容,自闭症学生最欠缺的就是"综合与实践"部分,通过对教学目标的分析,结合课程内容,设计应用于高年级段生活数学课堂教学的RDI游戏。课程内容及教学目标见表4。

表4 《生活数学课程标准纲要》高年级段"综合与实践"的课程内容及教学目标

课程内容	教学目标
根据实际情况,会进行购物	能看懂日常生活中的收银条,进行超市购物
能看懂日常生活中的简单账单	能看懂日常生活中的账单,进行付款
能看懂日常生活中常见的时刻表和作息时间表	看懂日常生活中常见的时刻表和作息时间表
根据生活实际,会合理安排作息时间	能合理规划时间,根据实际情况制定作息时间表
在实践活动中,会称出物体的质量,并作记录	能正确称出物体的重量,并进行记录
在实践活动中,会量出物体的长度,并作记录	能正确量出物体的长度,并进行记录
在实践活动中,会量出物体的容积,并作记录	能正确量出物体的容积,并进行记录
能把生活中的数据进行整理,会用简单条形图的方式呈现,并作出简单的判断	能经历数据整理的过程,制作条形统计图

根据生活数学课程安排,计划对3名自闭症学生进行每周4次的RDI训练。每3个星期进行一次阶段考核。具体结合课程内容设计的RDI游戏见表5。

表5 结合"综合与实践"课程内容的RDI游戏设计

教学内容	RDI游戏设计	拟解决的数学问题
根据实际情况,会进行购物	游戏:"我是收银员" 游戏2人一组,一名自闭症学生,一名其他智力障碍学生。 游戏要求:先由自闭症学生扮演顾客,可以挑选自己喜欢的商品,进行付款。再进行角色互换,由自闭症学生扮演收银员,为顾客进行价格计算	通过与同伴角色扮演,帮助自闭症学生学习在收银条中获取数学信息;练习在实际生活情境中使用计算技能解决问题

（续表）

教学内容	RDI游戏设计	拟解决的数学问题
根据生活账单，进行付款	游戏："填写生活账单" 游戏2人一组，一名自闭症学生，一名其他智力障碍学生。 游戏要求：两名学生在两张同样的生活账单上找寻相关的数学信息并合作填写，找出需付的金额后进行支付计算	通过参照同伴行为，帮助自闭症学生练习从生活账单中找寻数学信息；练习用计算能力解决实际问题（付款，找零）
看懂日常时刻表	游戏："欢乐马戏团" 游戏2人一组，一名自闭症学生，一名其他智力障碍学生。 游戏要求：由自闭症学生与另一名智力障碍学生合作，根据马戏团的表演，制作一张马戏时刻表	帮助自闭症学生学习如何看懂时刻表，并通过与同伴合作体验如何在生活中应用时刻表
制定作息时间表	游戏："我的一天" 游戏2人一组，一名自闭症学生，一名其他智力障碍学生。 游戏要求：由自闭症学生与另一名智力障碍学生合作，根据校园活动内一天的生活，制定一张自己的作息时间表	帮助自闭症学生通过同伴协作学习如何合理安排作息时间
我会称体重	游戏："称一称" 游戏2人一组，一名自闭症学生，一名其他智力障碍学生。 游戏要求：由自闭症学生与另一名智力障碍学生合作，根据体重的数值，填写自己的健康档案	帮助自闭症学生通过同伴协作学习如何正确测量体重，了解自己的健康状况
我会量身高	游戏："量一量" 游戏2人一组，一名自闭症学生，一名其他智力障碍学生。 游戏要求：由自闭症学生与另一名智力障碍学生合作，根据身高的数值，填写自己的健康档案	帮助自闭症学生通过同伴协作学习如何正确测量身高，了解自己的健康状况
生活中的"容积"	游戏："流水线" 游戏2人一组，一名自闭症学生，一名其他智力障碍学生。 游戏要求：由自闭症学生与另一名智力障碍学生合作，根据要求灌入不同容积的物体	帮助自闭症学生通过同伴协作学习如何正确地量出物体的容积
简单的条形统计图	游戏："我来订牛奶" 游戏2人一组，一名自闭症学生，一名其他智力障碍学生。 游戏要求：由自闭症学生与另一名智力障碍学生合作，完成统计的收集、处理数据工作，并制作成条形统计图	帮助自闭症学生通过同伴协作学习如何进行数据的收集整理，并学习制作条形统计图

(三) 在生活数学教学中运用 RDI 游戏后的成效

1. 自闭症学生的数学课堂学习效率得到提升

在过去,许多自闭症学生不喜欢上数学课,相对于语文学科的认读、抄写,随着课程难度的增加,抽象的数学知识让许多自闭症学生感到厌烦。家长的不理解,一味地要求他们多练习,也让自闭症学生在机械的计算道路上越走越远。在数学教学中实施了 RDI 游戏教学后,这些情况得以了改善。

有的自闭症学生因为以上原因产生了厌烦数学的心理,在数学课堂上参与度弱,学习的效率非常低。在使用 RDI 游戏教学后,小组合作的游戏形式,帮助他们慢慢学习如何与同伴建立关系,他们开始能够跟随同伴一起参与数学练习,课堂参与度越来越高,也逐渐培养了运用数学技能解决问题的能力。在数学课上,不再是呆呆地茫然四顾,脸上也有了笑容,数学学习的效率逐步提高。结合自闭症学生过去的课堂表现,由任课老师对他们的课堂活动参与程度和活动完成程度进行反馈评价(0～5 分,由低到高),课堂表现对比见表 6。

表 6　八年级自闭症学生数学课堂表现对比

学生姓名		使用 RDI 游戏教学前	使用 RDI 游戏教学后
小 Z	课堂活动参与程度	1	4
	活动完成程度	2	5
小 Q	课堂活动参与程度	1	4
	活动完成程度	1	4
小 N	课堂活动参与程度	0	3
	活动完成程度	0	3

研究结果表明:通过在数学课堂教学中应用 RDI 游戏,自闭症学生在数学教学的课堂反馈中表现良好。主要体现在以下两个方面:①自闭症学生的课堂活动参与度大幅提升,改变了过去在小组教学和集体互动教学时,自闭症学生游离在外得不到练习锻炼的情况;②自闭症学生的活动完成度大幅提升,提升了自闭症学生应用数学技能解决实际问题的能力。

2. 自闭症学生应用数学解决生活问题的能力得到提升

在运用 RDI 游戏教学之前,高年级自闭症学生存在数学学习困难,运用数学解决生活问题能力差的普遍现象。部分学生畏惧数学学习,存在回家后逃避家庭作业,不愿意参加学业考核等情况。

经过为期近一个学年(两个学期)的课堂实践,学生对于数学学习的成效有目共睹。通过两个学期的考核对比(包括阶段考核、期末考核)。任课老师进行打分,(0~5分,由低到高),具体反馈情况如图1~图3所示。

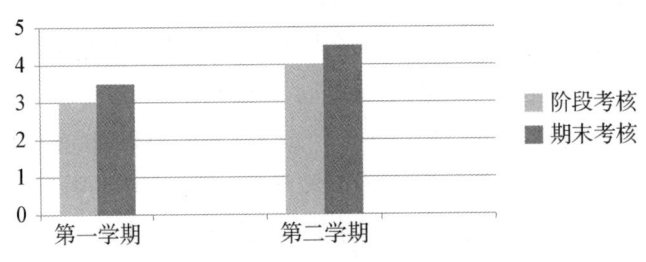

图1 七年级学生2021学年教学反馈情况

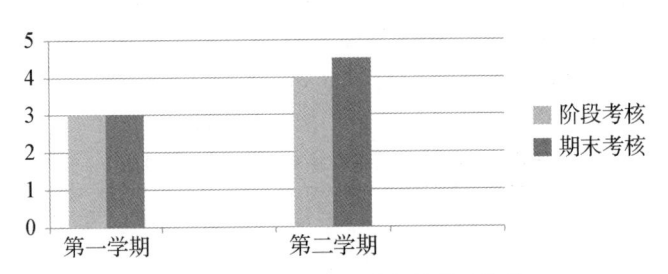

图2 八年级学生2021学年教学反馈情况

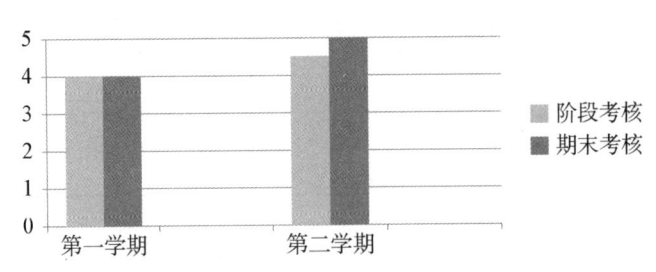

图3 九年级学生2021学年教学反馈情况

通过对比研究前后两个学期的考核结果,高年级段三个年级的自闭症学生在数学教学中应用RDI游戏教学后,第二学期的阶段考核、期末考核均高于第一学期。效果比较明显。

同时,在数学教学中运用RDI游戏教学,提升了自闭症学生的人际沟通能力,很好地激发了自闭症学生学习数学的兴趣,提高了自闭症学生学习数学的成效,为将来适应社会打下基础。根据家长反馈,学生在生活中开始慢慢会用数学的头脑解决问题,具体反馈情况见表7。

表7 八年级自闭症学生在生活中运用数学的表现

学生姓名	在生活中运用数学解决问题的表现
小Z	帮助家中整理生活账单并根据账单进行付费 进行网上购物,挑选商品并付费
小Q	到超市挑选商品并付费 制作了统计表记录家中日常物品储备
小N	能去超市购物并付费 制定了生活作息表,在双休日帮助家中进行劳动

这些反馈情况正对应了生活数学的教学初衷,利用数学帮助解决生活中的问题,为学生们将来的生活求学打好了基础。

四、讨论

(一) RDI 游戏设计的注重要点

1. 在设计 RDI 游戏时,围绕"知识重点"

RDI 游戏是根据生活数学课程内容所设计的,目的是通过提升自闭症学生的人际沟通能力,改变过去自闭症学生在课堂学习时的那种孤独状态。让他们参与到集体互动教学中来,能够更好地学习、掌握学到的数学知识,并应用于解决生活问题。所以 RDI 游戏的核心内容是所教授内容的数学知识点,游戏的一切都要围绕新授知识的重难点而展开。当学生能够在游戏中自主探索,那学生的思维就会高效地进行思考。

比如,在根据课程内容"进行购物预算"设计 RDI 游戏时,课程内容的重点是根据含有小数的商品价格计算总价和找零。游戏的要求就是自闭症学生与同伴小组合作进行总价和找零的计算。

在这整个游戏活动中,教师处于引导的位置,一切围绕教学重点,引导学生思考用什么数学方法来计算总价和找零,并正确进行计算。这样才能提高学生的学习热情,保持良好的课堂氛围。

2. 根据不同程度的学生反馈情况及时调整 RDI 游戏的难易度

(1) 为中度自闭症学生提高游戏难度。通过研究发现,对于中度自闭症学生,他们参与游戏的程度和游戏的完成程度都非常好。针对这类学生，要根据学生情况提高游戏的难度，可以让自闭症学生担任主导，并将2个小组合并成4人的一个大组，进一步提高自闭症学生在集体互动教学中的数学学习。通过提高游戏难度，增加游戏要求，让能力较好的自闭症学生能够得到更多的锻炼，既让游戏的成果形式变得更多样化，也帮助自闭症学生进一步巩固练习学到的数学技能，使他们对学习数学更加有兴趣。

（2）为重度自闭症学生降低游戏要求。对于重度自闭症学生，他们参与游戏的程度和游戏的完成程度相对要差，基本属于被动跟随。针对这类学生，要根据学生情况降低游戏的难度，减少游戏的时长，避免学生发生情绪问题。对重度自闭症学生主要强调对同伴的跟随，让他们在跟随的过程中练习所学的内容。对于重度自闭症学生，还要注意增加完成游戏后的奖励刺激，在游戏活动初期，当学生正确完成练习时，要及时给予学生肯定以示鼓励，随着能力的提升再逐步延长奖励间隔，让学生逐步适应集体教学。通过调整游戏规则，帮助重度自闭症学生适应团体游戏中的角色定位，能够改变他们原先在团体游戏中参与度低的状况。增加他们对同伴的参照，这样能更好地在团队教学中练习并巩固所学的数学知识。

（二）RDI 游戏在生活数学教学中的实施策略

1. 在进行 RDI 游戏中，强调"生生互动"

RDI 游戏在课堂教学中的应用，实质上就是在课堂内为自闭症学生创造一个"学习小组"。小组学习利于学生社会化发展，提高学生成绩，发展学生的主动性和创造性，对学生心理和人格的健康成长有较大意义。同时现代心理学研究指出，课堂上的3种教学过程分别为合作、竞争、个人学习，其中合作是对学生帮助最大的教学方式[7]。

利用班内原有的良好基础（一些乐于帮助他人的能力较好的学生），与自闭症学生结成对，既能帮助自闭症学生提升人际沟通能力，又能进行数学知识技能的练习。小组互动不仅可以是组内的，也可以是组与组之间的竞争互动。学生对组与组之间的竞争会积极参与。这也使得 RDI 游戏的调整空间变得很大，任课教师可以随时根据自闭症学生的学习表现调整游戏的模式和难易度。

比如，在新授课"收银条"中，原来采用的 RDI 游戏是小组合作在收银条中寻找数学信息，完成价格计算。根据学生完成情况，可进行两个小组的速度比赛，比一比哪个小组又快又正确地计算出价格。

这样以小组形式为学习群体，在教师的引导下进行组内的互教、互学、互帮。组内互动过程中，掌握较好的学生的知识再次得到巩固，之前未稳定掌握的学生通过同伴帮助,也对知识有了进一步的掌握。

2. 在作业反馈环节中,重视"家校联动"

学习从来都不仅是学校老师单方面的工作,一个良好的学习氛围是家庭和学校互相支持的良性循环。想要学生有更好的发展,家庭与学校的良好联动就是必不可少的,对于 RDI 游戏的应用,更要特别强调家长的参与。

在教学过程中,课后反馈也是极其重要的一个环节,利用网络平台,教师可以和家长互动,给家长发放教学指导,让家长了解在家中如何开展 RDI 游戏与自闭症学生进行互动。家长同样可以通过平台向教师反馈学生在家中的学习情况,反馈形式以小视频形式为最佳,这样任课教师能直接清晰地了解到自闭症学生在家中应用 RDI 游戏进行数学练习的情况,及时了解学生对游戏的反馈情况,以便对游戏做出调整。家庭练习内容的设定应以教学内容和教学目标为基础,紧密结合生活实际,确保练习内容与日常生活息息相关,并以满足生活需求为导向。比如,教师在教授"看懂日常时刻表"时,在课后作业布置中,通过网络平台发放作业任务,要求学生与家长一起,为自己的周末生活制定一张家庭时刻计划表。反馈的方式可以是照片模式,也可以采取录音模式。

这个作业任务的布置,充分考虑了每个家庭的独特性,除去每人每天必须做的主要事件外,每个家庭根据实际情况,制定属于自己的时刻表。在这个环节应用 RDI 游戏布置作业任务,既增加了学生与父母之间的情感交流,还让学生深刻体会到这些数学知识是直接与我们日常生活紧密相连的。

五、反思

(一)研究存在的问题

1. 研究对象过于单一化

本次研究的对象多是中度自闭症学生,且为本校高年级段学生,通过研究发现 RDI 游戏教学在数学课堂教学中的应用对中度自闭症学生效果较好,而对于重度自闭症学生,其成效则相对有限。对于低年龄(中年级段、低年级段)的自闭症学生,RDI 游戏是否也适用于数学课堂教学还有待进一步研究。

2. RDI 游戏的设计还不够灵活

这次研究在 RDI 游戏的设计上还存在着一些不足,具体出现的情况有:部分 RDI 游戏设计的时间较长,而课堂时间有限,因此完成效果不好。在课堂教学中设计 RDI 游戏活动,要考虑整个数学课堂的节奏性,设计的活动时间应在 10~15 分钟为宜。再有对于临场的变通不够,在自闭症学生刚开始接触 RDI 游戏时,要及时针对学生反馈情况调整游戏的难易度。针对自闭症学生的实际情况,需要制定更为贴合他们需求的教学和游戏设计,以确保取得更好的教学效果。

3. 在家校联合上做得还不够

RDI 游戏的干预,离不开家庭的作用,此次研究在家校联合上做得还有不足。对于 RDI 游戏的实施方式,对家长的指导不够完善,导致许多家长对自己的角色和责任不够清晰,仅仅是简单地协助自闭症学生完成作业。此外,一些家庭由于特殊情况(如孩子与老人同住),课后反馈不及时且准确性有待提高。这些问题都值得我们深思,我们需要探索更有效的策略,以确保家校之间能够实现全方位的紧密联动,从而更好地促进 RDI 游戏干预的效果提升。

4. 评价标准过于粗糙和单一

对自闭症学生数学学习成效评价,当前仅依赖任课教师打分的形式,评价内容多取决于考试成绩。生活考核占比较低且过于主观,没有统一的评价标准。未来研究应探索多元化的评价方式,从学业、生活多个方面对自闭症学生的数学学习进行考核;同时增加生活考核的占比,建立完善的评价制度,应更强调数学在生活中的实际应用,特别关注学生是否能独立与人沟通,以及他们是否能灵活运用数学知识解决实际问题,从而更全面地体现数学学习的生活性。

(二) 今后设想

根据培智学校生活数学课程标准中课程目标结合教学内容,制定更贴切,更适用的游戏。在游戏设计上,充分考虑重度自闭症学生的特殊需求和能力,为他们单独设计能够契合其能力的游戏活动。继续思考如何兼顾各年龄段的自闭症学生,可以在低年级段采取走班制,将 3 个年级的自闭症学生集合起来,单独以一堂课来进行 RDI 游戏教学。同时加强家校合作,为家长提供 RDI 游戏培训,鼓励家长每周在家中和学生进行练习,并每周通过视频反馈学生的学习情况。在家校开放活动中,邀请家长参与课堂教学,共同营造温馨包容的学习环境。

(指导专家:昝飞)

■ 参考文献

[1] 王云峰. 自闭症儿童数学教学有效策略的研究综述[J]. 中国特殊教育,2017(9):53-54.
[2] 连福鑫,王雁. 融合环境下自闭症谱系障碍儿童社会交往同伴介入干预研究元分析[J]. 教

育学报,2017,13(03):79-91.

[3] 熊絮茸,谢丽霞,李梦凡,周雨凝.自闭症谱系障碍儿童社会交往的同伴介入策略研究[J].绥化学院学报,2015,35(01):91-96.

[4] Steven E. Gutstein.解开人际关系之谜[M].欧阳佩婷,何修瑜,译.台北:智园,2010.

[5] [美]英格索尔.自闭症儿童社交游戏训练[M].郑铮,译.北京:中国轻工业出版社,2012.

[6] 王梅.自闭症儿童情绪调整与人际交往训练指南[M].北京:中国妇女出版社,2009.

[7] 曾碧兰.在自闭症学生数学教学中的互动教学策略[J].科教导刊,2016(2):105-106.

运用"涂鸦"手段支持自闭症学生美术学科融合教育的个案研究

朱莹姣[*]

摘　要：本研究以罗南中心校特教班两位自闭症学生为个案，运用"涂鸦"手段支持其在美术学科开展融合教育研究。对个案状况全面评估分析，针对其爱好美术绘画的特点，制定出针对性小学美术教学的干预计划，运用行动研究法、个案研究法、比较法等，通过普教特教教师合作教学，从特教班教学、小组教学、普通班集体教学分层推进，促进两个案在语言交流能力，社会交往能力和动手绘画能力方面均得到改善与发展。本研究结果显示，运用"涂鸦"手段支持自闭症学生美术学科融合教育有可行性。

关键词：自闭症学生　美术学科　融合教育　涂鸦

一、引言

（一）研究背景

融合教育是今后教育发展的一大趋势，平等接纳每一位特殊学生是每一所公办普通学校的责任与使命。但随着自闭症学生增加，因其存在较多的情绪行为问题，融入普通教育存在较大困难。

宝山区罗南中心校作为一所公办普通小学，校内不仅有随班就读学生，目前还设有2个特教班，招收包含自闭症学生在内的中重度智力残疾学生。笔者作为罗南中心校一名美术教师，不仅担任低年级美术教学，也担任特教班的美术教学，我一直在思考如何让特教班自闭症学生也能参与到普通课堂中共同进行美术学习，并就此展开一系列美术学科融合教育的实践研究。

---

[*] 作者单位上海市宝山区罗南中心校

(二) 文献综述

1. 国内研究现状

本人在知网中在知网中用关键词"自闭症儿童"和"小学美术教学"搜索,没有发现相关研究,但是针对自闭症儿童和美术治疗的相关研究有 17 篇学术期刊和 16 篇学位论文。用关键词"融合教育""自闭症学生"搜索,共有相关学术期刊 164 篇,其中与"小学美术教学"直接相关的内容仅有 1 篇,张艳 2021 年发表的硕士论文《融合教育背景下适用于自闭症儿童的小学美术教学个案研究》。

由此可见,虽然现在社会宣传和各方政策上都加大了对融合教育和自闭症儿童的关心和努力,但关于具体如何在普通学校中实施融合小学美术学科教育的相关研究较少。因此本课题运用"涂鸦"手段支持自闭症学生美术学科融合教育的个案研究具有一定的研究意义。

2. 国外研究现状

由于可借鉴的自闭症学生美术教学研究较少,因此我对自闭症学生美术治疗的文献进行了检索分析。欧美国家对自闭症儿童美术治疗的方式主要有 3 种:①美术治疗分析;②美术心理治疗;③强调美术治疗创作过程,分析创作动态和自闭症儿童对作品的反映。美术治疗不强调美术技能的学习,它的首要功能是表达。(张艳,2022)[1]罗恩菲德说:"孩子只会画在他们脑子里活跃的事物。正因如此,绘画变成一个极好的工具,可以让孩子在画中描绘那些对他有重要意义的事物。所有的孩子们在被动的情况下所觉知的东西都要比他们需要的还多。"[2]

由此可见,美术治疗为自闭症儿童康复提供了理论基础和实施方案,可以为本研究提供参考。开展美术学科的融合教育实践研究,融入美术治疗理念,能帮助增强自闭症学生的语言与非语言表达能力,帮助他们更好地融入学校生活。

(三) 关键词界定

1. 自闭症学生

自闭症有明确的医学界定,也称自闭症,是广泛性发育障碍(pervasive developmental disorder, PDD)的代表性疾病。主要特征是漠视情感、拒绝交流、语言发育迟滞、行为重复刻板以及活动兴趣范围的显著局限性,一般在 3 岁以前就会表现出来。自闭症者"有视力却不愿和你对视,有语言却很难和你交流,有听力却总是充耳不闻,有行为却总与你的愿望相违……"人们无从解释,只好把他们叫作"星星的孩子"——犹如天上的星星,一人一个世界,独自闪烁。

本研究中的自闭症学生就读于普通小学特教班,均有儿童自闭症的医学诊断。

2. 美术学科

美术课程具有人文性质，以对视觉形象的感知、理解和创造为特征，是学校进行美育的主要途径，是九年义务教育阶段全体学生必修的艺术课程。在实施素质教育的过程中，具有不可替代的作用。

3. 融合教育

融合教育指的是将身心障碍儿童和普通儿童放在同一间教室一起学习的方式，它强调为身心障碍儿童提供正常化的教育环境，而非隔离的环境，在普通班中提供所有的特殊教育和相关服务措施，使特殊教育及普通教育合并为一个系统。融合教育已是世界潮流，融合教育在国外行之有年，目前较有成的国家有加拿大、美国、西欧诸国、纽西兰、澳洲，日本也在逐渐推广中。中国的融合教育以普通学校随班就读以及特教班的形式存在。

4. 涂鸦

涂鸦定义有很多，一般指在公共、私有设施或者墙壁上人为和有意的标记。涂鸦可以是图画也可以是文字。涂鸦原本是人们不分场合、出于不同目的、随意取材、信手涂抹的行为状态，后来发展为一种以绘画和书法为主体的边缘艺术样式。[3]

本课题中的"涂鸦"指用各种色笔在纸上任意涂抹的行为，运用"涂鸦"手段支持美术教学，以自闭症学生实际造型能力为起点，使学生的绘画内容和现实生活之间构建一定的联系，鼓励自闭症学生参与到绘画中，激发其对美术的兴趣。在涂鸦中，帮助其感受、表达情绪，改善其不当行为。从而对其不良情绪进行安抚疏导，规范自己的行为，更好地帮助自闭症学生参与到集体课堂教育，推进融合教育。

二、研究设计

（一）研究对象

本研究采取个案研究的方法，针对普通学校特教混龄班的两位自闭症儿童，开展运用"涂鸦"手段支持自闭症学生美术学科融合教育的实践研究。

两位个案基本情况如下。

1. 个案步步

女，二年级，轻度自闭症，能够听懂简单指令，情绪稳定，父亲从事绘画相关工作，拥有较多的画画时间。孩子本身能绘画基本几何图形，如圆形、方形、三角形等，能涂色，但不能在规定范围内涂色，会涂出范围。个案步步评估基本信息见表1。

表1 个案步步评估基本信息

项目	评估工具	评估时间	评估地点	评估人员	评估结果	结果分析
智力测试	WICS—R（智能测验报告）	2020年5月23日	上海市精神卫生中心	医生：于芳	语言IQ：50 操作IQ：57 总IQ：48	优势：能在提示下保持安静
社会适应能力	学生社会生活能力量表评定	2020年5月23日	上海市精神卫生中心	医生：于芳	总分：48 标准分：7 等级划分：中度	优势：能独立上厕所，能在保育员的协助下洗手和吃饭

2. 个案灏灏

男，三年级，中度自闭症，能听懂简单指令，但情绪不稳定，刻板行为严重，会突然发脾气。口齿不清，只能说2~3字的词语。比较喜欢画线条形的物品，如房子、机器人，但不爱画圆，涂色能力较弱，无意识涂色。个案灏灏评估基本信息见表2。

表2 个案灏灏评估基本信息

项目	评估工具	评估时间	评估地点	评估人员	评估结果	结果分析
智力测试	WICS—R（智能测验报告）	2019年5月25日	上海交通大学医学院附属新华医院	—	语言IQ：68 操作IQ：76 总IQ：69	优势：手部操作动作比较灵活，会拼图
社会适应能力	学生社会生活能力量表评定	2019年5月25日	上海市精神卫生中心	医生：高荣新	总分：57 标准分：8 等级划分：轻度	优势：能独立上厕所，能在保育员的协助下洗手和吃饭

（二）研究内容

1. 研究目标

本课题试图以特教班的两位学生为个案，通过美术课堂的教学与实践调整，用"涂鸦"手段，支持其到普通班级内接受美术融合教育，为他们与普通学生的沟通搭建桥梁。

2. 研究内容

（1）开展小学美术学科融合教育前期准备和支持条件探索，探索通过"涂鸦"手段支持对自闭症学生美术教育的可行性。

（2）观察与记录两名不同程度的自闭症学生的课堂行为与情绪，通过功能分析、行为矫正，提升自闭症学生融入普通班级进行美术学科学习的参与度与获得感。

（3）通过分阶段运用"涂鸦"手段支持，开展小学美术融合教育教学实践，探究个案的发展状况，促进学生精细动作、手眼协调能力的发展，提升造型与表现能力。

（三）研究方案

本研究从 2021 年 9 月开始至 2023 年 3 月左右结束，研究者共进行了 4 个学期的干预教学。主要分为以下 3 个阶段进行。

1. 通过特教班美术集体课教学，了解个案的课堂学习情况

与 2 位自闭症学生在他们熟悉的环境内与孩子进行教学实践磨合。针对 2 位自闭症学生的学情分析，情绪上灏灏在特教班级内情绪波动较大，情绪稳定时能跟上教师简单的指令进行模仿"涂鸦"。步步相对较为稳定温和，有时能跟笔者进行互动交流，能按照指令完成自己的"涂鸦"作品。

2. 两名自闭症学生组成小组上美术准备课，为融入普通班美术集体课打基础

根据 2 位自闭症学生的学情，结合普教的美术课内容，开展小组课（建造特教班美术课到普教美术课的连接）。小组课在影子老师陪同下进行，包含指令模仿、课堂节奏、美术简单技巧的练习。因为自闭症学生的美术知识与绘画技能比普教的学生薄弱许多，即使他认识颜色，能分清，但是理解速度上仍不一样，需要提前准备与适应。

3. 融入普通班美术集体课，提供适当支持，评估融合教育效果。

根据小组上课的实践情况反馈，观察两位自闭症学生的情绪反馈和"涂鸦"作品反馈，在个案能模仿教师指令，了解基本美术课堂的节奏，学会美术简单的涂色技法后，在影子老师陪同下，带个案进入普通学生班级进行美术学科融合教育的实践，尝试同步普通学生美术课堂实践步骤，听指令，模仿完成"涂鸦"作品。

三、研究结果

（一）小学美术学科融合教育需要充分的前期准备和必要的支持条件

1. 普通班学生的融合教育准备

自闭症学生想要融入普通班上美术课，普通班的学生要有一个充分接纳的心态。研究者和班主任合作，为普通班学生开设融合心理课，进行心理建设，让普通学生先了解自闭症，理解自闭症学生的困难，做好心理预设，对自闭症的学生可能

会发出声音,会走动,会有一些不恰当的肢体接触这些行为有一些了解,请普通学生理解自闭症学生无法控制自己的行为,与他们友好相处,并鼓励普通学生在不影响自己上课的前提下,尽可能帮助自闭症学生。

2. 自闭症学生的融合教育准备

自闭症学生的融合教育准备可能会更艰难。研究者先通过在特教班上课,与2位自闭症学生在他们熟悉的环境内进行教学实践磨合;然后在小组内进行准备课,初步让学生对美术课教学有一定的结构化理解;最后再到把他们带进普通班上课,这样才能较好跟上普通班级学生的学习速度,同时也能有效地参与一定的美术课堂环节。

3. 必要的支持条件

真正进入普通班融合,还需要必要的支持条件,第一是年级的选择,两位个案已经是二、三年级的学生,但我们还是选择了一年级的普通班进行融合,这样能力差距不是很大;第二是两位学生的座位安排,一方面要尽可能减少对普通班正常教学秩序的影响,同时也要照顾到自闭症学生的学习机会;第三是合作学习,把他们编入普通学生的合作小组中,为他们选好善于助人的助学伙伴,通班支持对他们的学习也很有帮助;最后是影子老师的参与与支持也很重要,影子教师有特教专业技能,带个案进入普通班进行美术学科融合,关注课堂行为问题,及时进行矫正,并要与任课教师充分沟通,尝试同步普通学生美术课堂实践步骤,帮助学生学会听指令,进行模仿,最终才能完成"涂鸦"的学习任务。

(二) 通过全方位评估,了解自闭症学生融合教育需要

第一阶段特教班上课,研究者以评估学生课堂学习能力为主。针对2位自闭症学生的学情分析,情绪上灏灏在特教班级内情绪波动较大,情绪稳定时能跟上教师简单的指令进行模仿"涂鸦"。步步相对较为稳定温和,有时能跟笔者进行互动交流,能按照指令完成自己的"涂鸦"作品。两位个案美术技能与素养评估情况见表3。

表3 两位个案美术技能与素养评估情况

姓名			灏灏	步步
姓别			男	女
年级			三年级	二年级
认知涂鸦基础	颜色	红、黄、蓝	认识	认识
		橙、紫、绿	不认识紫	认识

(续表)

		黑、白	认识	认识
		灰、棕	不认识棕	认识
	图形	圆、三角形	独立画	独立画
		正方形、长方形	模仿画	独立画
		爱心	模仿画	独立画
		梯形	不认识	不认识
		五角星	认识	认识
	动物	猫、狗	认识	认识
		兔子、鸟	认识	认识
		大象、狮子	认识	认识
		马、蛇	认识	认识
	植物	花	独立画	独立画
		草	独立画	独立画
		树	认识	认识
小肌肉控笔能力		握笔姿势	不正确	正确
	绘画线条	直线	独立画	独立画
		曲线	模仿画	模仿画
		虚线	不能画	模仿画
	涂色方式	均匀程度	均匀	均匀
		同一方向	无规律	规律
		平涂	模仿画	独立画
		圈图	模仿画	模仿画
社交互动		目光追视	≈10 秒	≈1 分钟
		指令理解	理解 1 步骤的指令	理解 2 步骤的指令
		语言表达	能够回答简单问题"这是什么"	能够回答简单问题。偶有自发性描述,如"红色的花"
		情绪行为	能等待 5~10 秒,情绪波动较大	能等待 30 秒~1 分钟,偶情绪波动
		模仿	语言/非语言提醒,观察 3 遍后能简单模仿	语言/非语言提醒,观察 1 遍后能简单模仿

只有通过全方位的评估,才能更好地制定个别化教育计划,才能了解自闭症学生融合教育的需要,才能开展美术学科融合教育教学的实践,并取得成效。

(三)小组课为个案融入普通班小学美术教学打下基础

第二阶段把两名自闭症学生组成小组上美术准备课,准备融合课堂教学所必需的技能。

因为自闭症学生的美术知识与绘画技能比普教的学生薄弱许多,即使他认识颜色,能分清,但理解速度上仍不一样,是需要适应的。所以根据2位自闭症学生的学情,结合普教的美术课内容,开展小组课教学,连接特教班美术课与普教班美术课。第一学期选择部分一年级美术第一学期中的课程,一共7课时,一课时25分钟。分别是《试试新工具》《大家都来认识我》《流畅的线条》《颜色真鲜艳》《彩色的名字》《雨后彩虹》《我的太阳》,每课至少重复两次授课。第二学期由于疫情原因,只能完成三课时,选择部分一年级美术第二学期中的课程分别是《数字的联想》《象形文字》《摇啊摇》。

小组课相对集体教学来说更加方便观察两位个案的情绪,以便随时调整课程内容。在每一次的美术小组课中,"涂鸦"作品是理解自闭症学生的重要依据,因而,笔者用各种方法来鼓励自闭症学生的"涂鸦"美术创作,在2次相同课程结束后,前后对比两次"涂鸦"作品,从而进行评估。

下面我以《我的太阳》为课例,介绍个案小组课的学习情况。本次授课已经是第二次上这节课。

1. 教学片段一:视线追随

在课的一开始,两名自闭症学生就表现不同,步步在笔者喊出上课起立的时候,双手击掌,表情愉悦,能对视一秒。灏灏不与我对视,双手搓掌,表情不太自然,有些紧张。正式上课笔者出示谜语,提出问题"是谁呀?圆圆的,亮亮的?"步步能看着屏幕,而灏灏看一下屏幕,然后转头看别的地方,两名自闭症学生都没有回答我的问题。这节美术课开始阶段,步步绝大部分时间能追随笔者视线,观察教学屏幕内的图片或是动图,能跟笔者视线互动;灏灏则比较敏感,表现出羞涩、避免眼神接触的样子,需要更多的时间来适应美术课(见图1)。可以看出自闭症学生对视觉化的东西能有一定的视线追随。

图1 美术课课堂实况

2. 教学片段二：问答互动

在课堂的中期阶段，要完成一个不大不小的太阳身体，即圆形的绘制。

笔者问步步："太阳是什么形状的呀？"步步先是转头看了别处，又转过来看我，有点激动地回答"圆形"。笔者对其进行口头表扬："答对了，真棒！"但步步只是继续专注看笔者，但缺少表情。灏灏歪着头看向别处，眼神游离。

笔者继续出示图片（见图2），请自闭症学生回答哪个圆形最适合？1号，2号，3号。步步小激动，跺脚三次。灏灏侧头斜着眼睛看黑板，站起来了看了眼地板，又坐下去了，反复两次以上行为。两者都没有回答笔者的问题。

图2 示意图片

笔者继续提出问题："还缺了什么？太阳光。太阳光可以用什么来画呢？想一想。"从步步表情能看出她好像在尝试想一下。灏灏还是斜着头看向别处，低头玩手指，继续游离课堂。

随着课堂的不断深入，步步仍然保持较为专注的学习态度，灏灏则继续情绪激动，肢体动作不断（见图3）。由此推断，两名自闭症学生需要不同的干预手段，灏灏不能专注地听课，就意味着在后期很难进入普通班级进行融合教育。

3. 教学片段三：示范模仿

接着要找到太阳光芒的规律，并用美术语言点、线、形（面）给太阳添画特别的光芒。

图3 不同的学习态度

笔者讲解示范太阳光芒的规律，就是线条是有长短的，长短长短排列的。形状有的大，有的小，是大小大小排列的。最后还可以加一些点点。步步期间一直能盯着笔者看，笔者问的问题虽然回答都是答非所问，但看来她是有所感知接下来的操作。灏灏前后晃动身体，视线看笔者几秒，会摇头，发出"啊啊啊"的声音，甩动自己的手，情绪很激动，无法表达内心想法。特别当展示视频示范画时，步步会专注地看，灏灏能稍微安静一小会。

笔者重新开始一对一，让灏灏重新画一个太阳的身体圆形，然后添画光芒，画形状，画点点。灏灏不会画点，只能圈一下。最后画一个表情，微笑的表情。能看笔者画，跟着笔者画，并中间涂满色。灏灏在此期间情绪也会激动一下，缩着脖子多次摇晃脑袋,发出声音。步步在纸张反面重新画,她在画上一节课的彩虹,情绪有点激动,可能是受到同伴灏灏情绪的影响,跺脚3次,然后叫同伴灏灏的名字。

本课最主要的任务是结合普教的美术课内容,形成特教班美术课到普教美术课的连接,在影子老师陪同下,根据笔者的指令,模仿用不同的点、线、形状来装饰太阳,并添加太阳的表情,形成有趣的画面。适应美术课堂的节奏,以及美术简单技巧的练习。

整个过程中,两位自闭症学生的表现不同,步步能跟着指令一步一步地模仿,在尝试中完成"涂鸦"作品。个案灏灏则情绪激动,不能跟随笔者视线,他不太清楚课堂内容。两者都能用不同的颜色来表达自己的情感,整节课中,步步能安静聆听指令,灏灏情绪较为高涨,还会无意识发出声音,在画太阳光芒时候,明显能感受到个案步步有明显的自我意识,有一定的记忆,在绘画时,能加入自己的想法,涂鸦颜色更为丰富多变,线条更多,有弧线和直线的变化。颜色是上一节课的彩虹色。个案灏灏在教师一对一的指导下,能画出光芒,线条和长方形,也能涂色。但他只能模仿画,在画点的时候,画的是圆圈。

由此可见,之后进入融合课堂中,步步可能更为适应,而灏灏的肢体行为太多,发出与课堂无关的声音也较多,不太适合进入融合课堂。

(四)融合课中两位个案的学习与融合情况

在充分的准备后,我们带两名自闭症进入普通班级内上融合课。集体教学对自闭症学生来说有多种因素的干扰,首先是环境的改变,其次是教学节奏上的不适用,最后是课堂有点评等师生和生生的互动。在上课过程中,笔者会无法全程关注自闭症学生的学习,需要影子老师的时刻关注和更多帮助。

下面我以《彩色的名字》为例,这节课已经进行了前期2次的准备课,这里主要介绍自闭症学生课堂师生互动与生生互动的情况,具体内容如下。

1. 教学片段一:行为问题的及时处理

课前两分钟,灏灏随意拿同一组学生的水彩笔放在自己的桌子上。步步安静坐在自己的座位上等待上课。笔者喊出:"上课。"学生喊出:"起立。"灏灏没有站起来。在影子老师的帮助下,才起立。步步能独立完成。坐下来的时候,灏灏跺脚,拍桌子,前后摇摆身体,情绪激动,发出声音;而步步安静听笔者讲课。笔者在复习上一节课的内容时,灏灏未能参与课堂,他开始站起来,又去拿同组小朋友的彩笔两次,影子老师制止,灏灏继续发出声音,被影子老师带离课堂。

2. 教学片段二:参与点评互动

融合课的后半段,接近尾声,美术课的上台展示与评价环节,步步基本完成了自己的作品，影子老师问她是否要去交作业，第一次没有回答。步步翻过自己的作品，又拿了小朋友的水彩笔。影子老师及时阻止，提醒步步继续涂鸦自己的作品。

同为一组的普通学生很热情地借笔给步步用，她们并没有因为步步随意拿她们的彩笔生气，反而愿意借给她彩笔。影子老师提醒步步说："谢谢"，步步会说："谢谢"。同一组的普通学生完成自己作品后，还会看着步步完成自己的作品，普通学生会提醒步步，自己的炫彩

图4　影子老师指导

棒颜色很鲜艳，可以借给步步用他的炫彩棒，并指出蓝色，紫色等颜色丰富步步的画作。

完成后，影子老师提醒步步，可以跟其他小朋友一样，上台将她的涂鸦作品给笔者打等第，并贴在黑板上进行展示。在影子老师的陪伴下，步步上台来给笔者批作品，并上台展示。

整个上台来批作业并展示的过程中，步步的情绪是比较愉悦的，能看出来她不是很紧张。其实在融合课堂中，步步上台

图5　展示作品

来给笔者批作品是第一次，上台展示贴在美术教室的黑板上也是第一次，她能在影子老师的陪同下完成，这是不容易的，已经能跟普通学生一样完成美术课堂的点评步骤，当然，这也离不开影子老师和笔者一起对她的前期干预。

3. *教学片段三：生生自由互动*

完成作品后，影子老师奖励她可以画一些自己喜欢的内容，想画什么就画什么。此时，刚被步步拿走彩笔的女孩子也交掉作业，她回到步步身边，也饶有兴致地看着步步进行自由画画，比较好奇地问了步步："你在画什么呀"，但步步抬头并没有回答，继续画了几笔，才自顾自地说："小熊，小熊"。这名普通学生就站到步步旁边继续看步步画小熊。步步又用炫彩棒画了几笔，转头看了隔壁组小朋友的水彩笔，她想起身到隔壁组拿别人的水彩笔，被影子老师制止，但这名普通学生，帮步步去那一组借来水彩笔，继续观察步步画画，完成后还帮步步把彩笔归还。影子老师起身带步步离开教室，跟同组小朋友挥手再见。小朋友都热情地跟步步挥手再见。整个过程中，步步行为表现良好，并能参与美术课堂的各个环节，能融入普通

班级内进行美术课堂的学习。

从本课例中可以看出，两名自闭症学生虽然已经在前期进行了准备课，提前学习了本课内容，个案在学会模仿教师指令，了解基本美术课堂的节奏，美术简单的涂色技法后，在影子老师陪同下，进入普通班上美术课，同步普通学生美术课堂实践步骤，听指令，模仿完成"涂鸦"作品。但结果显示，步步能融入普通班上融合美术课，而灏灏仍有很大困难。主要的问题还是对自身行为的控制。

（五）两位个案的融合教育效果

1. 个案情绪行为的控制能力得到发展

研究最后一个学期末 2023 年 6 月，在教学实践操作中，个案步步相对情绪比较平稳，能运用"涂鸦"手段融入普教班和美术教室进行美术学科融合教育，能完成"涂鸦"式美术课堂习作，完成后情绪较为愉悦。而灏灏看到普教学生情绪激动，仅能参与前 5 分钟课堂。虽然最后未能成功进入普通教室进行融合教学，但通过美术教学，其情绪表达方式也得到了改善，能明显发现他在小组美术课堂中，情绪更温和。

2. 个案的美术技能得到发展

个案步步手部协调，美术素养方面都有明显提升，涂色能按照教师指令完成，能学习到更多的美术技能，如独立完成曲线的绘画，模仿圈涂法，美术涂色和绘画技能有所提高。

个案灏灏的手部协调能力略有提高，在美术涂色方面都有了些许的进步，能学会平涂法这一美术涂色技法。

3. 个案语言沟通与社交技能得到发展

个案步步在语言、社交方面都有所提高，在课上能简单重复教师教学指令，会主动通过语言模仿教师指令，视线会随叫名看向教师，课外遇到美术教师 3 次中，2 次会主动打招呼。

个案灏灏与教师的沟通方面还是不够，对教师的叫名，偶尔会追随教师视线，课堂中偶尔能听教师指令，需教师手把手操作演示，能用"涂鸦"方式表达自己的情感。

四、讨论

本研究中，个案在"涂鸦"手段支持自闭症学生美术学科融合教育过程中，在语言、社交、美术涂色技巧方面都有所提高，但在研究过程中，发现一些值得探讨的问题,总结如下。

(一) 美术学科为自闭症学生融合教育提供了较大可能性

自闭症儿童很多具有视觉优先的特征,对美术学科的接受度较高。本研究中两个个案是特教班学生,各方面发展均落后于正常儿童,但都比较喜欢画画,也初步掌握了一些美术基础知识与涂画技巧。选择美术学科作为融合教育切入口,为自闭症学生参与集体教学提供了较大的可能性,经过2年的教学尝试,也探讨出从特教班,到小组准备课,再到普通班集体课堂的分层推进的融合路径。

(二) 行为控制能力和社交技能都会影响融合课堂参与

在融合教育的课堂上,有特教班的厉老师作为影子老师陪伴上课,有专业的老师陪伴,再加上课堂内容有所重复,个案步步在熟悉的课程模式和流程下,愿意听教师指令,在普通学生班级内进行美术学科融合教育,适应良好。但个案灏灏由于其情绪不稳定,行为控制能力缺陷,还不能适应在普通学生班级内进行美术学科融合教育。

社会交往和沟通障碍是自闭症儿童的核心障碍,个案步步能与成人教师进行简单的沟通,但缺乏与同伴交往的技能。进入普通学生班级内,步步不会主动去认识周围的普通同学,她和同学基本没有言语上的交流,同学和她说话她也极少主动回应,需要在影子老师的辅助下,才能够与同伴进行基本的互动,比如借东西、道谢、致歉等。当需要同伴帮助的时候,步步也很难表达。当然,不排除融合教育受到疫情期间融合时间不够持久的影响。

进行了两年的两名个案研究,期间经历了疫情的影响。从目前研究的两名个案融合教育的结果来看,并不是所有自闭症学生能运用"涂鸦"手段进行美术学科融合教育。每个自闭症学生的学习基础,学习状态,情绪管理都不尽相同,都将影响着自闭症学生的融合教育。

(三) 干预的环境和时间限制

个案在学校内做训练,每周只有一至两节课的时间训练,这样的训练时间对自闭症学生而言,时间上并不充足;再由于笔者自身有正常的教学活动,因而每周的课题实施授课不能完全在相邻的两个工作日,有时候会跨星期,学生对于上周的学习内容会有所遗忘。不连续的课程对自闭症学生记忆影响的干扰,会影响到研究的结果。最后因为疫情原因,有一个学期个案只在教室里进行较少时间的个训,融合教学的环境没有跟上,这也限制了该个案取得更好成效。

(四)亟需专业化教师介入

笔者是普通美术教师,没有特教专业背景,缺乏对自闭症学生进行教学的经验与方法,课都是普通学生所上的美术课,没有专门为自闭症学生设计的美术课程,仅是选择普教学生美术课程中较为简单操作的课程进行自闭症学生美术学科融合实践,所以在具体实施过程中,不能专业地对比学生在各方面行为,进行更为深入的研究。

五、建议

(一)针对亟需专业化教师介入的建议

建议加强对普通美术教师的特殊教育培训。可以组织相关的培训课程或是工作坊,提升他们对自闭症学生的认识和理解,以及指导针对这类学生的教学技巧和方法。此外,也可以引入具有特教背景的专业教师,为美术融合教育提供更有力的支持。

(二)普通教师要提供全方位帮助支持自闭症学生成长

作为融合教育美术教师,首先,要选择能给自闭症学生视觉化的刺激的课程内容,如色彩鲜艳的涂画类,相对结构化的课堂模式。其次,在融合课前要对普通班级学生做好心理的建设,帮助普通班级学生能接纳自闭症学生。最后,给自闭症学生提前上准备课,让自闭症学生能更好地融入美术课堂的各个环节。

(三)影子老师需为普通教师与自闭症学生提供支持

影子老师需要提供的帮助,一是要在特教班中,提前帮助自闭症学生认识普通教师,降低心理上的障碍。二是在准备课中,与普通教师一同观察自闭症学生的各种行为反馈,帮助普通教师理解自闭症学生的行为背后含义,及时调整课堂。三是在融合课中,陪伴自闭症学生适应融合课堂的步骤,课堂的速度以及课堂的环境,以便让自闭症学生能更好地融入普通班级学生的美术课堂。

(指导专家:于素红)

■ 参考文献

[1] 江瑜,陈琛.当绘画艺术遇见建筑——浅论绘画艺术在建筑表皮装饰中的应用[J].美与时代(上旬),2013(9):61-65.
[2] 张艳.融合教育背景下适用于自闭症儿童的小学美术教学个案研究[J].中国电子学术期刊,2022(08):4.
[3] [美]丽莎·B·莫斯奇里.绘画心理治疗——对困难来访者的艺术治疗[M].陈侃,译.北京:中国轻工业出版社,2012:34.

录像示范法对自闭症儿童轮流行为的干预研究

浦德豪[*]

摘　要：本研究采用单一受试实验设计中的跨情境多试探设计，以一名小学低年段自闭症儿童作为研究对象，以视觉分析法进行所得观察资料的量化分析，并通过访谈搜集研究对象教师及家长对于教学研究相关的意见和看法，探讨录像示范法对于自闭症儿童轮流行为的干预成效。研究结果显示：录像示范法对自闭症儿童的轮流行为有较好的促进作用；被试轮流行为的习得成效在不同情境下存在差异。此外，还就未来相关教学和研究提出了建议，为之后教学和研究工作提供一定参考。

关键词：自闭症儿童　录像示范法　轮流行为

一、研究背景

根据最新发布的《精神疾病诊断与统计手册（第五版）》（DSM－V）的界定，社会交往障碍是自闭症谱系障碍（autism spectrum disorder, ASD,简称自闭症）儿童的核心症状之一[1]。轮流能力作为儿童主要的社会交往技能之一，在生活中的应用场景十分广泛。由于许多自闭症儿童难以理解和掌握这一规则，这使得他们在参与合作游戏、课堂学习、人际互动等日常活动时存在诸多困难[2]。

查阅文献发现，基于班杜拉的社会学习理论的录像示范法契合自闭症儿童的视觉学习优势，对自闭症儿童社交技能、行为问题、情境情绪理解等干预都有一定的成效[3—5]。录像示范法是依据自闭症儿童自身需求，选择需要示范的目标行为，并将其拍摄成视频，通过播放视频中目标行为的各个步骤给自闭症儿童观看、模拟，加之不断练习和强化，最终使他们掌握目标行为的过程[6]。运用录像示范法教学不再受到时间、地点、教学对象的限制，是一种简单高效的学习方法。

---

[*] 作者单位上海市嘉定区成佳学校

从国外研究来看，近十年来，录像示范法在自闭症领域的国际研究发文量与引用量均呈现波动上升趋势。手持设备、情绪研究、录像示范干预、学习适应和社会融合五大类是近十年录像示范法在国际自闭症研究领域中干预研究的热点主题，可见随着各类电子设备的普及，录像示范法也开始逐渐应用于自闭症康复，特别是在融合环境中，以帮助自闭症儿童技能习得和行为管理。

而从国内研究来看，当前我国采用录像示范法对自闭症谱系障碍儿童进行干预的研究还很少，说明录像示范法在我国仍处于初步探索阶段。文献分析发现，我国的录像示范教学干预情境具有多样性，包括教室、个训室、家里和其他相关生活情境等。分析录像示范的类型可知，成人录像示范和同伴录像示范是最常用的类型之一。从干预内容和干预效果来看，使用录像示范法提高自闭症儿童社交技能的研究有5项，促进日常生活技能的研究有1项，减少干预对象行为问题的干预研究有1项，以上7个研究均显示录像示范法对自闭症谱系障碍儿童具有积极的干预效果。由此可见，录像示范法对自闭症谱系障碍儿童的沟通、社会互动技能和问题行为的干预具有正向、积极的效果。本研究通过对特殊教育学校一名小学低年段自闭症儿童使用录像示范法进行干预，探讨录像示范法对小学低年段自闭症儿童轮流互动行为的干预成效。

二、研究设计

（一）研究对象

KK，男，6岁11个月，是一名中重度智力障碍学生，经上海市精神卫生中心鉴定为自闭症，现就读于上海市××培智学校四年级。《韦氏儿童智力量表（第四版）》测得其智商为45分。曾经在上海的康复机构中接受认知训练一年。干预开始之前，研究者使用《自闭症儿童社交技能评定量表》（ASSS）对KK的社会技能水平作一个基础性的评估，具体情况见表1。结果发现，KK在社会参与、自我调控两

表1 《自闭症儿童社交技能评定量表》评估结果

	社会趋向	社会认知	社会沟通	社会参与	自我调控
总分	40	40	48	36	36
得分	10	12	9	4	5
比例	25%	30%	18.75%	11.10%	13.9%

个领域的得分最低。

日常观察中也发现,KK 在社会交往领域中存在问题:学校生活中,KK 在自己有需求时能够主动向教师发起请求,但只会使用最基本的短句"我要……",能与教师有简单的交互式语言,如儿歌接续,能模仿教师开展简单的操作类游戏活动。但对于游戏规则往往不能理解,对于自己喜欢的活动有严重的抢先行为,没有先后次序的意识。正因为如此,在与同学们的游戏中,KK 常常无法正常参与其中。

对于 KK 在轮流游戏活动中存在的问题,通过对 KK 参与堆积木、企鹅敲冰、钓鱼、拼图等游戏活动时的表现进行观察发现,KK 在游戏中不能理解轮流的规则,不能按照正常的游戏次序参与游戏,轮到时 KK 经常茫然不动或是对游戏很感兴趣,就直接抢先游戏,甚至自己独自游戏,不给同伴玩的机会,如不满足则会出现抢夺、倒地、大叫等问题行为。

(二) 研究方法

1. 单一被试实验法

本研究采用单一被试研究法中的跨情境多试探设计干预学生的轮流行为,干预分为基线期、干预期及维持期 3 个阶段。本研究中的自变量为针对"轮流"技能录制的视频,因变量为轮流行为完成的情况。

根据轮流行为的过程特征,参考胡梦娟老师对轮流行为的操作性定义[2],研究者对轮流行为下操作性定义,详见表2。

表 2 轮流行为操作性定义

轮流情况	状况判断	目标行为
正常情况	同伴接续	同伴游戏时,被试安静等待轮流
	被试接续	被试能在同伴游戏后,接续轮流
异常情况	同伴抢先	主动阻止对方,同时语言表达"该我了"
	同伴未接续	主动安静等待,并口语提醒对方"该你了"
	被试抢先	在同伴的口语提醒"该我了"后能安静等待
	被试未接续	在同伴的口语提醒"该你了"后能接续轮流

轮流行为分为正常轮流与异常轮流。正常轮流是指参与游戏活动的个体均能按照规则要求的先后顺序做出目标行为,包括同伴正常的接续与被试正常的接续

两种情况。异常轮流则是指参与游戏活动的个体不按照规则要求的先后顺序做出目标行为的情况,包括同伴抢先、被试未接续、被试抢先与被试未接续这4种情况。

2. 访谈法

研究者根据实验内容自编访谈提纲,用于录像示范教学干预前后对被试的家长与教师进行访谈,以了解被试的基本能力及轮流技能发展情况,在实验结束后进行访谈可以了解实验的社会效度。

(三) 研究工具

1.《自闭症儿童社交技能评定量表》(ASSS)

《自闭症儿童社交技能评定量表》由国内学者魏寿洪(2017)编制,总量表的重测信度为0.92,5个因子的重测信度为0.88~0.94[7]。因此,该量表具有较好的信效度。该量表将社交技能分为社会趋向、社会认知、社会沟通、社会参与、自我调控5个维度,由熟悉被试的教师或家长根据儿童近期的社交表现情况进行打分,评分0~4分,表现越好即评分越高。干预开始前,研究者会使用该量表对被试的社会技能水平做一个基础性的评估。

2.《轮流行为观察记录表》

根据轮流行为的特征及其操作性定义,研究者自行编制《轮流行为观察记录表》,主要用于记录被试在实验中表现出的轮流行为的基本情况,包括正常轮流行为与异常轮流行为出现的次数以及被试正确反应的频率。被试轮流行为正确反应频率的计算方式为

$$轮流行为的正确反应百分比 = \frac{轮流行为正确出现的次数}{总轮流的回合数} \times 100\%$$

3.《学生的强化物调查表》

《学生的强化物调查表》是研究者为了解被试的兴趣爱好自编而成,由熟悉被试的班主任老师及被试的家长完成,并根据调查内容对被试进行实际测试,以准确了解被试的兴趣爱好,便于在教学的过程中进行及时强化。

(四) 研究过程

本研究采用单一被试实验法中的跨情境多试探设计。干预情境包括与教师游戏、家长游戏及同伴游戏3种情境。干预过程包括基线期、干预期及维持期3个阶段,实施流程如下。

1. 基线期(A)

基线期共 4 天,不采取任何干预措施,通过自编的《轮流行为观察记录表》对被试进行观察和记录。记录方式为:从目标行为发生到目标行为停止,记为一次。

具体做法:前 4 天观察记录被试游戏中的轮流行为,记录并统计其目标行为正确反应百分比,确认被试的起点能力,收集被试在教学者情境中目标行为的基线期数据。当教学者情境中的目标行为基线水平趋向稳定时开始介入录像示范法,对目标行为进行干预。同时对家长情境中的目标行为进行试探,收集基线期数据。当教学者情境中的目标行为趋向稳定后,家长情境中的目标行为进入介入期;当家长情境中的目标行为趋于稳定时,收集同伴情境中目标行为的基线数据。

2. 干预期(B)

干预期共 5 周,被试每周需要接受两次教学干预,共计 10 次。在干预期,被试目标行为的观察和记录方式与基线期一致。干预主要分为 3 个步骤。第一步:唤起游戏兴趣,通过呈现学生感兴趣的玩具或者通过强化物与游戏活动进行联结,唤起学生参与游戏的兴趣。第二步:观看成人示范视频进行学习,由研究者将被试播放 3 遍示范视频,第一遍完整观看,第二遍对重点部分慢放,细致观看,第三遍再次完整观看。在此过程中,研究者可引导被试模仿视频中示范者的言语和动作,并对难点进行提示。第三步:情境练习。由研究者引导被试进入游戏情境,开展轮流游戏。通过观看录像——执行目标行为——再观看录像——再执行目标行为的方式进行录像示范教学法干预。

3. 维持期(M)

维持期共 4 天,不再运用录像示范对被试进行干预,仅观察和记录被试在不同情境中的轮流行为,并将 3 个阶段的数据进行汇总分析。同时采用自编的《轮流行为干预访谈提纲》对班主任教师和家长进行访谈,以了解干预成效,并提炼出相关建议。

三、研究结果

(一) 3 种情境下被试轮流行为的整体表现

3 种情形下被试轮流行为的执行百分比折线图如图 1 所示。

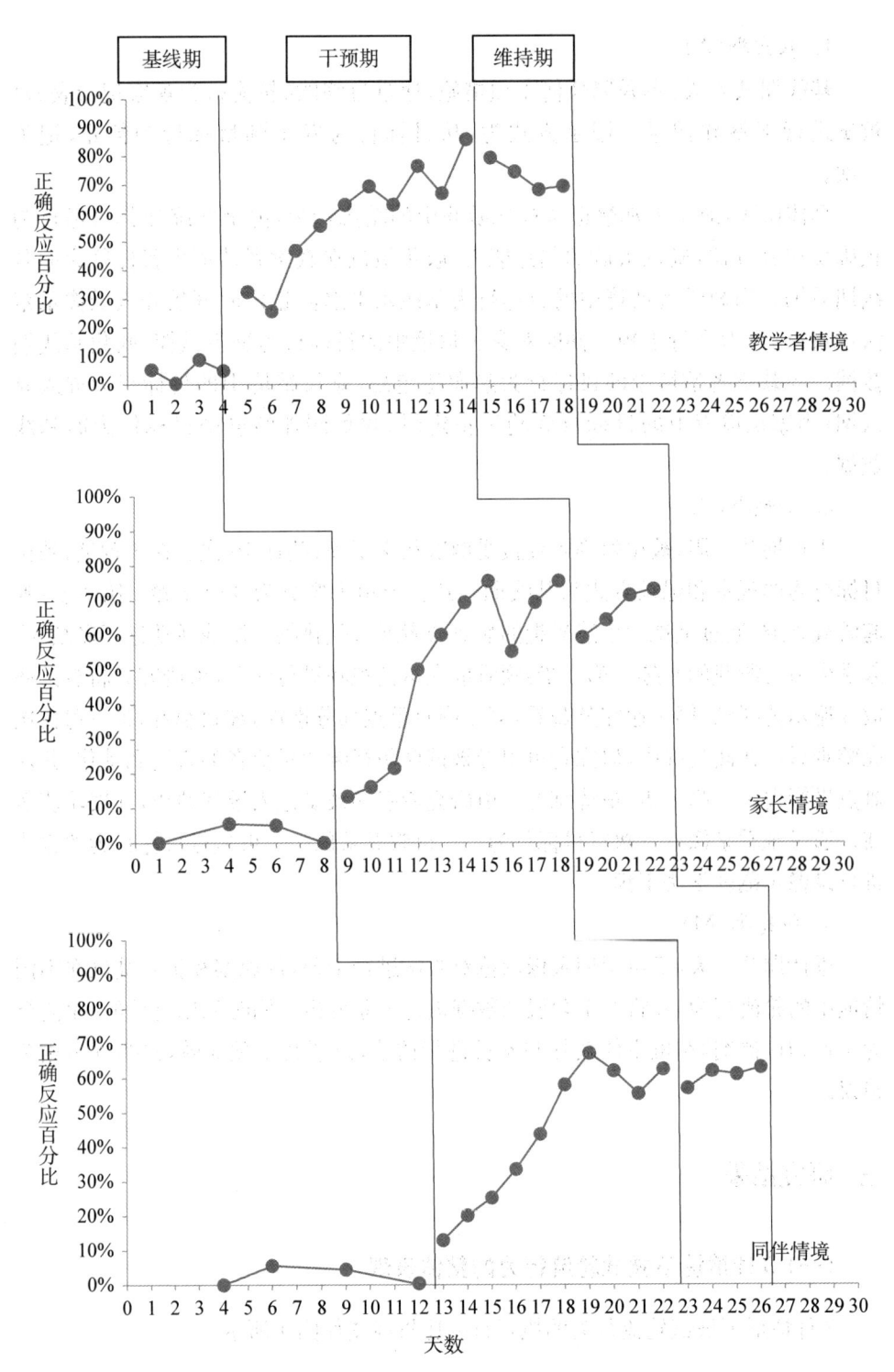

图1　3种情境下被试轮流行为的执行百分比折线图

由图1可以看出,在基线期,研究者分别对被试在教学者情境、家长情境及同伴情境这3种情境中的轮流行为进行了4次观察评量,这3种情境中轮流行为的正确率的平均水准分别为4.61%、2.64%、2.53%,且呈现稳定趋势。在干预期,被试在3种情境下轮流行为的正确率的平均水准分别为58.28%、50.74%、43.85%,显示有明显的进步。在撤出干预进入维持期后,被试轮流行为的正确反应的平均水准分别达到了72.33%、67.08%和60.34%,显示教学干预成效的维持效果在3种游戏情境中均比较明显。

(二)3种情境下被试轮流行为的阶段内视觉分析

对被试轮流行为的教学效果进行阶段内视觉分析,结果见表3。可以看出,在与教学者游戏的情境下,被试在基线期轮流行为正确反应的平均水准为4.61%,水准范围在0%~8.7%,表明被试在该阶段的轮流行为的表现能力较低。轮流行为表现的趋势稳定度和水准稳定度均为100%,整体呈现稳定的上升趋势。在运用录像示范法教学后,被试轮流行为的正确反应的平均水准达到了58.28%,且维持在比较稳定的水平,说明有明显的进步,这表示录像示范法能提升被试在与教师进行海盗桶游戏中的轮流行为。维持期阶段内表现趋势呈现下降状态,趋势稳定性和水准稳定度均显示稳定水平。这说明被试在维持期虽然表现有所下降,但整体显示具有良好的维持效果。

在家长情境下,被试基线期轮流行为正确反应的平均水准在2.64%,轮流行为的水准范围在0%~5.6%,这表明被试对轮流行为的掌握很不理想。但轮流技能表现的趋势稳定度和水准稳定度均为100%,这表明被试的轮流行为在基线期已经处在稳定状态,可以进入干预阶段。在使用录像示范法干预后,被试轮流行为的正确反应平均水准达到了50.74%,趋势和水准稳定度都显示不稳定,这表明被试的轮流行为有了明显的提升。这说明录像示范教学法能提升被试与家长进行海盗桶游戏中的轮流行为。在维持期,被试轮流行为的正确反应表现出上升趋势,这说明被试在维持期仍能保持良好的维持效果。

在同伴情境下,被试在基线期轮流行为的正确反应的平均水准为2.53%,显示被试在基线期对于轮流行为的掌握程度极低。但轮流技能表现的趋势稳定度和水准稳定度均为100%,呈现良好的稳定状态,这表明被试的轮流行为在基线期已经处在稳定状态,可以进入干预期。在录像示范法干预后,被试的平均水准变为43.85%,这说明录像示范法能够提升被试在同伴情境下海盗桶游戏中的轮流行为。在维持期阶段,被试的轮流行为正确反应的平均水准为60.34%,表明录像示范法对被试在同伴情境下轮流行为的教学具有良好的维持效果。

表 3　3 种情境下被试轮流行为的各阶段内视觉分析结果

阶段顺序	教学者情境 A1	B1	C1	家长情境 A2	B2	C2	同伴情境 A3	B3	C3
阶段长度	4	10	4	4	10	4	4	10	4
表现趋势	/(+)	/(+)	\(−)	−(=)	/(+)	/(+)	−(=)	/(+)	/(+)
趋势稳定度	100%(稳定)	80%(稳定)	100%(稳定)	100%(稳定)	20%(不稳定)	100%(稳定)	100%(稳定)	60%(不稳定)	100%(稳定)
平均水准	4.61%	58.28%	72.33%	2.64%	50.74%	67.08%	2.53%	43.85%	60.34%
水准稳定度	100%(稳定)	40%(不稳定)	100%(稳定)	100%(稳定)	20%(不稳定)	75%(稳定)	100%(稳定)	10%(不稳定)	100%(稳定)
水准稳定范围	0%~13.18%	49.7%~66.87%	63.76%~80.9%	0%~11.21%	42.17%~59.31%	58.51%~75.65%	0%~11.1%	35.28%~52.42%	51.77%~68.91%
水准范围	0~8.7%	25.7%~85.71	67.5%~78.95%	0~5.56%	13.64%~75.68%	59.46%~73.33%	0~5.56%	13.04%~66.67%	56.67%~62.86%
水准变化	5%~5%(0)	85.71%~31.82%(53.89%)	68.57%~78.95%(−10.38%)	0%~0%(0)	75.68%~13.64%(62.04%)	73.33%~59.46%(13.87%)	0%~0%(0)	62.5%~13.04%(49.46%)	62.86%~56.67%(6.19%)
水平解读	不变	变好	变坏	不变	变好	变好	不变	变好	变好

注：①A 表示基线期，B 表示干预期，C 表示维持期；②走势与水平稳定性判断值为 15%；③阶段长度是指个人天数，即资料点数；④表现趋势表示数据变化的上升或下降趋势；⑤平均水准是各阶段内的平均数；⑥趋势稳定度与水准稳定度两系数均以 75% 以上为稳定；⑦水准范围是指该阶段内的资料点数最小值与最大值；⑧水准变化指该阶段内第一个资料点与最后一个资料点之间的差距。

（三）3种情境下被试轮流行为的阶段间视觉分析及C统计结果

对3种情境下被试轮流行为进行阶段间视觉分析及C统计,结果详见表4。可以看出,在教学者游戏情境下,被试的轮流行为表现由基线期到干预期呈现出从上升到上升趋势,阶段间的平均值从4.61%上升到58.28%,水准变化为+53.67%,重叠百分比为0%,这表明在教学者情境下,被试接受了录像示范法教学后,轮流行为的正确反应次数明显增加,C统计的结果显示干预期效果显著（$Z=3.28,p<0.01$）。从干预期到维持期,被试的轮流行为表现呈现从上升到下降趋势,阶段间的平均值变化从58.28%上升到72.33%,水准变化为+14.05%,重叠百分比为100%,C统计的结果显示在教学者情境下,录像示范教学对被试轮流能力干预的维持效果显著（$Z=3.358,p<0.01$）。

在家长情境下,被试的轮流行为表现由基线期到干预期呈现从稳定到上升趋势,被试在干预期第一个资料点（13.64%）比基线期最后一个资料点（0%）多出13.64%,两阶段重叠百分比为0%,并且C统计结果显示干预效果显著（$Z=3.43,p<0.01$）,这表示在家长情境下运用录像示范法干预的教学效果显著。在维持期,被试的轮流能力趋势走向为正向,且被试在维持期的第一个资料点（59.46%）与被试在干预期最后一个资料点（75.68%）相比,水准变化为-16.22%,说明被试在维持期的表现低于干预期。但阶段间的重叠百分比为100%,且C统计结果显示总体的维持效果显著（$Z=3.06,p<0.01$）,表明在家长情境下,录像示范教学对被试轮流能力的干预仍具有良好的维持效应。

在同伴情境下,被试轮流行为正确反应的平均水准由基线期的2.53%上升到干预期的43.58%,干预期第一个资料点（13.4%）比基线期最后一个资料点（0%）多出了13.4%,两阶段的重叠百分比为0%,且C统计结果显示干预效果显著（$Z=3.55,p<0.01$）,表明在同伴情境下运用录像示范法干预被试的教学效果显著。干预期与维持期轮流行为的正确反应百分比水准变化为-5.83%,有所下降,但两阶段重叠百分比为100%,同时,两阶段的C统计结果显示干预效果显著（$Z=3.18,p<0.01$）,表明在同伴情境下运用录像示范法干预被试的维持效果显著。

（四）信效度分析

本研究从观察者一致性和社会效度两个方面对研究的信效度进行考察。

1. 信度分析

首先,课题组的两位教师就本研究中目标行为的操作性定义、具体的观察目标、观察记录的方式等进行讨论,并达成一致共识。在教学干预后,随机抽取基线

表 4 3种情境下被试轮流行为的阶段间视觉分析

阶段比较	教学者情境 A1/B1	教学者情境 B1/C1	家长情境 A2/B2	家长情境 B2/C2	同伴情境 A3/B3	同伴情境 B3/C3
趋势走向的变化与效果	/ / 正向	∧ 负向	/ 正向	/ / 正向	/ 正向	/ / 正向
趋势稳定性的变化	稳定到稳定	稳定到稳定	稳定到不稳定	不稳定到稳定	稳定到不稳定	不稳定到稳定
阶段间水准变化	31.82%~4.76% (27.06%)	78.95%~85.71% (-6.76%)	13.64%~0% (13.64%)	59.46%~75.68% (-16.22%)	13.04%~0% (13.04%)	56.67%~62.5% (-5.83%)
平均水准变化	58.28%~4.61% (53.67%)	72.33%~58.28% (14.05%)	50.74%~2.64% (48.1%)	67.08%~50.74% (16.34%)	43.58%~2.53% (41.05%)	60.34%~43.85% (16.49%)
重叠百分比	0%	100%	0%	100%	0%	100%
C	0.88	0.632	0.92	0.82	0.95	0.85
Z	3.28**	2.358**	3.43**	3.06**	3.55**	3.18**

注：①A代表基线期，B代表维持期，C代表持续期；②水准变化是指前一阶段的最后一个资料点与后一阶段的第一资料点之间的数值差；③重叠百分比是指后一阶段的资料点落入前一阶段资料点范围内的比率；④"**"代表 p<0.01。

期、干预期和维持期的教学录像各一次,并使用目标行为观察记录表进行记录,利用计算公式:观察者一致性＝两观察者记录行为一致的次数/(两观察者记录一致的次数＋两观察者记录不一致的次数)×100%,得出本研究的观察者一致性系数统计,见表5。可以看出,对随机抽取的3个录像的观察中,观察者一致性百分比分别为基线期100%,干预期93%,维持期为98%,均达到美国自闭症循证实践报告中92%的观察者一致性标准,说明两位教师的观察结果可信度较高。

表5　观察者一致性系数统计

	基线期	干预期	维持期
观察者一致性	100%	93%	98%
信度范围	93%～100%		
信度平均	97%		

2. 社会效度分析

为了进一步说明录像示范法对自闭症儿童轮流技能的干预效果,在实验结束后,研究者使用自编的访谈提纲分别对被试的班主任老师和家长进行访谈。

在访谈过程中,班主任老师表示,经过录像示范教学干预后,被试在参与游戏活动时,轮流意识和轮流的技能均有所提升。如在大课间体育锻炼中,被试能够在提示的辅助下,轮流参与游戏活动,初步发展出轮流、等待的团体活动技能。在轮流玩推小车时,被试能够在其他同伴游戏时安静等待,在听到教师指令"轮到你了"才开始游戏。家长也在访谈中讲述了被试在家庭娱乐活动时,轮流游戏的能力较以往有一定的进步。如在玩掷骰子游戏时,被试能够在家长游戏时观察,偶尔出现抢先游戏时,能够在家长提示下遵守轮流游戏的规则,且家长表示,后期可以就不同的社交技能配合进行录像示范教学的探索。以上均说明本研究具有较好的社会效度。

四、结论与讨论

(一)录像示范法对自闭症儿童的轮流技能有较好的促进作用

本研究通过采用录像示范法中成人示范的方式,选用海盗桶游戏作为轮流规则干预的游戏,对一名自闭症儿童在教学者、家长和同伴这3种情境下进行轮流行为干预教学。结果发现,在干预过程中的3种游戏情境下,被试均能通过教学掌握基本的轮流技能。具体来看，干预期轮流行为正确反应的平均水准分别为58.28%、50.74%和43.85%，表明录像示范法对自闭症儿童轮流行为的改善具有即时成效。在进入维持期后，3种情境下被试的轮流行为均呈现稳定状态，维持期正确反应的平均水准分别为72.33%、67.08%、60.34%，虽然在教学者情境下，水准变化表现出下降的趋势，但是较干预前，目标行为已有明显的提升，表明录像示范法对自闭症儿童轮流行为的习得也具有一定的维持成效。

通过对教学视频分析发现，被试对正常接续与异常接续轮流技能的掌握程度存在差异。具体而言，正常接续的情况下，经过视频示范干预后，被试在3种不同情境下均有一定的进步。然而，在异常接续的情况下，被试的表现则显得较为困难。当对方抢先时，被试往往难以主动表达"该我了"，当同伴未能及时接续时，被试也缺乏主动提醒对方"该你了"的能力，这表明在主动沟通技能上，自闭症儿童还存在比较大的缺陷。而在被动回应上，被试的反应相对较好，比如当同伴口语提醒"该你了"后，被试能比较顺畅地进行接续。

(二) 被试轮流行为的习得成效在不同情境下可能存在差异

本研究发现，不同游戏情境下被试轮流行为的习得成效存在差异，比如在教师游戏情境中，被试在干预期和维持期的平均水准分别为58.28%和72.33%，这两项数据要高于家长情境和同伴情境。这可能与教师的身份特征有关，被试更愿意去配合教师，对游戏规则遵从性较好。在家长游戏情境中则相反，虽然被试在干预期的表现有明显改善，但结合视频分析，被试与家长游戏时容易出现离座、哭闹、注意分散等问题行为，影响学习成效。在同伴游戏情境中，由于同伴与被试年龄相仿，当被试出现离座、不遵守规则等行为时，同伴往往难以及时应对或不愿配合、退让，甚至与被试产生冲突，从而影响了同伴情境下被试的学习成效。

五、建议

(一) 尝试多种干预方法相结合

本研究为了探讨录像示范法对自闭症儿童轮流行为的干预成效，因此仅采取了单一的录像示范教学。实际教学中，教学者可以根据自闭症儿童的现有能力水平和具体教学目标，将录像示范法同其他教学方法结合。比如，将录像示范教学与社会故事法结合，一方面能够更好地让自闭症儿童对于目标社交情境有更深刻的理解和把握；另一方面，社会故事法的加入也更有利于丰富自闭症儿童的社交语言,同时也能更好地增加其学习兴趣,提高学习积极性。

(二)轮流能力的干预需进一步关注进阶目标

本研究对于自闭症儿童轮流行为的干预教学仅尝试了基础能力阶段,对于进一步在轮流中出现的复杂状况未进行探讨。对于轮流行为而言,其进阶内容还应该包括:能在不清楚该谁接续的状况下主动提问"该谁了";能在对方不清楚该谁接续时主动告知对方"该你了";能在双方都不知道该谁的情况下主动求助旁观者;以及游戏过程中的情绪和问题行为控制等多方面内容。

(指导专家:昝飞)

■ 参考文献

[1] 美国精神医学学会.精神障碍诊断与统计手册(第五版):DSM-5[M].北京:北京大学出版社,2015(07):2-25.
[2] 胡梦娟,关文军,李瑶瑶.单一尝试教学法对自闭症儿童轮流行为的干预研究[J].现代特殊教育,2019(22):63-72.
[3] 翁盛.录像示范教学对学前自闭症儿童社交技能干预的个案研究[D].重庆:重庆师范大学,2016.
[4] 王绍丽.自我录像示范法对自闭症儿童课堂问题行为的干预研究[D].淮北:淮北师范大学,2022.
[5] 李雪萌.录像示范法对自闭症儿童情境情绪命名的干预研究[D].济南:济南大学,2023.
[6] 连福鑫,贺芸中.美国自闭症幼儿融合教育研究综述及启示[J].中国特殊教育,2011,130(4):30-36.
[7] 魏寿洪.自闭症儿童社会技能评定量表的编制[J].中国康复理论与实践,2017,23(04):449-454.

自闭症儿童转衔服务与职业教育

随班就读自闭症学生义务教育阶段转衔服务的探索与实践

范珂佳[*]

摘　要：自闭症学生对情境变化的适应能力较弱。为了协助他们平稳过渡并适应中学生活，区域特殊教育指导中心探索进一步规范自闭症学生小学升入初中的转衔流程，明确参与人员责任，联手学校和家长共同为学生提供各类支持服务。支持手段包括针对学生的直接支持，以及通过提升学校和家长的专业能力，惠及学生的间接支持。同时，中心根据多方需求，研发了适用于不同支持对象的转衔手册，助力自闭症学生更好地适应初中学习生活环境。

关键词：随班就读　自闭症　转衔服务

一、研究背景

每个人的成长和发展都面临角色的转变、职业的选择与转换。特殊教育语境下，转衔主要指特殊儿童发展过程中不同阶段间的过渡和衔接。[1]随着融合教育的推进，越来越多的自闭症学生进入普通学校学习。然而，自闭症学生对环境变化的应对能力较弱，他们在语言沟通和情绪处理上的困难很容易引发学生产生各种行为和心理问题，这成为困扰学校、教师和家长的问题。

针对该问题，本课题先对自闭症学生周边人员开展了前期调研，研究和探讨自闭症学生从小学升入初中的挑战，进而探索和形成符合实际的转衔流程。区域特殊教育指导中心（以下简称"中心"）不但对学生直接按需提供支持，而且重视对他周边人员（家长、学校、教师、学生同伴）的支持，以协力营造良好融合环境，丰富转衔服务内容。

（一）概念界定

1. 转衔服务

美国学习障碍学生的转衔服务是以职业发展为目标，在不同阶段提供的服务。

---

[*] 作者单位上海市虹口区特殊教育康复指导中心

如在小学中,学校会提供与学生转衔目标相关的针对未来职业发展的就业指导。[2]刘云红、董兴芳提出提前做好家校沟通,提升教师特教知识和技能,转变师生观念,建立学生自信等小升初转衔服务思路。[3]

本文的转衔服务包含两层含义:一是指自闭症学生在小学升入中学(以下简称"小升初")的转衔过程中,为学生更好适应中学生活,由学校、家庭共同提供的服务;二是在转衔过程中,特教中心从专业出发,全程为学生、学校、家庭提供专业的资源、建议和支持服务,共同协助自闭症学生理解中学阶段学习生活的新要求,以面对下一阶段的挑战。

2. 自闭症

自闭症谱系障碍(autism spectrum disorder,ASD,简称自闭症)是对个体成长有着严重影响的发展性障碍。自闭症患者面对新的环境时,会产生对外部条件突然变化的不适应。即将进入初中阶段的学生正值青春期,自闭症学生由于自身发展局限,所产生的情感变化和需求难以表达和满足,从而使学生在青春期会出现厌烦、不安、焦虑、叛逆等情绪,以及很多问题行为,对自身发展及周围人造成伤害。

本研究针对五年级升六年级的自闭症学生。

二、研究方法与过程

通过访谈、资料查阅、实地走访形式对小升初转衔工作现状进行全面了解,从自闭症学生需求出发,以问题为导向初步设计转衔服务目标、内容、流程,并开展个案研究。

(一) 转衔需求分析

实地走访全区各小学和中学,访谈小学和中学班主任,从物理环境和人文环境梳理小学和中学的差异。同时,自编访谈提纲,对区域五年级自闭症学生、家长、小学专职教师、中学专职教师开展访谈,访谈内容主要围绕在转衔过程中各类人员想要获得的支持。

通过访谈发现,自闭症学生对新环境怀有期待和忐忑,会用对小学的理解去假想中学的校园生活。而即将迎接自闭症学生的中学,对于如何教育和管理这类特殊学生缺乏明确的策略和经验,往往感到无从下手,不知如何为他们的到来做好充分准备。家长对即将发生的升学(入校)充满焦虑,害怕学生生生关系不良、学业成绩降低或因学业难度过大而无法参与,从而导致其无法在学校顺利生活。具体来说,转衔阶段的变化有以下几方面。

1. 物理环境的变化

相较于小学阶段，初中阶段的环境发生了显著的变化。对于自闭症学生而言，他们在原先的校园中度过了长达 5 年的时光，对小学生活的每一个环节都十分熟悉。然而，中学的学习生活相较于小学有着巨大的差异，需要他们投入大量的时间和精力去逐步了解和适应。中小学学习生活差异列表见表 1。

表 1　中小学学习生活差异列表

领域或事件	小学	初中
校园环境	环境布置卡通化	环境布置成人化
授课方式	以活动为主的教学	以学科知识为主的教学
学业要求	以任务为中心	以学业为中心
学习方式	教师示范，学生学	教师期望学生自己找方法学
教师	全程监护，全程辅助	给予少量监护和适当辅助
同学	以教师引导为主，自主观念较少	自我观念强，小团体更明显
课节数	上午 4 节，下午 2~3 节	早自修，上午 4 节，下午 3 节，课后服务时间长
放学情况	下午 3:30 左右	下午 4:30 以后
接送方式	基本由家长接送	大部分自行回家

所有的变化对于自闭症学生而言都需要漫长的熟悉和适应过程。以作息时间为例，中小学作息时间对比见表 2。小学和初中作息时间具有一定的差异，一部分自闭症学生对于时间相当敏感，中学在校时间长，课程和考试时间皆有延长，打破了学生对于固有时间的掌控。另外大部分自闭症学生在注意力维持等方面会有较大困难，长时间的学习对于自闭症学生而言也是巨大的挑战。

表 2　中小学作息时间对比

项目	小学	初中
入校	7:50 至 8:15 之间	7:30 左右
上课	35 分钟	40 分钟
放学	3:30 左右	4:30 左右
考试	35~45 分钟	1~1.5 小时

2. 社会关系的变化

自闭症学生均在人际交往上存在困难,适应和维持所有的关系,对他们来说都需要支持。

(1) 师生关系。初中教师和小学教师的管理风格有着较大差异,面对学生自主性不断增强,初中教师不再会对每件事情一一嘱咐,而是让学生有更多的自主权,需要学生更为主动。而对于自闭症学生而言,主动交往和沟通能力匮乏,成为学生与教师建立关系的障碍。

(2) 生生关系。自闭症学生交往和沟通能力弱,使得其不能与普通学生进行良好沟通,建立良性的同伴关系,逐渐被边缘化,甚至出现同伴冲突。另外,在初中阶段,尽管教师会努力营造融合氛围,引导学生照顾和接纳自闭症学生,但普通学生的主动性和持久性往往不足。这种选择性实施的态度,使得融合教育可能并不理想,自闭症学生依然难以获得真正的接纳和支持。

(3) 家庭关系。初中阶段的自闭症学生正处于青春期的生长发育关键时期,这一阶段的身心变化尤为复杂。家长常缺乏有效手段和应对准备,从而影响其家庭成员间的关系。

3. 学生自身的变化

除了客观变化外,青春期挑战是每一个初中生都将面临的挑战,自闭症学生同样也要面对,并且更艰难。由于生理变化剧烈,自闭症学生容易感到惶恐不安,同时他们也缺乏应对技能。伴随生理发育、性意识萌发,很多自闭症学生在青春期表现出对异性的交往需求,但在表达和沟通方面会产生很多不正确的行为,如突然的拥抱等。

基于上述分析,在转衔服务中需为学生提供提前认识新环境的机会;营造适切的融合教育环境;练习调整情绪的方法。对学校及教师而言,需要建立环境调整的策略、对障碍特点的认识和教学策略;家长和学校需提前建立关系,形成一致的评价;家长需了解中学的学习特点以及青春期孩子可能的变化,掌握居家演练社交的方法。

(二) 设计转衔服务内容与流程

基于调研了解多方需求,中心、学校专职教师共同交流研讨转衔服务的基本流程、目标、任务和参与人员的职责,初步确认转衔服务内容与流程。转衔时间从学生小学五年级10月开始,至次年升入中学后的10月结束,包括信息采集→转衔会议→入学准备→适应期课程4个阶段,中心在每阶段为不同对象提供相应支持服务。转衔流程如图1所示。

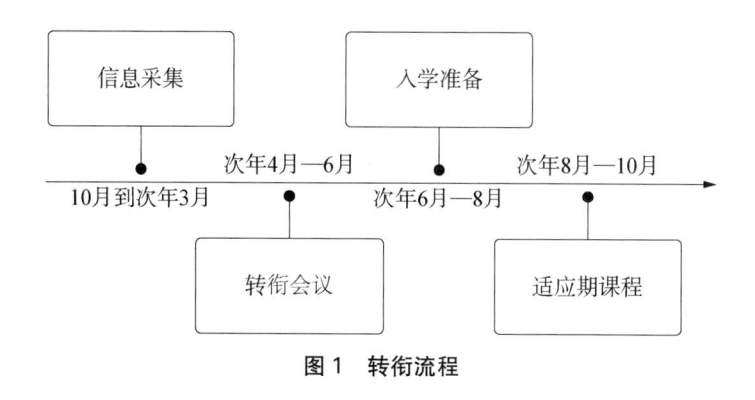

```
信息采集          入学准备
  ●                ●
         次年4月—6月        次年8月—10月
                 ●               ●
10月到次年3月    次年6月—8月
          转衔会议          适应期课程
```

图 1　转衔流程

1. 信息采集阶段

信息采集是指收集学生在小学期间在校和居家表现，同时了解小学教师和家长有效的教育策略，如有必要也会对中学期望了解的信息进行进一步采集。

2. 转衔会议阶段

转衔会议由中小学相关领导和教师、学生家长、特教中心教师以及专家共同参与，以会议的形式进行交流。会议中各方交流学生信息，展望中学生活，筹划入学前期准备等。

3. 入学准备阶段

入学准备主体是学校和家庭。学校即中学可提前开放校园，进行教学人员和教辅具配置，对相关人员进行融合教育宣导和技能培训、做好突发事件应急预案等；家庭方面可以从心理准备、新环境探索、学生人际和突发事件演练等方面做好准备。

4. 适应期课程阶段

适应期课程是指提供给学生的校园适应课程，通过带领学生熟悉校园，对比中小学环境，熟悉新教师和同学，使学生逐渐适应新环境。

（三）个案研究和实践

经过调研确认转衔基本流程后，选定当年毕业的五年级自闭症学生作为研究对象，联合学生家长和学校，依照流程提供转衔支持服务。在实践中进一步细化流程，编撰支持服务手册，整理中心提供的服务清单，以达到学生适应中学的效果，为该服务流程的推广普及工作奠定坚实基础。

个案小C，男，自闭症，就读于某普通公办小学五年级，12岁，主要生活照顾者和学习教育者是妈妈,爸爸由于工作繁忙,长期呆在外地,照顾小 C 的时间较少。小 C 于 7 岁时被诊断为自闭症谱系(亚斯伯格),伴随多动注意力缺陷。韦氏智商 84 分,SM9 分。小学二年级转学到本区小学,通过四年家校共同努力,五年级时能基本融入学校生活,能够跟随部分课程学习相关知识。

1. 研究过程

(1) 信息采集。小学专职教师向班主任学科教师收集问卷,了解小 C 同学在校表现;并进行课堂观察,了解他各门课的参与度;教师间开展讨论,汇总有效的支持方式。中心教师与专职教师综合分析现有信息,初步制定小 C 目前的现状和适应期间发展目标,见表 3。

表 3 小 C 的现状和适应期间发展目标汇总表

领域	现状	转衔期间发展目标
沟通技能	1. 能够表达自己的需求,能与人讨论自己感兴趣的话题,如地铁; 2. 能听从上课常规指令和句子; 3. 口齿清楚发音清晰	1. 认识专职教师、班主任和部分学科教师; 2. 认识部分周围同学; 3. 找到能够求助或交流的对象
运动、学习技能	1. 能走、跑、跳、蹲; 2. 能使用铅笔写字绘画等。能使用剪刀等常见工具; 3. 肌肉力量和耐力不足,体育课参与度少,基本瘫坐在操场上; 4. 比较擅长数学课,最讨厌语文课,不喜欢写字,不愿意完成作业	1. 逐渐适应中学课堂规则; 2. 参与部分擅长的课程
校园适应	1. 二年级转入后,从每天只上 2 节课逐渐递增,改善适应情况; 2. 五年级时,能参与上午的课程,下午一般上好 2 节课后回家; 3. 疫情影响,时而网课时而上学,学生状态不稳定	尝试全面适应学校生活,跟其他学生共同上下学

(2) 召开转衔会议。转衔会议中各方就小 C 同学情况进行充分交流,中学相关老师介绍中学情况,并邀请小 C 和家长提前参观学校,与家长初步建立关系。会议记录节选如下:

小学老师展示小 C 在校情况与有效教学策略:小 C 喜欢英语课,因为他喜欢英语老师,基于学生注意力维持时间短,小学教师会在课中穿插提问,并在最后 5 分钟利用其他学生做巩固练习的时间提炼重点内容进行个别指导。

家长分享小C居家情况、教育策略和期待：学生课外学习编程，也比较喜欢线上学习的形式，家长愿意全力配合学校工作，帮助学生适应新学校。

中学展示校园物理环境和课程情况，并邀请学生在假期中实地走访，提前认识校园及专职教师。

中心老师提供转衔手册，列举学生在中学可能会面临的挑战，家长表示：在暑假期间会依照转衔手册内容给学生介绍新学校情况，与学生讨论可能存在的困难，并对可能引发情绪行为的情景进行讨论和演练。

转衔会议部分展示内容见表4。

表4 转衔会议部分展示内容

学生情况与教学策略交流	家长依据问卷介绍居家情况	学校展示校园情况

（3）进行入学准备。中心借助转衔手册对学校（分管教导）、中学专职老师、班主任、语数外学科教师和学生家长进行融合教育宣导。学校依据手册介绍的障碍特征和中心环境建设建议，特别增设了校园地图和标识，方便小C入校后尽快了解学校情况。教师通过初步了解了障碍特性、学生特点，学习有效的管理策略，对于可能发生的难以适应的问题有所准备。家长明确了小学和初中的不同、学生自我发展可能存在的挑战，学习与学校和学生沟通原则和技巧。学校家庭中心入学准备支持见表5。

表 5　学校家庭中心入学准备支持

学校增设平面图	中心与中学教师交流	中心与家长交流

（4）开展适应性课程。以家长与中学专职教师为主，利用转衔手册（学生篇），开展适应性课程。中学专职教师依照转衔手册引导，与小 C 一起对比中小学学校变化，主动认识和了解任课教师和同伴。在此过程中专职教师对小 C 的社交进行指导，增加他与教师和同学间的互动，并引导小 C 进行自我探索，学会调节情绪的方法。专职教师为小 C 设置安全角，引导他心绪不稳定的时候可以至安全角进行情绪平复。《转衔手册（学生篇）》部分展示见表 6。

表 6　《转衔手册（学生篇）》部分展示

学校物理环境探索	认识学校教师	个人名片

2. 结果

通过追踪回访，发现小 C 已非常熟悉校园环境，上课的过程中能够安静就坐，参与度最高是的数学课,虽仍有一定自己画图、自言自语等特殊行为,但较少随意离开位置和打扰课堂。对于作业完成不佳的情况,教师们也各有奇招:语文、英语教师会用实物奖励的方式鼓励其完成部分作业;数学教师会在课后请学生帮忙登记分数,跟学生建立较好的关系。在 10 月份完成的阶段性评价中,教师评定小 C 同学能基本适应初中生活,独立或者半独立地参与各项活动。班级同学对其接受度较高,已经建立了伙伴关系。在对小 C 家长访谈中发现,家长对学生的适应情况十分满意,并因为学生的情况不再牵扯其所有精力,妈妈也重新投入了职场。

三、研究结果

笔者通过个案实践,参考各方意见,对转衔流程进行细化,明确各环节的时间节点、核心内容以及责任主体,并对中心提供的服务清单进行梳理。同时,编撰转衔手册,结合各方需求,为学校和家庭提供支持,为转衔课程的实施提供依据。

(一)细化转衔流程

经过实践完善转衔流程,小升初转衔周期为 1 年,涉及学校(包含中小学)、家庭(包含家长和学生)、特教中心(按需提供相关专家服务),学校和家庭按照流程的时间节点,完成转衔。特教中心全程提供支持服务,同时监控流程的顺利实施。

转衔流程分为信息采集、转衔会议、入学准备、适应期课程 4 个阶段,每个阶段都责任落实到人,每个参与者都了解阶段目标,明确任务内容,互相配合促进学生适应新身份新环境,见表 7。

表 7 转衔流程

时间	内容	实施人员	中心支持
10月—次年3月	信息采集:通过访谈、调查问卷、学业评价等对学生情况进行综合评估	小学专职教师	1. 提供专业问卷; 2. 提供学生评估服务; 3. 提供评估方案建议
4—6月	转衔会议:交流学生现况、讨论发展目标、了解中小学异同对学生的挑战、交流有效策略	1. 中小学相关教师:专职教师、班主任、分管领导; 2. 特教中心; 3. 家长; 4. 医疗或教育专家	1. 评估结果解读; 2. 协调多方关系; 3. 架设家校联系桥梁

(续表)

时间	内容	实施人员	中心支持
6—8月	入学准备：中学校园环境开放、有准备的家访、中学环境布置、教辅具添置、制定支持预案；家长了解学生面临的挑战，提供情景演练	1. 中学相关教师：专职教师、分管领导、班主任； 2. 家长	1. 提供转衔手册（学校）帮助学校相关人员了解学生特点，做好准备和相应班级人员安排； 2. 环境布置教辅具添置建议； 3. 协助制定支持预案； 4. 家访问卷建议； 5. 提供转衔手册（学生）探索中小学物理环境； 6. 提供转衔手册（家长）了解学生面临的挑战
8—10月	适应期课程：通过课程或活动帮助学生了解物理环境、人文环境的变化，通过关系建立，帮助学生在校找到重要他人的、安全角和安慰物等，适应新环境	1. 中学相关教师：专职教师、班主任； 2. 家长	1. 按需提供咨询服务； 2. 协调多方关系； 3. 按需联系相关专家提供支持； 4. 提供转衔手册（同伴）帮助学生了解每个人都不相同，营造更为包容的班级环境

（二）汇编转衔手册

特教中心全程参与，并按需提供各种支持服务。服务形式多样，包含组织联系专家，在各环节提供个性化指导，包括环境建设、教辅具资源、师资配置等。其中，《转衔手册》作为特色服务，特别针对不同对象设计，旨在达成两个目标：一是通过手册促进教师、同伴对该学生的了解和接纳，营造融合环境，让学生更快适应学校环境；二是为自闭症学生提供帮助，协助他认识新环境、新老师、新同伴，建立良好关系。《转衔手册》部分展示见表8。

1. 自闭症学生的《转衔手册》

自闭症学生的《转衔手册》即自闭症学生的适应性课程学材，其目的是让学生意识到外界变化，并进行自我探索，习得简单的社交规则和策略，更快适应环境。专职教师和家长利用《转衔手册（学生篇）》中的"去上中学了"，结合学校实际情况，设计和实施适应性课程。手册内容有新环境认识与新旧环境对比、社交小技巧和"我的名片"。

表8 《转衔手册》部分展示

学生篇	学校教师篇	同学篇	家长篇

(1)新环境认识与新旧环境对比。引导学生观察小学和中学的物理环境和人文环境,通过对比了解不同环境的异同,降低学生对于环境变化的焦虑,协助其学会系统地观察环境情况,满足其探索环境的意愿,找到一些校园安全角。

(2)社交小技巧。由于社交环境变化,重建同伴关系、教师关系对于学生来说是一项挑战。了解社交规则,训练在社交场景中的正确应对,有利于学生更快适应新环境,当产生困扰时能找到适合对象求助或倾诉。

(3)"我的名片"。有意识地向内觉察,了解自己容易情绪爆发的场景,不能容忍的情况,并分享给身边的教师和同学,避免冲突发生。当无法避免时,学生自己能提前做好心理调整。

2. 学校、家长和同伴的《转衔手册》

学校、家长和同伴的《转衔手册》即融合教育宣导材料。《转衔手册(学校篇)》向学校教师介绍自闭症的特点,帮助教师理解学生行为并给予有效的指导策略。《转衔手册(家长篇)》为家长介绍中学的变化、学生的变化以及所带来的挑战,请其做好准备尽早制定预案。《转衔手册(同学篇)》从独一无二的我入手,让所有学生了解人与人的不同,形成包容接纳的环境,《转衔手册》内容见表9。

表9 《转衔手册》内容

手册	对象	内　　容
学校篇	1. 学校领导； 2. 教师	1. 什么是自闭症/自闭症谱系障碍； 2. 开学前准备； 3. 特教中心转衔服务； 4. 网络资源
家长篇	学生家长	1. 挑战与准备； 2. 特教中心转衔服务； 3. 网络资源
同学篇	学生同学	1. 你我生而不同； 2. 独一无二的我们； 3. 小小的大脑,大大的宇宙； 4. 不同带来的困扰； 5. 为什么他会这样做； 6. 怎样面对不同

四、成效与反思

(一) 立足实证,构建明晰责任分工的转衔流程

转衔服务涉及众多人员,包括学校、家庭等,本研究以调研数据为依据,从学生实际需求出发,规划并实施转衔流程。该流程由学校和家长主要执行,具备目标明确、责任分配合理的优势。各方高度参与,目标一致,此举有利于融合教育人文环境的自然形成,助力学生顺利度过转衔阶段。此成果具备推广价值,可应用于其他特殊需求的学生,逐步优化校园融合环境,丰富家庭应对策略,促进各类学生社会化。

(二) 有力支持,形成丰富多元的支持手段

中心为学校和家长在转衔过程中提供全程支持,形成了服务清单、转衔手册、转衔课程等支持手段,助力各方充分了解转衔过程,明确即将面对的变化和困难,掌握应对策略。通过更新学校、家长、教师的融合理念,开设转衔课程,提供融合活动学材及参考,中心助力学校和家庭积极参与转衔工作。

（三）正视不足，展望未来

本研究以个案研究为基础，针对自闭症谱系学生展开，但由于学生个体差异较大，研究可能存在局限性。对于智力水平较低、行为问题较严重、家庭支持不足的学生，小学至中学的过渡阶段将面临更大挑战。因此，针对不同类型学生，转衔服务的内容、路径及方式仍需深入探讨。

（指导专家：刘春玲）

■ 参考文献

［1］陈影,雷江华.我国特殊需要学生转衔研究综述[J].现代特殊教育,2017(6):8.
［2］林潇潇,邓猛.美国学习障碍学生的转衔及对我国特殊教育的启示[J].中国特殊教育,2014(3):6.
［3］刘红云,董兴芳.智障随班就读学生小升初转衔教育存在问题与解决策略[J].现代特殊教育,2014(5):3.

《自闭症学生职业教育项目式教学指导手册》编制与实施研究

沈 立[*]

摘 要: 本研究主要采取行动研究的研究思路与技术路线,结合文献研究、调查研究、案例研究等研究方法,通过编制与实施《自闭症学生职业教育项目式教学指导手册》,探索项目式教学相关的课程开发、设计方案、实施策略与支持保障,促进教师专业发展。研究结果表明,开展自闭症学生职业教育教学,应当充分考虑自闭症学生的能力水平与学习特点,遵循生态化、结构化与视觉化的教学原则。编制的手册与实施较好地融入了学校的项目课程体系,为自闭症学生职业教育提供了有效支持,并具体指导了项目式教学成效评价。

关键词: 自闭症学生 职业教育 项目式教学 指导手册

一、研究背景

(一)自闭症学生职业教育面临的困境与机遇

由于社交障碍与刻板行为、感官异常、多种障碍并存等问题,使得自闭症群体在环境适应与人际适应存在困难,职业能力欠缺,自闭症谱系障碍者就业是全球性挑战。据 2016 年《中国自闭症家庭需求蓝皮书》报道,成年自闭症谱系障碍者就业率不到 10%。国外自闭症谱系障碍者的就业率也不高,就业类型多集中在支持性就业和庇护性就业中,独立就业的机会还很少。在我国,自闭症学生职业教育仍处于起步的阶段,可借鉴的经验较少,还存在课程教学与岗位工作脱节的现象。

随着现代社会的发展,也带来了自闭症学生职业教育的机遇。自 2008 年首个"世界自闭症关注日"以来,大众对自闭症个体的认知逐步提升,自闭症学生逐步开始能够得到一些就业的机会。在人们的消费理念转变与产业变革背景下,市场发

---

[*] 作者单位上海市长宁区特殊职业技术学校

生变革,不断涌现新产业、新业态、新技术和新模式,也为自闭症学生带来了就业的新机会。自闭症学生虽然存在刻板行为,但一旦规则形成,就能够忠实地坚持。有研究显示,自闭症个体也具有一些就业优势条件,不少自闭症个体在图案识别、逻辑推理以及对细节的关注方面具有突出能力。

(二)项目式教学具有适应于自闭症学生职业教育的特点与优势

在职业教育领域,徐国庆提出,项目首要含义是一种具体职业活动,他打破对大型生产或服务项目的常规理解,对项目进行微型化理解,按照实用的思路,把一个零件的加工、一个故障的排除、一个服务的提供都理解为项目。同时,他认为项目至少必须作为具有相对独立性的中间产品(或服务),以区别于工作任务与技能。项目式教学也称作"项目导向教学法""项目教学法",是以工作任务为教学内容选择的参照点,以项目为单位组织内容,并以项目活动为主要学习方式,是一种基于行动逻辑、依托项目实施过程展开教学过程的教学模式。

项目式教学具有适应于自闭症学生职业教育的特点与优势。首先,项目式教学紧密联系工作情境,真实性高,能够帮助自闭症学生进行沉浸式学习,有效克服环境适应的困难。其次,项目式教学以实际成果为导向,实践性强,能够帮助自闭症学生通过大量具体的操作性活动强化具象思维,克服抽象概念较弱的认知局限。再次,项目式教学可循序渐进,具有结构化的基本特点,能够较好满足自闭症学生结构化学习的需求。此外,项目式教学还具有个性化的特点,基于学生的兴趣特长和能力水平选择项目,并进行个体化的综合性考量。

(三)研究的现实基础与必要性

作为一所特殊中职校,我校的学生对象主要为智障、脑瘫、自闭症3类残障学生。在《上海市特殊中等职业教育学校(班)课程方案(试行稿)》(2018)中,对于学校开展项目式教学,有相关建议如下。

- 课程内容的组织应充分考虑残疾学生的学习基础、能力与特点,采取任务或项目引领的形式,整合相关专业知识与技能,将专业理论知识学习与自我服务能力提升、职业技能训练紧密结合起来。
- 探索专业基础知识与专业技能实践的一体化教学模式,加强校内专业技能课程实训,积极开拓综合性实训项目。

与课程方案的指导思想一致,我校选择在四年级专业课程中开展项目式教学,在一至三年级技能训练的基础上加强学生职业素养的培养。为帮助学生更好地走向工作、融入社会,学校对接岗位需求,自2017年开设并实施咖啡服务、图书整理、简餐服务、绿化养护等四门项目课程,开展项目式教学。四门课程编制课程大纲,开发教学资源,并总结出课程开发与实施的校企合作机制,为项目式教学的开展积累了宝贵经验。

依据自闭症学生的能力水平与学习特点,开展这一群体专业课程的项目式教学应遵循生态化、结构化与视觉化的教学原则,不仅需要教师切实落实在教学设计与教学实施过程中,而且需要予以全方位的教学保障。本研究基于自闭症职业教育与项目式教学的相关理论,通过编制与实施《自闭症学生职业教育项目式教学指导手册》(简称《教学指导手册》)探索项目式教学相关的课程开发、设计方案、实施策略与支持保障,促进教师专业发展,为自闭症学生的职业技能提升与职业素养培养助力,支持自闭症学生的职业生涯发展。开展《教学指导手册》编制与实施的研究,具有较为突出的必要性。

二、研究方法

本研究主要采取行动研究的研究思路与技术路线,结合文献研究、调查研究、案例研究等研究方法,学习与运用项目式教学的理论与模式,编制与实施《教学指导手册》,探索自闭症学生职业教育项目式教学的实践做法。

在第一轮实践中,选择咖啡服务、图书整理、西式简餐服务、绿化养护等课程实施项目式教学,一边编制《教学指导手册》,一边及时进行反思和经验总结,为第二轮实践提供借鉴。

在第二轮实践中,根据第一轮的实践和反思,编制完善《自闭症学生职业教育项目式教学指导手册》,在实践中总结经验,形成《自闭症学生职业教育项目式教学的实施案例集》,其目录分别如图1和图2所示。

目 录

概 述 3
 一、什么是项目? 3
 二、项目式教学是什么? 3
 三、自闭症学生职业教育项目式教学具有什么特点? 5
第一部分 项目课程的开发 8
 一、在自闭症学生职业教育中,开发项目课程,有哪些途径? 8
 二、项目课程如何对接岗位要求,定位岗位、任务与能力? 9
 三、项目课程大纲的编制需要注意哪些问题? 12
第二部分 项目式教学设计 18
 一、如何设计教学项目? 18
 二、如何进行项目活动设计? 22

三、如何进行项目教学过程设计？	22
四、如何编制项目式教学方案？	29
第三部分 项目式教学实施	35
一、如何做好项目式教学的准备？	35
二、项目式教学采取怎样的实施策略？	38
三、如何做好项目式教学的反思与总结？	50
四、项目式教学实施过程中，如何确立学生的主体地位？	51
第四部分 项目式教学保障	54
一、项目式教学需要怎样的机制保障？	54
二、项目式教学需要怎样的设施保障？	56
三、项目式教学需要怎样的人员保障？	59
附录：项目式教学成效检核表	61
一、绿化养护项目式教学成效检核表示例	61
二、咖啡服务项目式教学成效检核表示例	62

图 1 《自闭症学生职业教育项目式教学指导手册》(目录)

目录

实践"拾遗"	3
园艺项目实践是块试金石	4
——项目操作程序重要吗？	4
小罗的蜕变	5
开展项目教学的实践与意义	6
绿化养护项目课程我们可以做什么？怎么做？	7
项目式教学	8
岳岳学图书整理（上）	10
岳岳学图书整理（下）	11
项目式教学"以终为始"之我辨	13
项目式教学的最后一课	16
面对意见的态度	18
服务意识	20
简化，简化，再简化	21
项目式教学初探	22
咖啡项目课程	24
项目式教学的实施反思	25
项目式教学的点滴思考	26
如何开展项目式教学	28
组建学习团队 开展项目式学习	30
让日常家务也有新意	31
简餐服务项目的指导经验	32

图 2 《自闭症学生职业教育项目式教学的实施案例集》(目录)

三、《教学指导手册》的编制

在专家的指导下,结合文献研究与教师访谈,从项目课程开发、项目式教学设计、项目式教学实施、项目式教学保障、项目式教学评价方面,基于项目式教学的核心要素,先后两次调整《教学指导手册》的结构框架,对《教学指导手册》进行编制与完善。

(一)教学指导手册框架的编制及完善

研究初期,依据文献研究,结合项目式教学与自闭症职业教育的特点,教学指导手册的第一个版本从教学项目及模块选择、项目式教学设计、项目式教学实施与项目式教学保障4个方面,分解教学要素,构建框架。自闭症学生职业教育项目式教学指导手册框架(第一版)如图3所示。

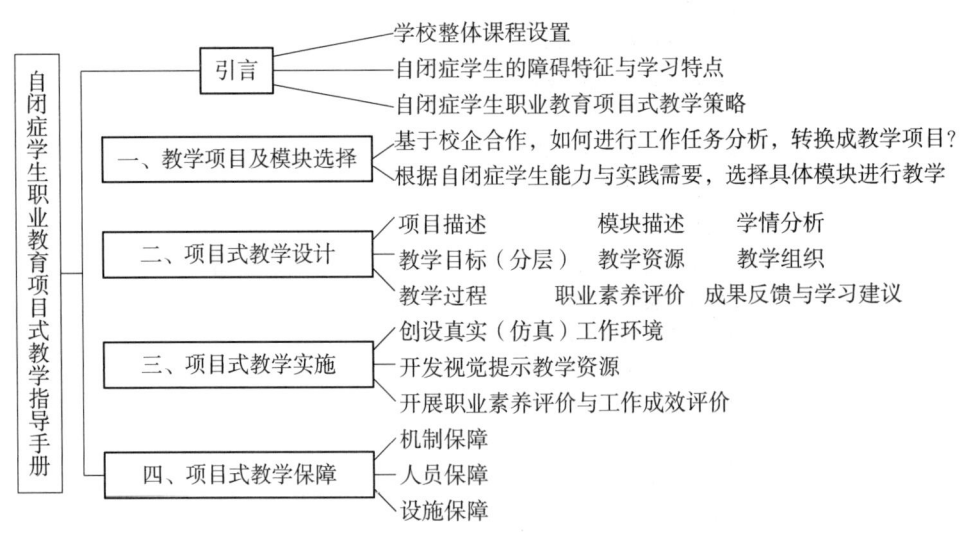

```
                              ┌─ 学校整体课程设置
                    引言 ─────├─ 自闭症学生的障碍特征与学习特点
                              └─ 自闭症学生职业教育项目式教学策略

自                            ┌─ 基于校企合作,如何进行工作任务分析,转换成教学项目?
闭          一、教学项目及模块选择
症                            └─ 根据自闭症学生能力与实践需要,选择具体模块进行教学
学
生                            ┌─ 项目描述      模块描述        学情分析
职          二、项目式教学设计 ─├─ 教学目标(分层)  教学资源      教学组织
业                            └─ 教学过程      职业素养评价    成果反馈与学习建议
教
育                            ┌─ 创设真实(仿真)工作环境
项          三、项目式教学实施 ─├─ 开发视觉提示教学资源
目                            └─ 开展职业素养评价与工作成效评价
式
教                            ┌─ 机制保障
学          四、项目式教学保障 ─├─ 人员保障
指                            └─ 设施保障
导
手
册
```

图3 自闭症学生职业教育项目式教学指导手册框架(第一版)

在第一轮实践中,经过专家的指导,为增加指导手册的可读性与互动性,第二版本在第一版本的核心要素基础上做出改变,以提问的方式代替了要素式的阐释。自闭症学生职业教育项目式教学指示手册框架(第二版)如图4所示。

在第二轮实践中,通过案例研究与教师访谈,明确了项目课程开发作为项目式教学的必要条件,为了更好地凸显项目式教学的特点,增强指导手册的可操作性,

```
                          ┌─ 项目式教学是什么?
              ┌─ 引言 ────┤
              │            └─ 自闭症学生职业教育项目式教学具有什么特点?
              │
              │                          ┌─ 基于校企合作(社校合作)进行工作任务分析,
              │                          │   转换成教学项目
自 闭         ├─ 一、教学项目及模块选择 ─┤─ 如何根据自闭症学生特点,处理教学项目与教学
症 学         │                          │   模块的关系?
生 职         │                          └─ 具体课程的教学内容示例
业 教         │
育 项         │                          ┌─ 项目式教学进行怎样的    项目式教学如何制定个
目 式         │                          │   学情分析?              别化的教学目标?
教 学         ├─ 二、项目式教学设计 ─────┤─ 项目式教学需要哪些教    项目式教学需要怎样的
指 导         │                          │   学资源?                教学组织形式?
手 册         │                          │─ 项目式教学要设计怎样    项目式教学要设计怎样
              │                          │   的教学环节?            的评价指标?
              │                          └─ 具体课程的单元教学设计示例
              │
              │                          ┌─ 如何创设真实(仿真)    如何开发与运用视觉提
              │                          │   工作环境?              示教学资源?
              ├─ 三、项目式教学实施 ─────┤─ 如何开展职业素养评价    具体课程的单元教学实
              │                          │   与工作成效评价?        施案例
              │
              │                          ┌─ 项目式教学需要哪些机    项目式教学需要哪些人
              │                          │   制保障?                员保障?
              └─ 四、项目式教学保障 ─────┤─ 项目式教学需要哪些人    具体课程的项目式教学
                                         │   员保障?                保障案例
```

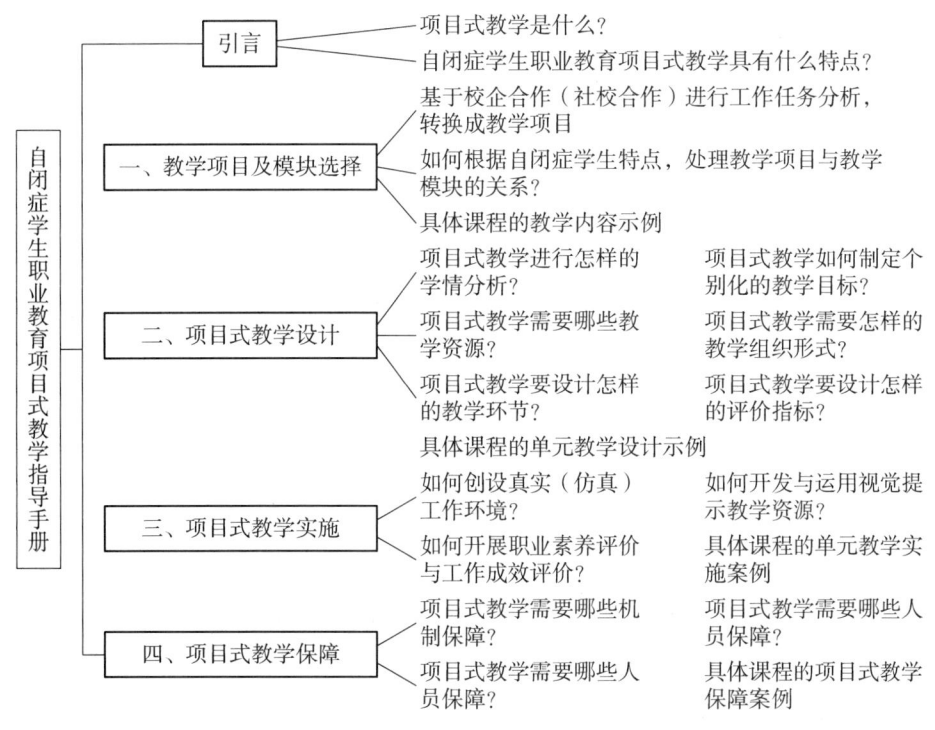

图 4 自闭症学生职业教育项目式教学指导手册框架(第二版)

第三版本在框架结构上做出了较大改变。自闭症学生职业教育项目式教学指导手册框架(第三版)如图 5 所示。

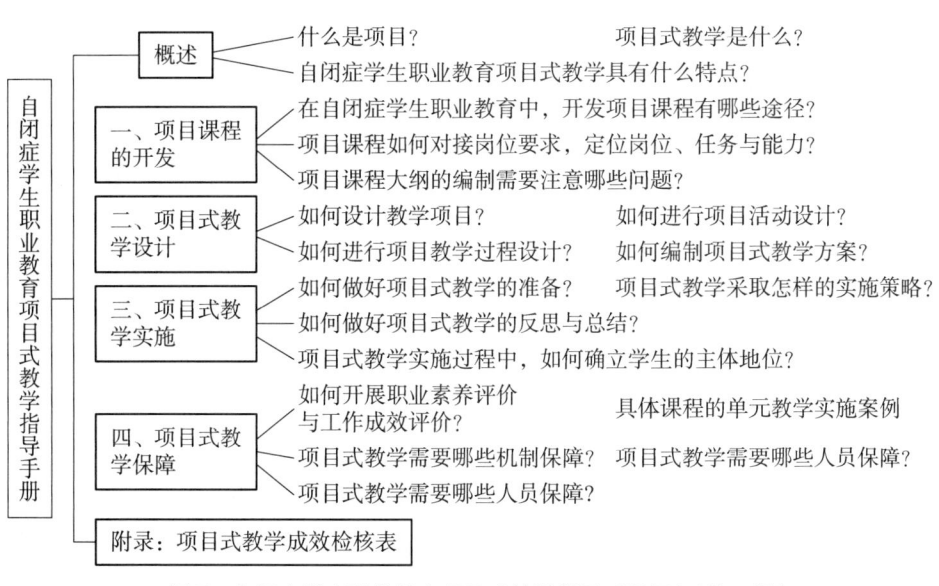

```
              ┌─ 概述 ───┬─ 什么是项目?              项目式教学是什么?
              │          └─ 自闭症学生职业教育项目式教学具有什么特点?
              │
自 闭         │                     ┌─ 在自闭症学生职业教育中,开发项目课程有哪些途径?
症 学         ├─ 一、项目课程 ──────┤─ 项目课程如何对接岗位要求,定位岗位、任务与能力?
生 职         │   的开发            └─ 项目课程大纲的编制需要注意哪些问题?
业 教         │
育 项         ├─ 二、项目式教 ──────┬─ 如何设计教学项目?        如何进行项目活动设计?
目 式         │   学设计            └─ 如何进行项目教学过程设计? 如何编制项目式教学方案?
教 学         │
指 导         │                     ┌─ 如何做好项目式教学的准备? 项目式教学采取怎样的实施策略?
手 册         ├─ 三、项目式教 ──────┤─ 如何做好项目式教学的反思与总结?
              │   学实施            └─ 项目式教学实施过程中,如何确立学生的主体地位?
              │
              │                     ┌─ 如何开展职业素养评价
              │                     │   与工作成效评价?          具体课程的单元教学实施案例
              ├─ 四、项目式教 ──────┤─ 项目式教学需要哪些机制保障? 项目式教学需要哪些人员保障?
              │   学保障            └─ 项目式教学需要哪些人员保障?
              │
              └─ 附录:项目式教学成效检核表
```

图 5 自闭症学生职业教育项目式教学指导手册框架(第三版)

（1）"引言"改为"概述"，以"项目—项目式教学—自闭症学生职业教学"的结构层层递进开展问题的阐释，逻辑性更清晰合理。

（2）根据特殊中职校办学的具体情况，将项目式教学的视野拓展到项目课程，并且聚焦到开发途径、岗位要求对接以及课程大纲的编制上。

（3）教学设计模块，跳出了具体教学方案的局限，以系统设计的思维，突出了项目的特点。

（4）教学实施模块，紧抓项目启动阶段的教学准备、项目实施阶段的教学策略、项目总结阶段的教学反思，同时提出了如何确立学生主体地位的问题，涵盖了教学实施的基本问题。

（5）围绕具体项目的工作成效与职业素养，编制项目式教学的教学成效检核表。

（二）教学指导手册的调研

《教学指导手册》的编制，还跟进了相关的调查研究，对项目式教学团队17位教师发放问卷，进行实名调查。问卷调查的结果，大致反映了教师团队的基本情况、对于项目式教学的基本态度及关于《教学指导手册》的意见与建议。

当被问到"是否学习过自闭症教育或项目式教学的相关文献"时，13名教师选择了"是"，仅有4名教师选择"否"；当被问到"是否参加过自闭症教育或项目式教学的相关讲座"时，9名教师选择了"是"，8名教师选择"否"。这两道题侧面地反映了教师对于项目式教学的态度，还是比较积极主动的。在被问及项目式教学的主要困难时，教师对自身教学经验与能力比较有信心，对教学保障也充分认可，部分教师认为根据学生能力水平因材施教、对接岗位需求进行项目课程开发也十分重要。

在问及关于《教学指导手册》的完善建议时，教师在各个选项均有勾选。其中，需要更多地体现自闭症学生个体差异性占比最大，语言精简与案例示范占比一般，框架问题与直观图表占比最少。这些数据反映出教师"因材施教""以学生为本"的教学理念，要攻克自闭症学生职业教育的难题，不仅需要更充分地了解这一群体的学情，而且还需要积累更多的有效策略。关于项目式教学指导手册的完善建议见表1。

表1　关于项目式教学指导手册的完善建议

选项	小计	比例
框架问题需要进一步调整	6	35.29%

(续表)

选项	小计	比例
需要更多地体现自闭症学生个体差异性	13	76.47%
语言需要进一步精简	7	41.18%
需要更多直观的图片与表格	6	35.29%
需要更多的案例示范	7	41.18%
其他	0	0%
本题有效填写人次	17	

四、《教学指导手册》的实施

在《教学指导手册》指导下，经过两轮实践，积累了一些叙事案例，同时形成了具体成果。

（一）项目课程体系的建设

为推进项目式教学，学校在专业课程设置上做出了相应调整。目前，在四年级全面推进项目式教学，并增设简餐制作、烘焙制作、超市理货、家政保洁、家常菜、家常点心等项目课程，项目课程由最初的4门发展到11门，分别从居家生活和劳动就业的不同生涯发展方向开展项目式教学。同时，为了提升项目式教学的品质，基于课程衔接的考虑，学校在低年级配套开设了相关入门课程，并且将项目课程的相关内容提前调整进专业课程内容体系。上海市长宁区特殊职业技术学校专业课程体系如图6所示。

基于项目课程体系的完善，自闭症学生在合适的项目课程（如图书整理、咖啡服务、绿化养护）中，能够在前期职业技能训练的基础上，进一步提升综合职业能力，获得更好的生涯发展。

与此同时，项目式教学团队还编制了项目课程大纲。项目课程大纲的编制，为项目式教学提供了必要的课程规划。课程大纲主要包括课程的设计思路、课程目标、课程的内容和要求、项目教学课时安排及教学实施建议。

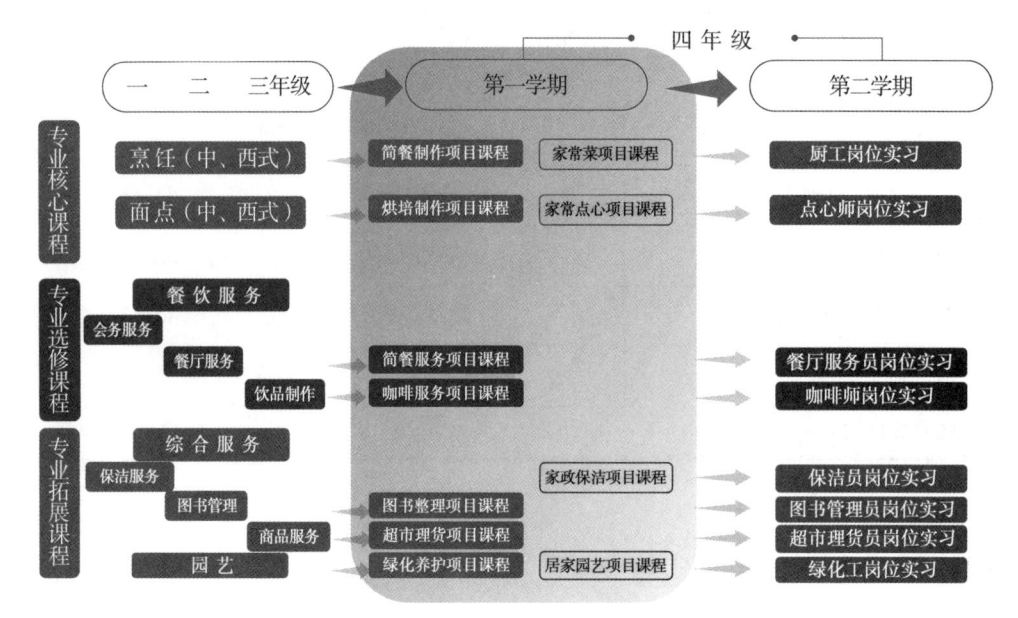

图6　上海市长宁区特殊职业技术学校专业课程体系

（二）项目式教学设计

项目式教学设计，不仅要有系统的设计思维与方法，而且还要对自闭症学生的学情有充分调查与了解。

1. 项目设计

项目式教学设计的第一个环节便是要实现从任务到项目的转换，这就是项目设计。项目式教学就是以项目为基本组织单位的教学，只有当一门课程确立了其用于教学的项目体系，才能深入地进行教学设计。项目式教学最为突出的优势是培养学生的综合能力，而围绕孤立任务所进行的项目设计是无法达到这一目标的。项目设计中首先要解决的问题是项目与工作任务的匹配模式，常见的模式有循环式、分段式及对应式3种。需要充分考虑现实需求与教学价值，选择适当项目，并进行合理序化。

2. 项目活动内容设计

第二个环节是项目活动内容设计，即要通过设计阐明"到底要自闭症学生做什么？"以及"做出的最终成果形态是什么？"。

（1）到底要自闭症学生做什么？对做的内容应描述到可操作的程度。

（2）做出的最终成果形态是什么？对成果的最终形态必须描述得非常清晰、

准确,最好用"样板"来描述,要特别避免概念化描述。

3. 项目教学过程设计

第三个环节是项目教学过程设计。需要解决的基本问题是"围绕做的过程到底学什么?"涉及项目式教学中学习结果分析、学习状态下项目实施过程设计以及项目教学过程中学与教活动设计3个重要问题。

4. 编制具体的项目式教学方案

最后一个环节是编制具体的项目式教学方案,主要包括开展学情分析、制定教学目标、设计教学资源、设计教学组织形式、设计学习评价等方面。

(三) 项目式教学实施

1. 做好项目式教学的准备

为了应对项目实施过程中不确定因素产生的问题,开展项目式教学,要做好以下方面的充足准备。

(1) 开发教学资源。项目式教学需要更丰富易得的资源,不仅包括学本、微课、辅具等教学资源,而且包括学习网站、手机公众号、思维工具、写作工具等各类学习资源。

(2) 创设学习环境。项目式教学一般是在真实工作情境或模拟情境中进行,以帮助对自闭症学生克服工作环境适应困难。比如在简餐服务的项目式教学中,学校的"梦想餐厅"环境与真正的餐厅几乎完全一致,日常教学在餐厅营业的模拟情境下开展。项目式教学还强调情境结构化,如图书馆有借书区、阅读区,梦想餐厅有用餐区、备餐区、迎宾区。功能分区、活动分区,能给自闭症学生带来安全感和秩序感,减少干扰,协助其明确工作任务。此外,学习环境的创设,还包括:安排学生可能到达的校内外场所;根据需要邀请"外援"帮助;为学生准备好线上线下的混合式学习环境、学习设备、学习工具,等等。努力创造以学生为中心的学习环境。

(3) 做好组织规划。教师要根据项目式教学过程不同阶段的实训活动,列出操作性的任务清单,做好任务落实,尤其要注意调动学生全员参与,做好全班和小组的进度管理规划,鼓励学生创造力的发挥,提升项目任务完成的质量。有些问题可能是教师个人无法解决的,如项目实施的时间超出自己的课时、学习场所需要走出学校等,就需要教师争取学校支持、同事协助、家长配合,才能保证项目的顺利实施。

2. 采取有效实施策略

(1) 以终为始。好的项目需要前期严密的计划,包括对项目成果、时间进度以及管理策略的深思熟虑。以终为始就是要求在开始的时候考虑好最终的结果和中间的过程,通过以终为始的方法,教师可以提高规划项目的能力,也能够改善与学生沟通项目意图和背景的能力。当学生能够理解项目的意义时,他们会留意收集和保留更多的信息,会更加熟练地应用所学知识,也会有更大的成就动机。项目式教学过程是一个复杂多变的过程,对初次接触项目式教学的教师而言,需要采取"以终为始"的策略实施教学过程设计。

(2) 生态化的学习支持。生态化教育模式要求以自闭症学生为核心,针对他们的兴趣和爱好,将教学内容与之相结合,同时在教学环境上给予支持,有效发挥学生的兴趣和特长,发展他们的社交能力,满足其就业的需要,达到对自闭症学生职业教育的意义。

在项目式教学中,通过营造"做中学"的真实工作情境,以项目的形式,将工作中的内容迁移到课堂上,向自闭症学生传达岗位工作的要求。对于自闭症学生而言,除了设计真实的项目任务、建设实训教室之外,还需要解决发挥其兴趣和特长的问题。给学生安排适当的任务尤其重要,自闭症学生普遍存在社交方面的障碍,可通过小组形式的合作学习,支持自闭症学生学会对自己和同伴负责,在项目式学习中体验到一种社会归属感,同时增进自己的职业素养。

(3) 结构化的学习环境与操作流程。将结构化教学运用于专业课程的项目式教学中,帮助自闭症学生更好地适应环境变化,理解学习内容和教师的要求,使其更高效地参与项目学习,提高其学习有效性。除了学习环境结构化,还对活动安排和操作流程加以结构化精简。比如,在咖啡服务的实训教室张贴工作程序表,每一种咖啡出品的操作步骤都有流程提示表,贴五角星作为完成标志。

(4) 视觉化的学习资源。借助自闭症学生的视觉加工优势,运用图片提示卡和微课视频,有效强化项目的操作流程,提升学生的工作技能与沟通能力。而视觉化的辅具则借助直观的视觉通道,克服自闭症学生的认知理解障碍,更好把握工作规范与要求。

3. 进行项目式教学的反思与总结

成果展示并不是项目式教学的最后环节,就像课堂教学之后应该有教学反思一样,总结也是必不可少的工作,尤其是初次开展项目式教学和项目式学习的教师和学生,要从教师、学生、项目3个方面进行反思与总结。

4. 确立学生的主体地位

项目式教学实施过程中,为了应对不确定因素产生的问题,可以围绕项目任务和目标的达成、过程监控和反思、过程性资料的管理和积累与项目成果展示等方面来思考,以此确立学生的主体地位,更好发挥自闭症学生的潜能,帮助自闭症学生学有所长、学有所获。

（四）项目式教学保障

项目式教学保障主要指机制保障、设施保障和人员保障，这3方面的保障面向所有学生，也包括自闭症学生群体在内。

1. 机制保障

开展项目式教学，离不开校企合作的机制保障。校企合作项目式教学的保障机制如图7所示，主要包括建立合作、开发课程、实施教学、课程评价、合作共赢5个方面。

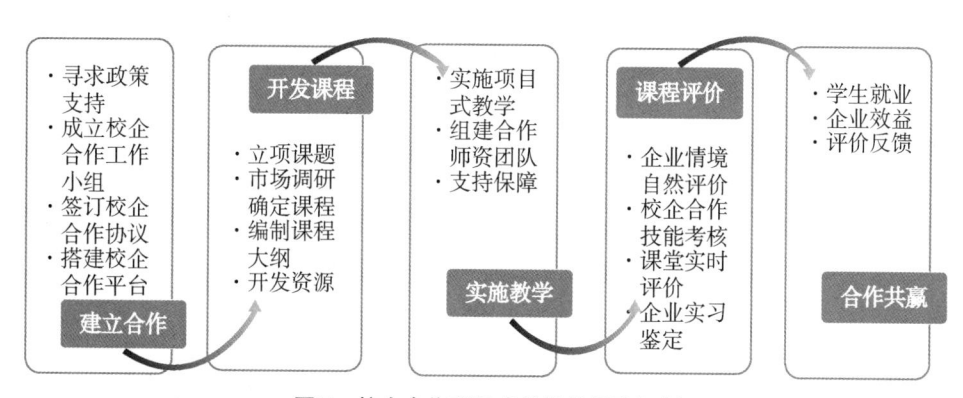

图7 校企合作项目式教学的保障机制

2. 设施保障

在硬件设施与场地方面，项目式教学与传统的课堂教学相比对硬件设施与场地的要求在范围与强度上都有拓展，需要学校后勤与财务的保障支持。项目式教学的设施条件主要包括校外实训基地、校内实训教室、实训所需设备工具等，这些设施场地必须具备很强的可获得性、稳定性。

项目式教学中具有真实任务性质的项目，需要在具有仿真功能的实训教室内完成。学校目前已建设的项目式教学实训教室如图8所示，有梦想咖吧、梦想书屋、梦想花园、梦想餐厅与梦想超市等。实训教室的建设采取物质环境模拟与工作过程模拟相结合的形式。所谓物质环境模拟，是指尽量模拟企业的空间布局及功能设计实训教室。比如，学校梦想餐厅实训教室就是在万禾都市农场餐厅支持下，不仅在空间布局及功能上模拟真实餐厅，分为迎宾台、就餐区、备餐区，而且在菜单与细节上与万禾都市农场餐厅保持一致，营造出真实餐厅的工作氛围。此外，作为实训场所，梦想餐厅实训教室还设置了学习区（主要配套有电子白板、流程展示板）。

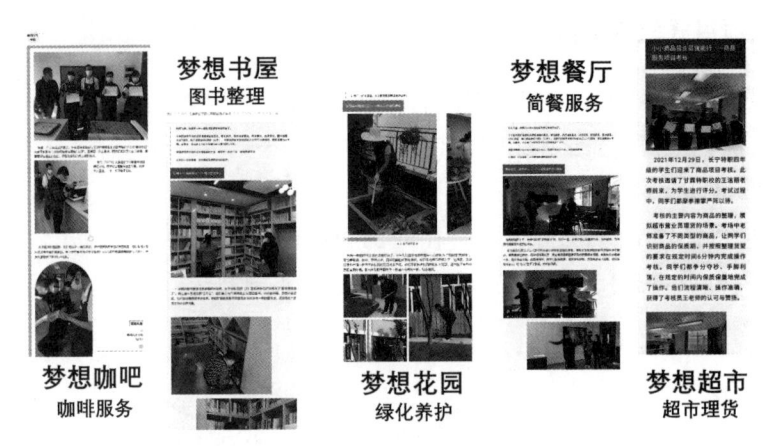

图8 项目式教学实训教室

以校企合作为纽带，学校遴选有具备实训条件、专业针对性的企业，建立校外实训基地，如图9所示。目前，校企共建的校外实践基地有索迪斯公司、42咖啡店、万禾都市农场餐厅、中山公园、社区慈善超市与街道图书馆。

图9 项目式教学校外实践基地

3. 人员保障

开展项目式教学所需要的人员保障，较为现实与有效的做法是结合企业培训与校本教研，培养"双师型"教师队伍。对于教师，不仅有熟悉职业实践、具有跨学科和团队合作能力、具有创设学习情境的能力的具体要求，还需要其对自身在教学过程中的角色进行重新定位。

（五）项目式教学成效评价

聚焦项目工作成效与学生的职业素养，对项目式教学成效进行评价，编制检核表。以绿化养护课程的具体项目评价为例，"园路杂草清理"项目评价如图 10 所示。

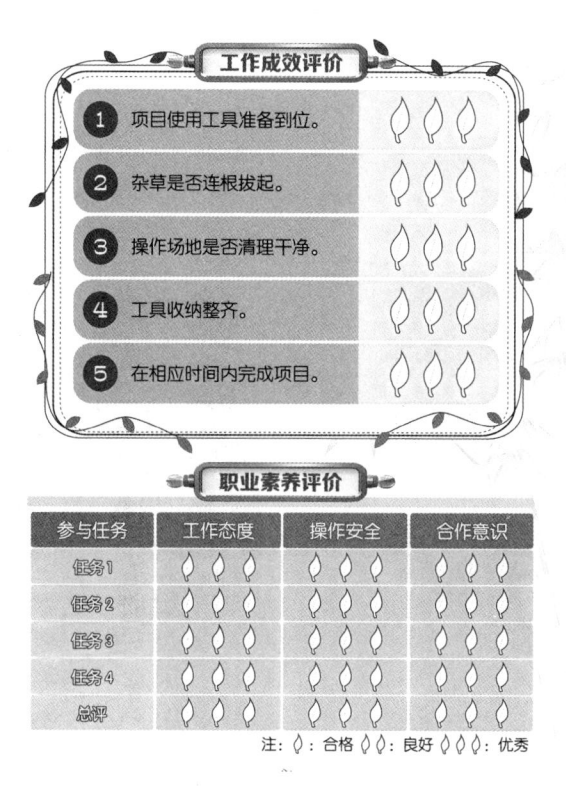

图 10 "园路杂草清理"项目评价

五、研究成效

以上研究结果表明，开展自闭症学生职业教育教学，应当充分考虑自闭症学生的能力水平与学习特点，遵循生态化、结构化与视觉化的教学原则。编制的手册与实施较好地融入了学校的项目课程体系，为自闭症学生职业教育提供了有效支持，并具体指导了项目式教学成效评价。

基于《教学指导手册》的编制与实施，本课题取得较好的研究成果，除指导手册之外，还积累并总结了项目式教学的代表性案例，多次在全国性的教育论坛活动中交流介绍自闭症职业教育项目式教学的经验与做法。在《教学指导手册》的指导下,已开发"绿化养护""咖啡服务""简餐制作""图书整理""超市理货""烘焙制作""简餐制作"等项目课程学本与系列可视化学习资源。

在项目式教学中,学本是学生进行实践探索的重要工具。为了切实贯彻项目式教学的理念,学本聚焦问题情境,兼具实践性与互动性的特点。绿化养护课程中的"园路杂草清理"项目学本与咖啡服务课程中的"大杯冰美式咖啡出品"项目学本示例分别如图11和图12所示。

图 11　绿化养护项目学本示例

图 12　咖啡服务项目学本示例

六、研究反思

（1）为更好地支持自闭症学生就业，利用校企合作、社校合作开发更多的教学项目。校企合作、社校合作是项目式教学重要的保障机制与资源，学校需要进一步突破特教学校封闭办学的围墙,坚持对企业和社区开放,为自闭症学生寻求更多、更适合的岗位。

(2) 充分发挥项目式教学优势,加强自闭症学生综合职业能力培养,充分发挥其职业潜能。在项目式教学过程中,需要充分发挥其行动逻辑教学的优势,通过营建真实(仿真)工作情境,制定职业性的教学目标,开放性地实施实践教学内容,强调自主、探究与合作的学习过程,在做中学,在做中教,有效提升学生的职业技能与工作态度、操作安全、合作意识等职业素养。在项目式教学评估理念下,结合职业素养与项目成果评估,更好发挥自闭症学生的职业潜能,帮助自闭症学生学有所长、学有所获。

(3) 自闭症学生职业教育具有生态化、结构化、视觉化的特点,开展项目式教学需要结合这些特点,深入思考并进一步探索有效的职业教育教学策略。生态化、视觉化的教学策略较符合项目式教学的核心属性,与自闭症学生的学习特点与规律具有较高的一致性。同时,还需要充分运用工作流程、视觉提示等结构化的教学策略,帮助自闭症学生参与、完成项目任务。

(4)《教学指导手册》需要基于来自学生、家长、教师的反馈与经验,继续在一个闭环结构中继续完善和实施。《教学指导手册》的编制与实施并不止于课题结题,它指向的是一个循环往复的行动研究路径。

(指导专家:陈莲俊)

■ 参考文献

[1] 李艳. 国外自闭症谱系障碍者职业技能干预述评[J]. 现代特殊教育(高等教育研究),2017(10):62-70.

[2] 雷显梅,刘艳虹. 美国自闭症谱系障碍成人就业和养护的特点及启示[J]. 残疾人研究,2016(2):30-34.

[3] 连翔. 自闭症儿童教育与指导[M]. 上海:复旦大学出版社,2016:36.

[4] 薄全锋. 项目化学习教学指导手册(设计篇)[M]. 上海:上海科技教育出版社,2021:12-13.

[5] 莫春梅,李琼,姚望,丁丹,赵敏. 结构化教学对自闭症儿童认知能力影响的实验研究[J]. 教育与教学研究,2018(8):122-126.

[6] 傅海贝. 浅谈结构化教学在自闭症学生职业技能教育中的实践运用[J]. 现代特殊教育(基础教育研究),2020(6):58-60.

[7] 严小琴,张文京. 自闭症儿童教育之生态化思考[J]. 现代特殊教育,2006(6).

[8] 张洋. 自闭症儿童学校教育的生态课程模式建构[J]. 绥化学院学报,2012(3).

[9] 熊絮茸,孙玉梅.自闭症儿童社会生态系统初探[J].中国特殊教育,2014(7).
[10] 王芳,杨广学.生态化模式在自闭症儿童教育干预中的应用[J].贵州工程应用技术学院学报,2015(3):67-72.
[11] 王纯纯,陈建军.行为技能训练应用于自闭症谱系障碍者职业技能干预的研究述[J].中国特殊教育,2021(9):40-46.
[12] 许添喜,邓灵奇.视频提示技术在自闭症学生职业教育中的应用研究[J].中国特殊教育,2022(1):83-90.
[13] 郭文斌,张倩,张琨.虚拟现实技术在自闭症谱系障碍者职业沟通技能训练中的应用综述[J].现代特殊教育(高等教育研究),2019(10):53-59.
[14] 周旭东,姚俊,傅海贝.有效开展职业教育,为自闭症学生终身发展赋能:浙江省宁波市达敏学校的实践探索[J].现代特殊教育(基础教育研究),2020(3):13-16.
[15] 连翔.自闭症成年人职业教育支持探讨[J].绥化学院学报,2021(4):95-100.
[16] 谭永平,何宏华.项目化教学模式的基本特征及其实施策略[J].中国职业技术教育.2014(23):49-52.
[17] 徐国庆.职业教育项目课程:原理与开发[M].上海:华东师范大学出版社,2017(6):154-179.
[18] 徐国庆.基于学习分析的职业教育项目教学设计模型[J].职教论坛,2015(18):4-11.
[19] 于萍,徐国庆.项目课程中的学生评价研究[J].江苏教育(职业教育版),2012(12):9-12.
[20] 王雪,徐国庆.美国职业教育中的项目领域和课程领域分析及启示[J].顺德职业技术学院学报,2014(1):42-46.
[21] 雷正光.促进工学结合的实践途径:项目课程[J].职教论坛,2008(7下):4-6.
[22] 雷正光.基于自主、合作、探究的项目导向教学法[J].中国职业技术教育,2017(2):5-8.
[23] 郑步芹.项目化教学内涵特点及实施路径:以市场营销教学中的应用为例[J].江苏教育研究,2021(1C):23-27.
[24] 邓猛.以项目式学习推动培智教育教学改革[J].现代特殊教育.2022(3):14-15.
[25] 梁寿雯.项目式学习应用于培智学校劳动教育的探究[J].现代特殊教育,2022(3):23-25.
[26] 李果,姚郑芳.以项目式学习推进培智学校劳动教育的有效实施:以生活与劳动课《拆快递》为例[J].现代特殊教育.2022(4):59-61.

自闭症儿童家庭支持与陪读指导

个人工作系统应用于自闭症幼儿家庭训练的案例研究

蔡家春[*]

摘　要：本研究旨在探讨个人工作系统在自闭症幼儿家庭训练中的应用实践以及可复制的工作模式。通过前期多维度观察和个性化定制，以配套游戏助力训练及家庭亲子互动强化等实践摸索，为自闭症幼儿家庭训练提供了新的方法和策略。

关键词：个人工作系统　自闭症　家庭教育

一、问题提出

众所周知，家庭在自闭症幼儿的早期干预和训练中扮演着至关重要的角色。然而，由于每个自闭症幼儿的特点和需求各异，传统的一般性干预方法难以满足个性化训练的需求，导致效果不如人意。同时，家庭训练过程中也面临多方挑战，包括家长缺乏专业知识和技能、训练难以持续，以及缺乏创新的训练策略等问题。

为了更有效地促进自闭症幼儿的发展，个性化的家庭训练模式成为研究和实践的重点。个人工作系统作为一种注重个体差异和发展需求的训练方法，逐渐引起了研究者和教育工作者的关注。因此，本研究旨在通过个人工作系统在自闭症幼儿家庭训练中的应用，探索提供给家长的个性化训练计划，有效地支持和指导家长，以促进自闭症幼儿在个人自理能力方面的发展。这不仅为自闭症幼儿的家庭训练提供了有益的参考，也为未来的相关研究和实践提供了借鉴。

---

[*] 作者单位上海市虹口区曲阳第二幼儿园

二、研究设计

(一) 核心概念界定

1. 个人工作系统

个人工作系统是旨在培养儿童独立工作技巧的系统。其构建了一个视觉化的组织系统,明确指导幼儿在特定时间段内进行活动。此系统专注于满足幼儿的特殊学习风格,提供清晰的视觉提示,以组织特定活动的流程。在没有成人协助或监督的情况下,让儿童理解工作。个人工作系统在协助组织、促进独立和发展沟通方面显得尤为有效。其利用自闭症儿童相对较强的视觉辨别能力,通过视觉化的组织手段明确告诉幼儿需要完成的任务、完成的标准,以及任务完成后的奖励。在反复使用个人工作系统的过程中,有助于自闭症幼儿加强大脑连接,逐渐将这一技能泛化至日常生活中,从而培养一定的生活技能。

2. 家庭教育

家庭教育是指家庭在幼儿成长过程中,通过多种方式和途径对其进行教育、培养、引导和支持的过程。家庭教育扮演着塑造幼儿人格、提升其社会适应能力和为其未来成功奠定基础的重要角色。其特点在于个性化,能够根据每个幼儿的独特特点、兴趣、能力和需求,量身定制教育内容和方法,以最大程度地促进幼儿全面发展。

(二) 研究价值

个人工作系统是专为自闭症儿童设计的训练模式,通过视觉提示和常规手段展开训练,重点关注个性化康复与家庭教育的结合。在专业支持下,家庭工作系统为自闭症幼儿提供了理解因果关系的平台,有效弥补了其沟通能力的不足。该系统致力于回应每个自闭症患者独特的障碍,强调技巧的发挥与家庭融合。在实施过程中,强调了幼儿环境和程序训练,以提升其社会交往能力。系统可灵活调整,根据家庭实际情况,将常见物品用作工作项目,以促进幼儿的日常自理能力发展。

家庭扮演着自闭症儿童康复计划的核心角色,家庭的支持是儿童成长不可或缺的。家庭教育提供了自然的康复训练环境,有助于减少自闭症幼儿与正常幼儿之间的差异。共同参与家庭教育可根据幼儿障碍的程度采取有针对性的措施,促进幼儿的成长并缓解家庭的压力。因此,进行早期和及时的家庭教育对于改善自闭症幼儿的状况至关重要。当前全球自闭症研究领域的专家大多主张以家庭支持取代传统的被动家庭参与方式。

（三）研究路径

本案例的展开路径如图1所示，并通过为家长进行个人工作系统建模，呈现该系统的主要流程、每张照片的意义以及需要注意的事项，包括"不同的教育支持"和"可变化的步骤"。个人工作系统模型如图2所示。通过这种简易建模方式，不仅有助于家长更快地了解个人工作系统的操作方式，也能帮助他们感受到这一工作系统的便捷和简易，从而减轻心理负担，令个人工作系统能顺利地在家中开展。

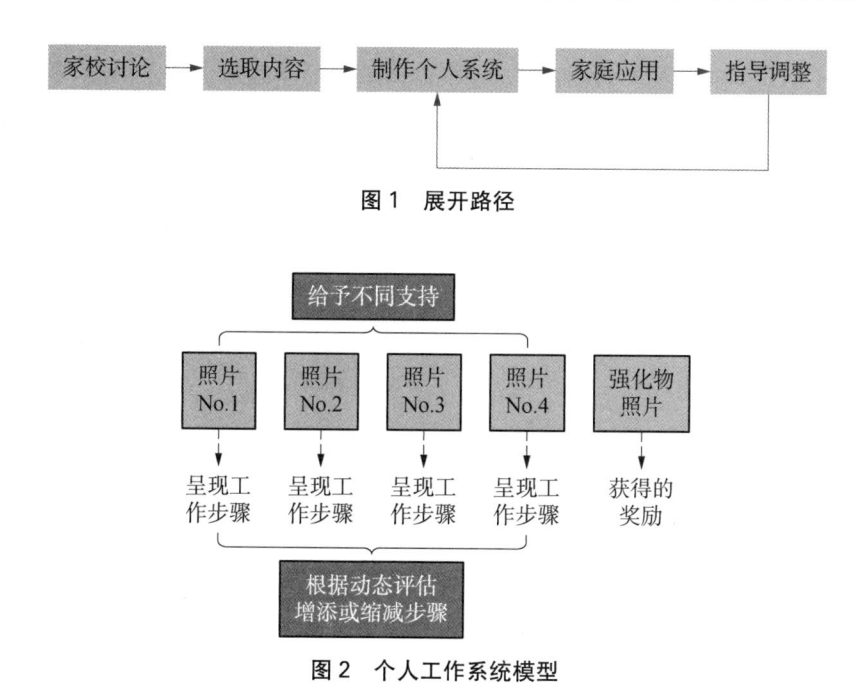

图1　展开路径

图2　个人工作系统模型

三、研究过程

（一）家校讨论，分析幼儿现状

林林是2018年2月出生的一名女孩，被诊断患有自闭症。她于2021年9月入读曲阳路第二幼儿园特教班。进入幼儿园后，林林逐步学会模仿并理解一些简单的语言指令，如"吃饭了""坐下""拿起来"等由3~4个字组成的短语，并能做出相应的反馈。通过参与园所的集体生活，她已经形成了较为规律的作息，也开始乐于接触不同的人、事、物，认知水平也有了相应的提升。

然而，在与家长的访谈中，我们也发现了一些问题。林林在日常生活自理方面对成人有较大的依赖。如进餐时需要家长喂食、穿衣物要帮助等。这种过度依赖令家中成员身心疲惫，也让家长对幼儿自理能力的发展深表担忧。因此，家长迫切希望通过相关家庭训练来提高她的生活自理能力。

（二）开展评估，选取训练内容

幼儿的现状及家长的需求为林林个人工作系统的设计和实施提供了明确的方向，使教师能够有针对性地制定训练计划，以满足家长的实际需求，促进幼儿在自理方面的发展。

为了满足家长需求并符合幼儿基线，评估是制定计划的关键。因此，教师运用《特殊儿童社会适应能力评估表》对林林在"自我照顾"领域进行了前测（详见表1）。评估结果显示，林林在用餐方面具备一定的基础能力，这与家长希望让林林学

表 1 《特殊儿童社会适应能力评估表》（部分计分内容）

评估人：蔡老师				评估时间：2021 年 10 月		
评估模块	评估维度	编号	评估项目		计分	
个人适应	1.2 自我照顾	1.2.1	能独立用餐、喝水	0	1√	2
		1.2.2	能独立如厕	0√	1	2
		1.2.3	能独立穿脱衣服、鞋袜	0√	1	2
		1.2.4	能独立洗漱	0√	1	2
		1.2.5	能保持个人清洁	0√	1	2
相关技能评价						

1. 感觉信息处理能力
林林表现出正常的感觉信息处理，她能够有效地辨别冷、热等不同的感觉。
2. 就餐姿势及身体移动能力
在进餐时，林林能够稳定地坐在桌边，具备基础的身体移动和平衡能力，尤其在上肢的稳定性方面表现较为良好。
3. 手部操作及双手协调能力
林林展现出基础的手部操作技能和双手同时运用的能力。她能够使用前三指拿取零食，并且能够独立使用双手拿起杯子。
4. 对象概念及语言能力
林林具备一定的对象概念，能够认知并表述常见用品的名称和用途。
5. 情绪识别与行为分辨能力
林林能够通过他人的表情或语气分辨出可以做和不可以做的事情，表现出较为敏感的情绪识别和行为分辨能力。
6. 理解与模仿能力
林林在理解和语言方面展现出较好的能力。她能够模仿一至两个简单的动作，并理解和执行较为简单的口头指令。

会自己吃饭的需求契合。因此,选择"进餐"作为林林的个人工作系统不仅符合幼儿的基本能力,也能够满足家长的期望,这为个人工作系统的实施提供了科学的依据。随后,教师通过细致的教育观察,详细记录了林林用餐时需要掌握的相关技能,诸如保持正确的坐姿、使用餐具等。通过对这些技能的详细观察记录,教师能准确地制定训练计划,有针对性地提供幼儿所需的支持和引导。

(三)制作个人工作系统

1. 前期准备工作

在进行个人工作系统的图示绘制之前,教师协助家长有针对性地进行了前期准备工作。首先,确定了开展个人工作系统的环境安排,选择了家中日常用餐区域,并确保桌椅的高度适合林林的身高。同时,在用餐区域的桌子上张贴了清晰的工作程序图,以便在训练过程中提供明确的指导。这一环境的设置有助于创造一个专注、有序的学习场所。

在餐具选择方面,教师根据林林的手指机能特点协助家长选择了能够吸附在桌面的碗(见图3)。这样的选择不仅有效地避免了餐碗意外打翻影响训练过程的情况,同时也为幼儿提供了更为稳定的用餐环境。此外,为了更好地符合幼儿的实际能力,教师为林林选择了抓握式勺子(见图4)用于进餐。这种特有的抓握设计使得幼儿能够更稳定地握持勺子,从而减少了勺子掉落的情况,有效提高了幼儿用餐的效率和自信心。

图3 能够吸附在桌面的碗　　图4 抓握式勺子

个人工作系统的开展时间定为每天中午12点和晚间18点。这一时段的选择考虑到了家庭生活的日常规律,以确保训练过程融入到幼儿的日常生活中,形成规律而有序的学习习惯。这样的时间安排也有助于家长更好地实施训练,提供必要的支持与协助。通过这些周密的前期准备,个人工作系统的实施将更加顺利且具有成效。

2. 预设个人工作系统示意图

前期准备工作完成后,教师为林林设计了个人工作系统的预设图示(见表2),帮助家长全面理解整个训练过程。在指导家长开展家庭训练前,教师仔细分析了林林在完成每个单独步骤时的表现情况。

表2 个人工作系统的预设图示

步骤说明	坐至餐桌边	握住勺子	扶住碗	舀起食物	将饭菜送至嘴边	合上嘴唇咀嚼食物
预设图示	①	②	③	④	⑤	⑥

比如,①"坐至餐桌边"这一步骤,林林能够独立完成;②"握住勺子",林林需要在语言和部分肢体协助下完成;③"扶住碗",林林需要家长提供肢体协助和语言提示;④"舀起食物",林林也需要家长的肢体协助和语言提示;⑤"将饭菜送至嘴边",林林需要家长提供肢体协助,帮助其准确送至嘴巴;⑥"合上嘴唇咀嚼食物",林林已经能够独自完成。

通过对每个步骤的详细解析,家长得以清晰了解林林的基线水平以及成人在每个步骤中可提供的协助。这个系统化的图示不仅有助于家长理解训练的整体架构,还为他们提供了指导和参与的具体方向。同时,通过详尽的步骤分析,教师能够更准确地评估幼儿在进餐技能上的发展水平,为后续的个性化指导提供有力支持。这一设计在训练过程中起到了明确目标、明晰步骤的关键作用。

3. 告知家长训练要点

在准备阶段的基础上,教师为家长提供了关键的训练要点,以确保在家庭中的训练过程更为有效和有针对性。

首先,考虑到低龄幼儿通常通过游戏进行反复练习以巩固单个动作的特点,教师设计了一系列配套游戏(见表3),旨在帮助林林提高使用勺的能力。这些游戏不仅能吸引幼儿的兴趣,也能在娱乐中潜移默化地强化目标技能的练习。教师鼓励家长参考这些游戏内容,并有计划地引导和辅助幼儿进行相关练习。

其次,为了促进林林更全面地掌握使用餐具的技能,教师建议在家庭游戏中提供不同款式但同类型的碗和勺子,以增加练习的多样性。通过让林林使用不同形状和大小的餐具,可以培养她更灵活地适应各种实际生活场景,巩固使用近似餐具的技能,并拓展泛化能力。

经过教师和家长的探讨,双方一致认为在整个训练过程中,表2中的第4步"舀起食物"阶段至关重要,也是需要投入最多练习时间的阶段。为了有效培养这一关键技能,教师将与家长开展家校同步练习,以确保林林在家庭环境中的有效实

表3　配套游戏设计

刀叉画	搅拌真有趣	捞小鱼	舀舀乐
目的:增加幼儿接触不同餐具的机会	目的:通过游戏来加强幼儿握勺的手部力度		目的:用多样形式的游戏提高幼儿舀起食物的手部动作

践。园所将设置区角游戏,为林林提供充分的练习机会。这一举措旨在帮助林林更好地掌握使用勺子进食的技能,同时减轻家长在训练过程中可能面临的压力。通过这一系列指导,家长将能够更有针对性地引导幼儿发展相关技能。

(四) 个人工作系统的家庭应用

在本次个人工作系统的家庭应用中,教师采用了系统性的顺序式连扣法,旨在有针对性地培养幼儿的组织能力,并通过有序的就餐步骤来进行训练。初始阶段,家长根据教师的预设在餐桌上张贴了3张图示,并以小猪佩奇玩偶作为奖励的象征,构建了一个有趣而系统的循环系统。每个图示都代表了就餐的特定步骤,而教师帮助家长设定不同的辅助措施,鼓励家长在幼儿完成每个步骤后进行口头鼓励,从而激发幼儿的自信心。个人工作系统的家庭应用流程见表4。

表4　个人工作系统的家庭应用流程

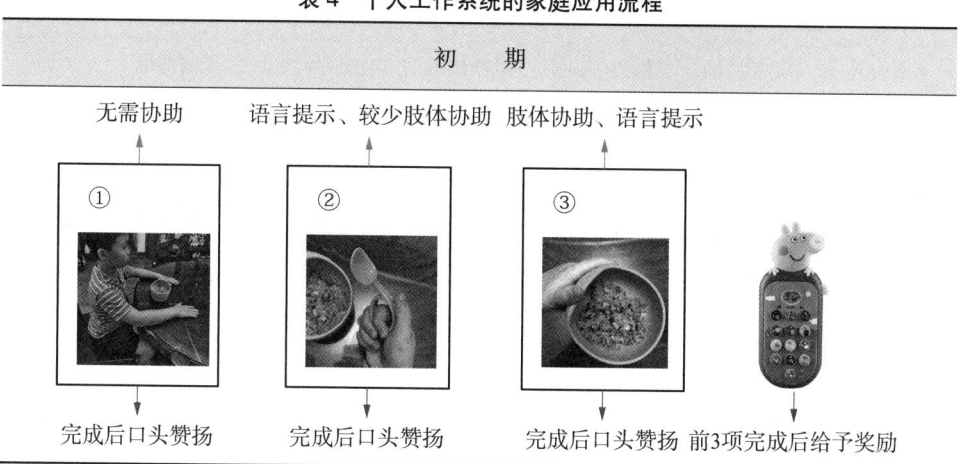

初　期			
无需协助	语言提示、较少肢体协助	肢体协助、语言提示	
①	②	③	
完成后口头赞扬	完成后口头赞扬	完成后口头赞扬	前3项完成后给予奖励

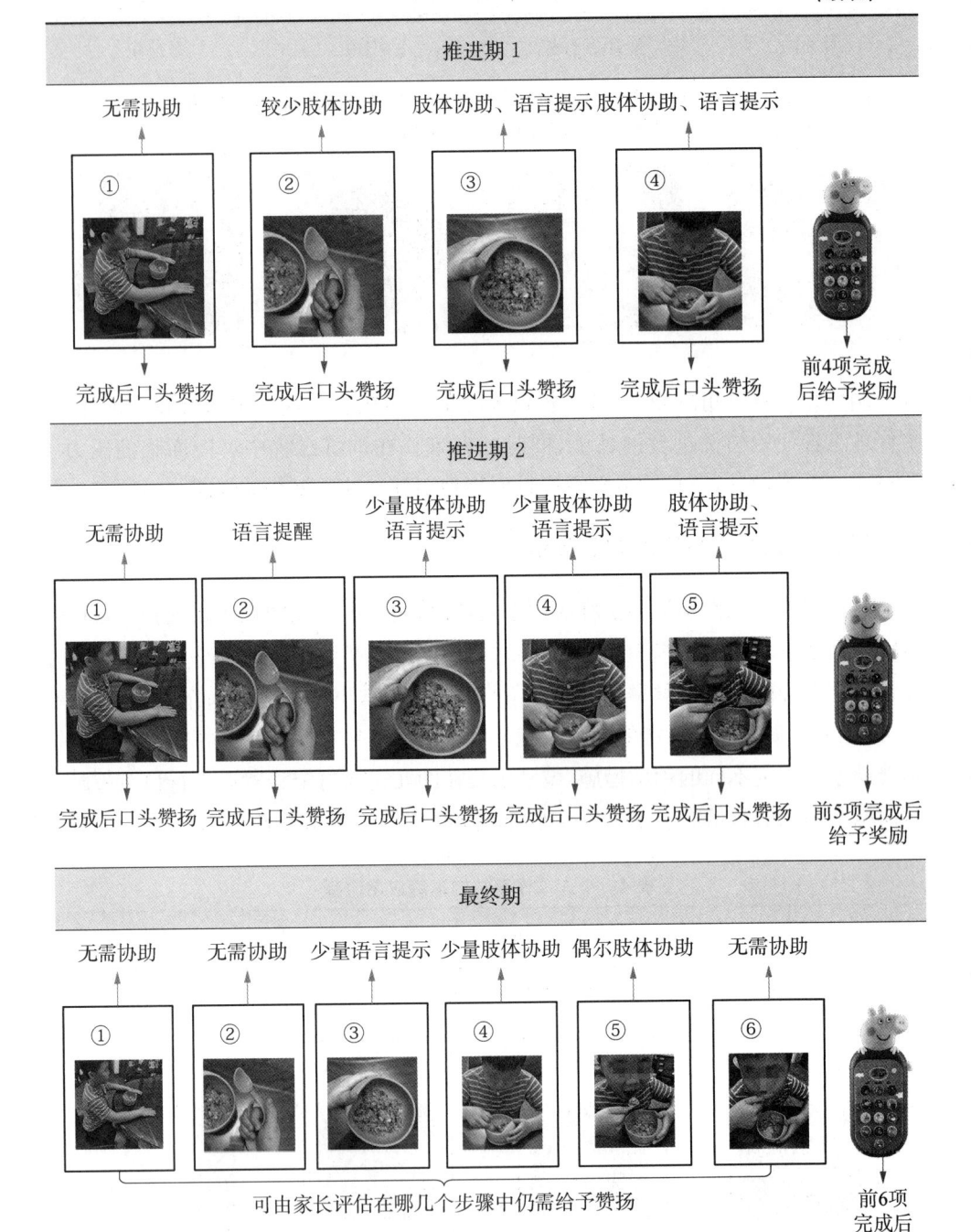

(续表)

推进期1

① 无需协助	② 较少肢体协助	③ 肢体协助、语言提示	④ 肢体协助、语言提示	前4项完成后给予奖励
完成后口头赞扬	完成后口头赞扬	完成后口头赞扬	完成后口头赞扬	

推进期2

① 无需协助	② 语言提醒	③ 少量肢体协助 语言提示	④ 少量肢体协助 语言提示	⑤ 肢体协助、语言提示	前5项完成后给予奖励
完成后口头赞扬	完成后口头赞扬	完成后口头赞扬	完成后口头赞扬	完成后口头赞扬	

最终期

① 无需协助	② 无需协助	③ 少量语言提示	④ 少量肢体协助	⑤ 偶尔肢体协助	⑥ 无需协助	前6项完成后给予奖励

可由家长评估在哪几个步骤中仍需给予赞扬

在第一阶段的推进期中,家长根据幼儿的训练情况逐渐引入了第四张工作图片,以更为详尽的细节丰富了就餐过程。当幼儿能够相对熟练地完成第一至四张的各个步骤后,可以有计划地引入第五张图,以此作为第二阶段的推进期,并最终形成了步骤一至六,以及以强化物为终点的大循环。

个人工作系统的巧妙介入,使得林林在家庭环境中能自主进食。这一系统不仅帮助幼儿习得技能,更在家庭中建立了一个结构化的、家庭成员互动的学习过程。家长在其中的积极参与以及教师的专业指导相辅相成,共同推动了林林在整个过程中的逐步成长,最终实现了林林自主进餐这一目标。个人工作系统在培养幼儿自理的过程中展现出一定的实用性和成效,为家庭提供了一种专业、系统的方法来促进幼儿的发展。

(五) 指导调整

在家庭中,家长扮演着家庭训练师的角色,而教师通过观察影像记录以及与家长的访谈,深入了解林林个人工作系统的实施情况,并为其提供有针对性的指导和调整。为了更好地适应幼儿的喜好和认知水平,教师在准备阶段请普班幼儿录制了有关进餐的视频,并将其展示给林林观看。这一综合运用影像和图示的双重辅助手段,旨在帮助林林建立正确进餐的姿势和方法。

在进行家庭指导的跟进过程中,教师发现在第三步"扶住碗"这一步骤中,家长使用了较为冗长的语句进行提醒,如"把手放在这里,不要动""手放在这里,放放好"。然而,林林只是反复重述了"不要动""放放好"这些话,却未能有效地执行相应的动作。经过分析,发现问题的根源在于家长发出语言指令时未充分配合动作演示,使得幼儿无法接收关键信息并执行相应动作。为解决这一问题,教师指导家长缩短语言指令,简化为"扶住碗",并结合适度的肢体协助。这样的调整,使得林林能成功跟随语言指令并有相应的执行动作。

在教师的后续观察中还发现,这种和动作匹配的重复性语言不仅在促进幼儿的执行上发挥作用,同时也成为了幼儿自主给予的语言提示。在家庭指导的过程中,家长可以逐步减少在这个环节中的语言指令,以促进幼儿更为自主地进行提示。这一专业性的调整不仅有助于优化家庭训练过程,还为幼儿的自主学习和发展提供了更有针对性的支持。

四、讨论

在前述个人工作系统的实施过程中,通过深入的家校讨论、全面的评估和有针对性的训练内容选择,林林在家庭环境中成功学会了自主进食,但本次个人工作系统在家庭中的应用还有许多方面需要进一步探讨。

(一) 个人工作系统的家庭应用效果

通过个人工作系统的训练,林林的日常自理能力有所提升。训练中采用了系统性的顺序式连扣法,结合了图示、强化物和相应的家长引导,为林林提供了清晰而有序的学习路径。她通过清晰的图示掌握了进餐的步骤,能够以自己的速度进餐,不再依赖成人的喂食,呈现出了较好的自理状态。如"握住勺子""扶住碗""将饭菜送至嘴边"这3个步骤,林林都已经从需要语言和部分肢体协助变为完全独立。在"舀起食物"这个环节中,林林也从需要家长的全肢体协助和语言提示,转变为只需语言提示和鼓励,每个动作技能都得到了提升。

此外,个人工作系统使林林认知与执行功能也有所发展。个人工作系统通过系统性的训练,强调了顺序性、逻辑性和执行能力,有助于林林的认知能力发展。比如,在学习进餐的过程中,她需要理解并按照步骤执行各项动作,这促进了她的注意力、记忆力和认知灵活性的提升。

最后,个人工作系统的开展激发了林林家庭的互动沟通,让家庭成员较之前有了更多的互动和沟通。家长在训练中的积极参与和支持,不仅帮助了林林的成长,也加强了家庭成员之间的亲子关系。比如,在进餐训练中,家长的引导和鼓励可以成为家庭成员之间的共同经历,增进彼此之间的理解和信任。

(二) 家庭指导的调整与优化

在个人工作系统的实施过程中,教师的专业指导和及时的动态化调整发挥了关键作用。教师根据林林的实际情况制定个性化训练方案,并对其进步和困难提供及时反馈和指导。这种个性化的辅导使得林林能够更快地掌握技能,进而提高训练的效率和效果。同时,通过家庭指导的观察与反馈,教师发现了家长在训练中可能出现的实际问题,如"语言指令冗长",并给予了相应的指导,强调了语言指令与动作演示的协同作用。随着家庭指导的持续开展,家长逐渐减少了语言指令,使得林林能更独立地进行相关活动,充分展现了系统性指导在林林技能发展中的有效性。

(三) 系统性训练的长期效果

最后,我们还应关注个人工作系统的长期效果。对于像林林这样的自闭症幼儿以及其他幼儿而言,需要进一步研究系统性训练是否能够在时间推移中维持其效果,并且是否能够在其他生活领域中产生辐射效应。通过追踪和评估长期效果,可以更全面地了解个人工作系统对自闭症幼儿全面发展的促进作用。

五、启示

(一) 综合性多维度观察

在个人工作系统应用于家庭训练前的准备过程中,教师通过多维度观察自闭症幼儿,深入研究其认知、社交、情感表达和自我管理等方面的特点。这不仅包括学校干预中的表现,还涵盖更广泛的层面,为制定家庭训练计划提供全面评估依据。

(二) 发展性观察与长期支持

通过与家长的紧密合作,建立长期的发展性观察机制。教师与家长定期沟通,审视幼儿的训练进展,共同制定下一阶段的训练目标,确保个人工作系统顺利推进并达到最终目标。这种定期的交流与支持机制有助于保持家长在家庭训练中的动力和方向感。

(三) 数字化工具的精准应用

教师充分运用数字化工具,通过腾讯会议或微信视频等方式与家长进行线上联络。这样的数字化应用不仅方便提供远程支持,也为教师获取实时的训练情况提供了便利。通过数字化工具,教师能够更及时地调整个人工作系统的计划,为家长提供更具体、个性化的支持。

综上所述,个人工作系统在家庭训练中的应用具有广阔的发展前景。通过不断创新和完善,可以更好地帮助自闭症幼儿在家庭环境中实现全面的发展,提高他们的自理能力、社交适应性和生活质量。同时,也将为家长和专业人员提供更多有效的工具和方法,为自闭症儿童的未来带来更多希望。

(指导专家:刘春玲)

■ 参考文献

[1] 孟灵博,麦坚凝,杨思渊.行为分析疗法结构化教学治疗儿童自闭症的疗效分析[J].中国妇

幼保健,2017.32(12):2625-2627.

[2] 徐云.自闭症儿童的早期发现、干预、教育研究进展[M].北京:科学出版社,2017:17-19,111.

[3] 协康会.自闭症儿童训练指南教学策略[M].广东:广东海燕电子音像出版社,2016:8-12,70,68.

[4] 秦春婷.浅谈个人工作系统对自闭症儿童的训练作用[J].考试周刊,2018(25):191-192.

[5] 袁海娟.自闭症谱系障碍儿童结构化教学的研究综述[J].现代特殊教育,2017(14):54-59.

[6] 马玉,王立新,魏柳青.自闭症者的视觉认知障碍及其神经机制[J].中国特殊教育,2011(4):60-64.

[7] 黄华权.个人工作系统应用于自闭症干预的研究综述[J].绥化学院报,2019(10):62-66.

[8] 王艳辉.结构化教育康复训练队自闭症患儿ABC、ATEC评分的影响[J].现代诊断与治疗,2020(3):996-997.

[9] 赖欣怡.个别化工作系统对过小普通班自闭症学生独立完成学习工作行为之研究[D].屏东:屏东教育大学,2013.

[10] 李斌,戚艳杰,张之霞,陈云,郑毅.结构化教育在自闭症儿童康复训练中的应用疗效[J].国际精神病学杂志,2018:1060-1063.

[11] 陈莲俊.自闭症儿童的早期家庭指导[D].上海:华东师范大学,2018.11.

[12] 杨广学,王芳.自闭症整合干预[M].上海:复旦大学出版社,2017:42,147-148.

[13] 倪赤丹,苏敏.自闭症儿童家庭的需求与社会工作介入:来自深圳120个自闭症家庭的报告[J].广东工业大学学报(社会科学版),2012(5):36-41.

[14] 郭德华.应用行为分析:自闭症儿童的康复教育策略[M].北京:人民卫生出版社,2016.

[15] 刘鹏真,刘金荣.自闭症群体的家庭需求与支持体系建构[J].绥化学院学报,2018(8):113-121.

[16] 颜小钗.自闭症患者究竟需要怎样的服务[N].中国社会报,2015-04-03(5).

[17] 郭文斌,方俊明.学龄自闭症儿童家长亲职教育需求调查[J].西北师大学报(社会科学版),2016(3):101-105.

[18] 关宏会子.自闭症儿童家庭的亲职教育需求研究[D].武汉:华中科技大学,2012.

[19] 孙红,乔金霞,李枚倩.自闭症儿童家庭教育现状调查研究:以邹城市某自闭症康复训练中心为例[J].教育观察,2019(26):143-144.

[20] 罗玉梅,家庭干预模式在儿童自闭症谱系障碍中的临床研究[J].中国儿童保健杂志,2019,27(1):97-100.

[21] 王敏,张文昊,自闭症儿童家庭支持的现状研究[J].长江丛刊,2020(03):116-117.

[22] 陶婧,家庭教育对自闭症儿童的影响[J].特色研究,2020(1):117-119.

[23] 熊淑萍,自闭症儿童家长的亲职干预及其压力缓释[J].教育学术月刊,2019(6):59-64.

[24] 香港协康会.教导自闭症儿童的方法:结构化教学[M]//自闭症儿童训练指南.香港:香港协康会出版,1997.1-202.

[25] 黄琳,浅谈家校合作对自闭症儿童发展的影响及策略[J].佳木斯职业学院学报,2020(1):262-263.

积极行为支持理念下自闭症家庭教育指导工作体系的构建与实践

王志琴[*]

摘 要：自闭症学生的问题行为给家长带来养育压力。本研究旨在通过访谈调查和案例追踪，了解自闭症学生所处的家庭环境及教育现状，分析家长的教养心态。根据自闭症学生在家庭中问题行为的严重程度，以及家长的指导需求，构建自闭症学生问题行为干预的分级家庭指导工作体系，为不同层级的自闭症学生家庭提供有针对性的指导与支持。

关键词：积极行为支持　自闭症　家庭教育指导　工作体系

一、引言

自闭症儿童作为一类广泛性发育障碍的特殊儿童，由于存在语言沟通和社会性发展方面的缺陷，他们更容易出现问题行为。这些问题行为对学生发展、教师教学、家庭生活造成了严重的消极影响，给家长及家庭成员带来了很多困扰和挑战[1-2]。自闭症儿童家长的家庭教育康复意识和技能水平对自闭症儿童的康复和发展起着极为重要的作用[3]。对自闭症儿童家庭提供教育指导有助于促进自闭症儿童发展，满足家庭的教育需求，能够为家长赋能，促进家校共育。

目前，随着融合教育的进一步发展，进入辅读学校就读的特殊儿童障碍程度越来越严重。在我校，自闭症学生的数量达到45%，且障碍程度多为中重度。教师在开展自闭症学生问题行为家庭教育指导的过程中面临着较多的困难。且在以往针对自闭症儿童家长的调研中，问题行为处理方法培训始终是家长不变的需求。

本研究通过了解自闭症学生问题行为干预的家庭教育现状，以及教师关于自闭症学生问题行为干预的家庭教育指导现状。分析教师和家长在进行自闭症学生问题行为干预的家庭教育指导时存在的问题及需求。通过自闭症学生问题行为干

---

[*] 作者单位上海市徐汇区董李凤美康健学校

预的家庭教育指导工作体系的构建和实践,提高教师关于自闭症学生问题行为干预的家庭教育指导能力。

二、教师关于自闭症学生问题行为家庭教育指导的现状

本研究通过目的性抽样,选取我校 17 位学前至九年级的班主任老师作为访谈对象,了解我校教师关于自闭症学生问题行为家庭教育指导的现状。采用自编的《教师关于自闭症学生问题行为家庭教育指导的现状与需求调研》半结构化的访谈提纲。包括 4 方面内容:①教师关于自闭症学生问题行为家庭教育指导的认识;②教师关于自闭症学生问题行为家庭教育指导的做法;③教师在自闭症学生问题行为家庭指导过程中遇到的困难;④所需要的支持与帮助。研究结果分析采用扎根理论,使用质性分析软件 NVivo12,分析和提炼访谈资料,进行 3 个层级的编码。

(一)教师关于自闭症学生问题行为干预的家庭教育指导认识

明确问题行为出现的原因有助于教师选取合适的干预方法和策略。本研究通过对访谈资料进行 3 个层级的编码,总结出教师关于自闭症学生问题行为出现原因及其与家庭关系的认识。教师关于问题行为干预的家庭教育指导认识编码见表 1。

表 1 教师关于问题行为干预的家庭教育指导认识编码

一级编码	二级编码	三级编码	节点参考数
教师关于问题行为干预的家庭教育指导认识	出现问题行为的原因	身体生理的影响	12
		需求没有得到满足	9
		自身能力有限	7
		逃避任务	7
		周围环境的影响	4
		寻求他人的关注	2
		原因不清楚	1
	问题行为和家庭的关系	有关系	10
		有一定关系	6
		没有关系	1

从表 1 可以看到,教师将学生出现问题行为的原因归因于学生的障碍特征、身

体生理原因及家庭的环境、父母的教养技能等。大部分教师能够根据学生的情况,分析学生出现问题行为的功能,发现学生出现问题行为的原因。但是几乎所有的教师都会认为学生出现问题行为和家庭有关,学生出现问题行为和家长的教养方式、教育理念和教育方法存在很大关联。

(二) 教师关于自闭症学生问题行为干预的家庭教育指导做法

教师在明确学生问题行为需要进行干预后,需要制定问题行为干预计划,并积极与家长进行沟通互动,保持家校干预措施的一致性。通过对教师关于问题行为干预的家庭教育指导的方式、内容等进行编码,了解到教师关于问题行为干预的家庭教育指导做法。教师关于问题行为干预的家庭教育指导做法编码见表2。

表2 教师关于问题行为干预的家庭教育指导做法编码

一级编码	二级编码	三级编码	节点参考数
教师关于问题行为干预的家庭教育指导做法	指导的行为	课堂扰乱行为	8
		自伤或伤害他人行为	5
		发脾气行为	4
		有危险的行为	3
		攻击行为	3
		发生频率高的行为	2
		需要家长配合干预的行为	2
		与性有关的行为	1
	指导的方式	微信	12
		电话	11
		面聊	9
	指导的内容	沟通家里和学校的情况	17
		出现问题行为的原因	6
		学校里问题行为的干预方法	5
		沟通家庭内干预方法	4

根据节点数量可以发现,教师指导较多的问题行为是课堂扰乱行为和伤害行为等。访谈发现,教师会根据学生问题行为发生的频率和严重程度决定是否跟家长沟通。沟通时,会根据学生问题行为的严重程度、沟通的效率和效果来选择沟通

的方式。在开展问题行为干预的指导时,会先与家长沟通学生在学校里的情况,了解家里出现问题行为的情况。再向家长说明教师关于学生出现问题行为原因的推测及教师采取的有效的干预措施。在家长认同时,家校共同协商有效的干预方法和干预策略。

(三) 教师关于自闭症学生问题行为干预的家庭教育指导困难

教师家庭教育指导的效能感将直接影响教师在进行家庭教育指导工作中的热情与努力。家长的接受度、配合度、学校的支持、问题行为的改善等因素会直接影响教师的效能感。教师关于问题行为干预的家庭教育指导效能感编码见表3。

表3　教师关于问题行为干预的家庭教育指导效能感编码

一级编码	二级编码	三级编码	节点参考数
教师关于问题行为干预的家庭教育指导成效	达成预期效果	比较顺畅,能达到老师的预期	5
	部分达到预期	部分家庭能达到预期	4
		达不到家长的预期	4
		取决于问题行为改善的情况	3
	达不到预期	跟孩子自身有关系	1

访谈中发现,有的教师提出家长不承认自己孩子的情况,不认可教师反馈的问题行为,有的家长不重视,觉得无所谓。这对问题行为的解决造成了很大的困难,可见家长的认可、接受是家校沟通合作的第一步。有教师明确地表示家长首先要有想被帮助、支持的想法和动力,教师才会开展家校协同共育。此外,由于学生的问题行为发生的持续时间长、频率高,干预难度较大,这也会导致教师在家庭教育指导时效能感不高。教师关于问题行为干预的家庭教育指导的困难及原因编码见表4。

表4　教师关于问题行为干预的家庭教育指导的困难及原因编码

一级编码	二级编码	三级编码	节点参考数
教师关于问题行为干预的家庭教育指导困难	没有困难	没有特别大的困难	4
	存在的困难	问题行为干预有困难	8
		家校对问题行为认识不一致	6
		在跟进方面有困难	1

(续表)

一级编码	二级编码	三级编码	节点参考数
	困难的原因	教师缺乏有效的干预方法	6
		家长不接纳孩子	2
		家长不重视孩子的问题行为	2
		家长有自己的教育理念	2
		家长不相信教师的话	1
		问题行为需要医教结合综合干预	1

从节点数量中可以发现,大部分教师在进行问题行为干预的家庭教育指导中存在困难,主要表现为问题行为干预存在困难或干预效果不佳。访谈中发现,有些教师职前学历教育专业性不足,非特殊教育专业出身,缺乏有效的指导方法和策略,在问题行为原因的分析及有效干预措施的制定方面存在困难。此外,家长关于学生问题行为的认识和配合度也会对教师的家庭教育指导带来困难,需要专业人士提供专业的支持与帮助,共同分析与干预学生的问题行为。

三、自闭症家庭教育指导工作体系的构建

根据学生在家庭中问题行为的严重程度,考虑家长需求的强度,结合家庭类型,开展自闭症学生家庭分级分类指导,为不同层级的家庭提供有针对性的指导与支持,架构自闭症学生问题行为干预家庭指导工作体系。不同层级家庭指导的对象和指导目标见表5。

表5 不同层级家庭指导的对象和指导目标

级别	指导对象	指导目标
问题行为干预一级家庭指导	全体自闭症学生家庭	通过正向引导与培训进行预防性质的行为支持,帮助家长树立正确的教育理念,提升家长积极的教养技能
问题行为干预二级家庭指导	自闭症学生在家庭中出现问题行为,需要针对性指导的家庭	通过建立专业人员、班主任与家长之间的常规交流机制,制定家庭中的行为干预计划,通过提供个别化的支持促进学生在家庭中的进步,提高家长的问题行为干预能力

（续表）

级别	指导对象	指导目标
问题行为干预三级家庭指导	自闭症学生在家庭中情绪行为问题严重,容易做出较危险行为,需要全面支持的家庭	通过建立专业团队对学生的问题行为功能进行评估,为学生制定全面的家庭行为支持计划。通过家校合作,帮助学生建立正向情绪。同时,为家长提供支持,提高问题行为干预能力,缓解家长焦虑情绪,建立信心

通过规范自闭症学生问题行为干预的三级家庭指导流程,明确各方协同人员的家庭指导职责,做好家庭指导的分工与协作,提高教师关于自闭症学生问题行为干预的家庭教育指导能力。不同层级自闭症学生问题行为干预的家庭指导人员组成、具体职责和指导内容见表6。

表6　不同层级自闭症学生问题行为干预的家庭指导人员组成、具体职责和指导内容

级别	人员组成	职责	指导内容
问题行为干预一级家庭指导	教导处	协调学校各方资源	1. 正向行为支持的教育理念; 2. 布置促进学生学习的家庭环境; 3. 学生各阶段生理与心理的发展特点与需求; 4. 帮助学生更好地表达与沟通的知识与方法; 5. 当学生出现某些行为问题时处理的方法与策略; 6. 学生良好行为培养的方法与策略; 7. 强化物的选择与使用方法; 8. 与学生互动的方法与技巧; 9. 缓解压力的心理调适方法
	积极行为支持教师	制作指导内容资源,对家长提供专业指导	
	班主任	了解家长的需求,搭建专业人员与家长之间的桥梁,向家长传递指导内容	
	学科教师	在学科沟通与指导中,帮助家长树立正确的教育理念,培养家长积极教养态度和方式	
	心理教师	挖掘和培育家长的积极力量和积极品质,传递缓解压力的方法	
	专家	提供养育方面的知识和技能	
	家长	分享养育方面的经验	
问题行为干预二级家庭指导	教导处	协调学校各方资源	1. 发现学生的问题行为; 2. 评估学生的问题行为; 3. 问题行为发生的预防策略; 4. 教授新的良好行为的技能; 5. 制定问题行为的干预目标; 6. 制定问题行为的干预策略; 7. 实施问题行为干预的方法和策略; 8. 缓解压力的心理调适方法
	积极行为支持教师	和家长共同评估学生问题行为,制定、指导和调整行为干预计划	
	班主任	参与制定支持计划,反馈班级内干预实施情况,并及时调整,提出建议	
	学科教师	实施相关的班级内干预计划,反馈干预实施情况,根据实施情况提出建议	

(续表)

级别	人员组成	职责	指导内容
	心理教师	评估学生情绪问题行为,参与制定支持计划,缓解家长焦虑情绪	
	专家	对个别化干预提出指导意见	
	家长	分享学生问题行为干预经验	
问题行为干预三级家庭指导	教导处	协调各方资源,提供保障	1. 发现学生的问题行为; 2. 评估学生的问题行为; 3. 问题行为发生的预防策略; 4. 教授新的良好行为的技能; 5. 制定问题行为的干预目标; 6. 制定问题行为的干预策略; 7. 实施问题行为干预的方法和策略; 8. 舒缓学生严重情绪行为问题的方法与策略; 9. 家长自我心理调适方法与技巧
	积极行为支持教师	与家长保持密切联系,共同制定、实施、监控学生个别化教育计划	
	班主任	给予家长必要支持与辅导,反馈学生在校干预情况,根据实施情况提出家庭教育建议	
	学科教师	根据学生个别化支持计划对家长进行学科学习策略指导	
	心理教师	为家长提供必要的心理支持,缓解家长焦虑情绪	
	专家	为家长提供针对性指导	

四、自闭症家庭教育指导工作体系的实践

(一)实施流程

1. 成立指导小组

开展问题行为干预家庭指导首先需要一个专业有力的小组。小组成员包括教导处、积极行为支持教师、班主任、心理教师、专家等人员。各方人员在评估问题行为、制定并实施行为干预计划的过程中开展分工合作。小组成员通过定期的或常规的沟通交流保持信息资源的共享和交流,为学生的问题行为干预共同努力,提供一致而全面的干预。

2. 开展资源管理

在开展行为评估之前,班主任和积极行为支持教师需要和家长建立相互信任的合作关系,使家长愿意积极参与到行为干预中。开展家庭内的行为功能评估,需要教师访谈家长与熟悉学生的家人,收集有关学生的行为资料。指导家长使用

ABC评估方法评估家庭内发生的问题行为，客观记录行为发生之前、之后的事件，了解问题行为发生的原因以及功能，为制定行为干预计划提供支持。

3. 实施行为支持

在准确了解、评估学生问题行为功能后，积极行为支持教师需要与家长协同制定家庭内的干预计划，制定适合学生的干预目标，必要时需要联合心理教师、班主任和专家共同商讨。在此过程中，教师应向家长提供并指导使用干预方法、策略的技巧。同时，及时了解家庭训练的实施情况，提供有针对性的个别化指导与支持。如提供一些范例、建议（指令清晰、简短，将兴趣和目标相结合等），帮助家长更好地实施干预。

学校干预团队召开个别化干预计划预备会议后，由班主任邀请家长，申请召开学生个别化干预计划正式会议。根据之前的评估，会议上将确定完整的、详细的个别化干预计划，并明确每个成员的任务与分工。

4. 保持持续评估

在个别化干预计划的实施过程中，将由个别化干预计划评估小组每月对实施效果进行评估，认定干预措施的干预效果。如果评估结果显示干预措施有效，则继续实施干预计划，如果部分有效，则对干预计划进行必要调整后继续实施。当学生情况稳定一个月后，可由班主任、心理教师、积极行为支持教师、家长中的一人提出申请，结束干预措施。如果评估结果显示干预措施无效，评估小组要继续查找原因，确定是个别化干预计划不当的原因还是需要介入医学支持的原因，再由校方向家长提出就医或转介的建议。在实施的过程中，积极行为支持教师需要不断地收集资料，对行为干预的效果进行持续的评估。评估的内容主要包括：学生行为的改变、行为支持计划的合理性和可接受性，以及父母对行为支持计划的满意度。在进行评估时，尽量采取数据容易收集、费时较少的评估方法，监控干预计划实施的过程，及时调整干预计划。

（二）指导途径

面向自闭症学生家长开展问题行为干预家庭指导时，采用线上线下相结合的形式。

1. 微信

通过微信公众号开展问题行为评估和干预指导，帮助家长树立正向行为支持的教育理念，掌握问题行为干预的方法，如《如何看待自闭症儿童常见的问题行为》。针对有需要的个别自闭症学生家长，教师通过微信一对一进行沟通和指导。

2. 晓黑板

通过晓黑板中积极行为支持班级群向家长提供家庭指导课程资源。并通过班主任老师进行资源的推送,有需要的家长可以在群中与教师以及其他家长进行沟通交流。如"公共场合哭闹怎么办？""17个技巧击破自闭儿的情绪障碍"等。

3. 专家讲座

邀请校内外专家讲解自闭症儿童的问题行为干预的理论知识与干预策略及技巧,开展家长咨询,解答家长的困惑。

4. 家长工作坊

招募家长,组织家长彼此互帮互助,分享经验,彼此获得理解和支持。同时丰富自闭症学生问题行为干预的家庭指导资源。

5. 面聊

当自闭症学生问题行为挑战性较大,家长迫切需要指导时,教师会通过一对一或是个别化教育会议的形式,开展与家长面对面的沟通与指导,与家长共同探索学生问题行为的原因,以及在学校和家庭范围内可采取的干预措施等。同时帮助家长进行心理疏导,舒缓焦虑,建立平和心态。

(三) 实施保障

1. 制度保障

为推进问题行为干预家庭指导课程资源的开发,学校应建立相应的制度保障,对参加课程开发的教师核定相应的工作量。

2. 人员保障

在开展一级家庭指导时,注重多方人员的参与和合作,如校外专家、积极行为支持教师、班主任教师等。在开展二、三级家庭指导时,建立干预团队,共同分析学生出现情绪行为问题的原因,制定干预目标和措施,并按需引进校外专家提供指导。

3. 技术保障

为保证家庭指导资源高效传递,需要提供技术方面的保障。如课程资源的制作与美化、课程资源的传递与推送等。

五、实践成果

(一) 开发与累积了问题行为干预的指导资源

1. 问题行为干预指导文章

课题组通过上海市自闭症儿童教育公众号和学校公众号向教师和家长开展

《如何看待自闭症儿童常见的问题行为》《如何找准自闭症儿童问题行为背后的原因》《如何制定问题行为的干预目标》《如何选择干预策略》《如何实施问题行为的干预》《自闭症儿童问题行为干预的案例——以发脾气行为为例》等指导。其中，6篇文章的阅读点击量最低为242，最高达1359。家长们反馈通过公众号的文章了解到问题行为处理的理念，并能够掌握一些处理问题行为的原则和方法。

2. 问题行为干预指导课程

为提高教师关于自闭症学生问题行为干预的指导能力，开发并制作注意力分散行为、重复刻板行为、与进食有关的问题行为、自我伤害行为、课堂扰乱行为、冲动行为、攻击行为、发脾气行为、青春期问题行为、不顺从行为等10个指导课程。课程主要采取视频学习的方式，介绍学生问题行为的常见表现、原因与干预措施，并通过生动的案例，帮助教师掌握评估学生问题行为的方法，知道如何制订针对学生问题行为的干预计划，并实施学生的干预计划。以课题组开发的区级培训课程《学生发脾气行为干预及案例解析》为例，课程主要内容见表7。

表7 《学生发脾气行为干预及案例解析》课程主要内容

章节	主题	内容
第一章	发脾气行为的常见表现、原因与干预措施	发脾气行为的常见表现与原因； 发脾气行为的常见干预措施； 发脾气行为干预中的常见问题与解答
第二章	发脾气行为原因的评估	评估方法介绍； 评估的过程与方法
第三章	发脾气行为干预计划的制订及实施	干预计划的制订； 干预计划的实施
第四章	案例分析一：哭闹发脾气行为干预	学生基本情况； 学生发脾气行为的功能评估； 学生发脾气行为干预计划的制订与实施； 注意事项及案例反思
第五章	案例分析二：打人发脾气行为干预	学生基本情况； 学生发脾气行为的功能评估； 学生发脾气行为干预计划的制订与实施； 注意事项及案例反思
第六章	学生发脾气时危险行为的干预策略	危险行为的7个发展阶段； 危险行为的干预设计； 拓展阅读：《自闭症儿童这8个情绪阶段，你知道该怎么做吗？》

3. 问题行为干预指导案例

以案例的形式进行自闭症学生问题行为干预的家庭教育指导策略的研究、探索和实施。共撰写不顺从行为、发脾气行为、攻击行为、与性有关的问题行为等7篇家庭指导案例。通过提炼出有效的家庭指导策略，促使教师的专业技能获得提升，家校合作日益紧密。比如，小曹同学在居家学习期间不顺从行为增多，做事情时要按照自己的意愿做，稍有不如意，就会出现一些问题行为，如尖叫、躺在地上，不高兴时随意扔东西。妈妈在小曹同学出现上述问题后，首先会等小曹冷静，冷静过后会告诉小曹刚才的行为不对，也会试图让小曹同学做完刚才未完成的任务，但小曹同学拒绝后，就不再坚持要求，以维持小曹同学情绪稳定为主。在小曹情绪好时，会试图多给小曹同学安排一些任务，但不会勉强，以商量为主。对小曹同学的不顺从行为干预，教师在学校干预中比较有效的做法是制定图文结合的行为干预评价表，明确良好行为与相应奖励，但这一方法在居家环境中，妈妈表示执行起来有难度。与妈妈沟通后，一起制定了最简单易行的方式：①尽量预防问题行为的产生，利用小曹语言理解的优势，妈妈在提出要求时，尽量提出小曹同学会执行的任务，避免问题产生，也避免一直维持在不顺从的行为模式中；②不顺从行为产生后，采取暂时冷处理的方式，避免问题持续升级；③不顺从行为产生后，如果可以，要分析小曹的行为，对其合理与不合理的地方进行客观评价，要明确告诉小曹同学，她的行为哪些地方妈妈是不接受的，以及妈妈的感受，同时提出妈妈期望的行为。经过一段时间的家校合作，小曹妈妈会主动地跟教师分享她在家里的点滴进步，家长也反馈，小曹在家里的不顺从行为减少了许多，情绪也比较稳定。

（二）探索并形成了问题行为干预的指导流程

为实现家校资源共享，构建信息化的家校共育平台。课题组在运用晓黑板信息化平台开展自闭症家庭教育指导的实践过程中，通过探索、实践与总结，不断优化措施，逐步形成了自闭症学生家庭指导流程，如图1所示。

多方协作组建班群 → 开展调研了解需求 → 精心制作提供资源 → 答疑讨论有效传递

图1 自闭症学生家庭指导流程

"自闭症学生班级群"打破了原有的一对一家校沟通模式，教师之间、家长之间增进了沟通和了解，互动频率增加，互动形式多样。一方面，让教师了解到更多学生和家长的需求，促进了教师和家长之间的沟通；另一方面，也为家长们提供了一个互助交流的平台,家长们彼此分享教育经验,拉近了家长之间的距离,很大程度上有助于减轻家长的养育压力。

疫情期间,家长承担了处理学生问题行为的主要任务。在开展线上家庭教育指导的过程中,有很多的家长向教师求助如何处理孩子的问题行为。虽然通过家校日常沟通、晓黑板、积极行为支持教师个别化指导等多种途径方法提供给家长多方面的指导,但部分家长仍旧反映,文字材料资源的提供虽然让家长知道处理问题行为的步骤和方法,但在实际操作的过程中仍会遇到很多困难。课题组通过《如何处理孩子在公共场合中的不恰当行为》家长工作坊活动的组织与实施。探索并形成了线下问题行为干预的家庭指导活动实施流程,如图 2 所示。

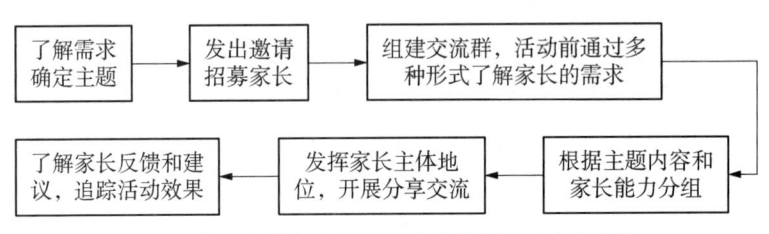

了解需求确定主题 → 发出邀请招募家长 → 组建交流群,活动前通过多种形式了解家长的需求 → 根据主题内容和家长能力分组 → 发挥家长主体地位,开展分享交流 → 了解家长反馈和建议,追踪活动效果

图 2 线下问题行为干预的家庭指导活动实施流程

(三) 丰富并提高了教师和家长关于学生问题行为的认识和处理能力

当学生出现问题行为的时候,有些教师没有办法明确原因,在跟家长讨论有效的措施,提供专业指导时,没有底气。针对出现问题行为的学生,课题组教师与学校行政管理者及学生班级内所有教师共同开展班本合作教研,课题组教师基于 ABC 序列处理行为的思路,提供专业指导,逐步引导教师们推测学生出现问题行为背后的原因,共同制定学生问题行为的干预目标和措施。教师在此过程中专业素养得到提升,在明确了学生问题行为原因后,教师在开展问题行为干预的家庭指导时更加有自信有底气。通过走进自闭症学生家庭,对家长进行有关学生问题行为干预的相关指导,在此过程中,教师积累了很多关于学生问题行为干预的家庭指导经验,指导能力得到不断提升。

在开展问题行为干预家庭指导的过程中,课题组发现家长在学生问题行为干预方面的知识、态度、方法、情感等都有了很大的改善。如之前遇到学生发脾气时,家长会感到不知所措。现在,家长能够快速调整好自己的心态,冷静地分析在学生发脾气前发生了什么,找到学生发脾气的原因,并采取适当有效的方法帮助学生疏导情绪,掌握正确表达情绪的方法。家长们在教师的指导和帮助下收获很多。比如,有家长认为通过工作坊活动了解到了 ABC 的行为处理思路,掌握了实用的问题行为处理方法,同时,也从老师和其他家长身上感受到了情感上的支持。参与活动的希希妈妈说到:参与家长工作坊的收获有两个方面,第一个就是实用的技巧方法上的,通过老师的梳理我们可以看到很多令我们困扰的行为,仔细去分析背后的原因,然后去寻找有效的解决方案。虽然每一个孩子的行为不尽相同,但这个思路给了我们一个方法论的东西。可以让我们在应对这些情况的时候,从预防开始,老师提到的这个前置的就是技能的准备。在行为发生的时候,不管是处理的情绪上还是方法上会取得更有效的效果,这是知识技能方面的收获。还有一个收获是情绪方面的,我们这些家长的情绪压力和苦恼,其他的朋友也不是完全能够理解的。所以我们这些有共同语言的人能有这样的一个场合,大家说一说互相的问题,互相讨论,互相取经,我觉得给我们带来情绪方面的疏导,提供的情绪方面的价值是很宝贵的。

(指导专家:昝飞)

参考文献

[1] Davis NO, Carter AS. Parenting stress in the mothers and fathers of toddlers with autism spectrum disorders: Associations with child characteristics [J]. J Autism Dev Disorder, 2008,38(7):1278-1291.

[2] Lecavalier L, Leone S, Wiltez J. The impact of behaviour problems on caregiver stress in young people with autism spectrum disorders [J]. J Intellect Disabil Res, 2006,50(3): 172-183.

[3] 彭如心.自闭症儿童家庭教育的困境与建议[J].中小学心理健康教育,2022(10):78-80.

小学自闭症学生陪读人员指导策略研究

盛 萍[*]

摘 要：自闭症孩子在进入学龄阶段往往会有较多的情绪和问题行为需要得到帮助，而普通学校现有的师资难以提供适切的支持，因此陪读人员进校逐渐成为一种解决方案。但是大部分陪读人员的客观认知和专业知识欠缺，难以在陪读过程中与学校紧密配合，达成陪读的初衷。陪读人员进校有利有弊，学校如何与家庭、陪读人员三方合作，充分利用陪读的优势，尽量避免陪读造成的不便是一件非常有意义的工作。

本研究通过文献研究、问卷调查、行动研究等方法，了解区域内陪读的现状，包括陪读人员的构成、面临的困惑、需求等问题，梳理自闭症学生陪读人员进校流程，明确区域自闭症学生陪读人员现状及指导需求，总结自闭症学生陪读的职责、步骤和策略，形成陪读人员支持手册；通过一对一指导、讲座、沙龙、个案干预等形式，探索提升陪读质量的学校指导策略，将研究成果切实运用并推广到日常家校工作中。

关键词：自闭症 陪读人员 指导策略

一、问题提出

随着融合教育理念的普及和各级各类相关政策的不断出台，越来越多自闭症学生能够进入普通学校接受教育。但是自闭症学生的情绪管理和问题行为往往令普通学校的老师应接不暇。为帮助自闭症学生进行行为管理，并督促其参与集体学习，不少中小学接纳陪读人员进校。笔者所在学区内先后接纳了十余名陪读人员进校，但是由于缺乏客观的认识和科学的方法，陪读人员在陪读过程中出现颇多问题，有些不仅没能有效帮助自闭症学生，还影响学生的情绪，甚至造成家校矛盾。

陪读是指针对具有较高程度支持需求的学生的一种特殊的教育支持方式。当学校现有资源难以满足学生的需求、难以给予学生充分的支持时，由家长和学校共

---

[*] 作者单位上海市教育科学研究院实验小学

同商讨,家长自身或聘请专业教师陪同学生一起进入课堂学习。陪读作为一种辅助手段,旨在形成学校、家长及陪读人员的教育合力,共同解决学生在学校内发生的问题,帮助有特殊教育需要的学生适应学校的学习生活。

在我校虽然有专职教师和资源教室,会对申请随班就读的自闭症学生在资源教室内进行个别化辅导,但是很难做到在集体课堂中对每个自闭症孩子实施一对一干预。不少学科教师反映,孩子在集体课堂中常常有扰乱课堂纪律的行为,极大影响了正常的教学秩序。另一方面,自闭症学生的家长对孩子的学业和行为规范也有一定的要求,希望能及时督促和帮助学生学习,因此学校经协商后,允许有需要的学生家长进校陪读。

特殊教育领域的陪读现象作为一种具体的家校合作形式,近年来也开始受到国内一些研究者的关注。但是针对陪读人员的具体职责和如何有效陪读的研究较少。在美国,普通学校广泛聘任大量专业助手来协助普通教师和特殊教育专业人员,为特殊学生提供特殊教育及相关服务,成为美国融合教育不可忽视的人员支持力量。经过多年发展,美国融合教育专业助手制度日趋完善[1]。国内多将融合教育专业助手称为"影子老师"。在国外很少听到有家长陪读的现象,多数是由"影子老师"担任普通教师的助手,协助进行特殊学生的教育教学工作。

而现实中,国内陪读人员的构成又比较复杂,大多数人没有经过专业的训练。目前各个城市还基本没有针对家长进行教育辅导自闭症儿童技能的专业培训,自闭症儿童家长大都是通过一些自发式社会组织(如自闭症者家长联谊会)或网络获得相应的教育指导[2]。在陪读的过程中势必会面临很多的问题和困难,不能很好地达成陪读的目标,亟需更专业更有效的指导。

本研究通过梳理陪读人员应知、应会的内容,尝试开发并形成针对陪读人员的多元指导策略,编制《陪读人员支持手册》,以提高陪读的有效性,促进自闭症学生的发展,同时为其他普通学校接纳和指导陪读人员提供借鉴和参考。在无法获得专业影子教师陪读的情况下,本研究旨在帮助陪读人员正确认识自闭症儿童的需求,学习简单的干预方法,通过陪读帮助学生建立行为规范和学习习惯,提升自我管理能力等,最终达到逐渐减少陪读时长,甚至完全不需要陪读的目的。

二、研究设计

(一) 研究目标

通过研究,形成对"陪读"教育形式的深刻理解,聚焦提升自闭症学生自我管理能力,探索融合教育中家校合作新形式,在实践研究中,不断摸索"陪读"的策略步骤方法,积累经验,形成有价值、值得推广的针对不同陪读人员的指导策略,切实提高陪读的有效性。

(二) 研究内容

(1) 自闭症学生陪读人员专业水平现状及提升需求研究。
(2) 梳理陪读人员应知、应会内容,提炼针对不同基础的陪读人员的指导策略。
(3) 提升陪读人员专业水平的实践研究。

(三) 研究方法

1. 文献研究法

运用文献研究法,搜集检视相关的文献资料,了解国内外特需学生"家长(或影子老师)陪读"的现状,总结普适化的陪读方法;梳理国内外融合教育背景下影子教师提供支持服务的已有经验和成果,为本课题提供理论支持。

2. 问卷调查法

运用问卷调查法,采用特教工作坊自编的《随班就读学生陪读人员情况调研问卷》了解当前区域内陪读家长的构成、陪读心理、需求、主要遇到的困难,从中找到相应的解决方法,为陪读家长提供更好的教育特殊学生的方式,从而为后续的实践提供现实依据;采用华东师范大学张珍珍编制的《陪读人员角色期待问卷》《陪读人员角色实践问卷》(上述问卷将陪读人员的角色分为了:学习协助、协助 IEP 的制定与实施、行为管理、生活照料、沟通联络、班务支持这 6 个维度)搜集信息,了解并掌握当下学校教师、陪读学生家长对陪读现象的认识,发现主要问题,寻找研究的切入点;对学生的学校适应、危险意识、行为规范等能力水平进行评估,根据学生不同能力水平,与教师、家长协商相应的陪读层级。

3. 行动研究法

运用行动研究法,通过专家指导,讲座等活动,提高教师、家长等利益相关者对自闭症学生陪读形式的认识;依据策略方法,指导陪读家长实施,汇总结果。

第一轮研究中,学校全体教师聆听了专家关于自闭症儿童的报告,了解自闭症儿童的基本情形。通过调研,了解区域内陪读人员的现状及需求,然后由特教专职教师组织相关教师和陪读人员开展座谈,提出陪读注意事项;在后续的陪读过程中,针对具体事例,不断调整改进;最后进行阶段性汇总,分析学生的成长与进步、遇到的问题,以及教师和陪读人员各自的收获及困惑。

第二轮研究中,总结经验,确定了陪读人员进校的具体流程;梳理第一轮中自闭症儿童常见的问题行为,总结自闭症学生陪读人员的职责、步骤和策略,形成《陪读人员支持手册》(初稿);除了讲座外,根据手册,增加专职教师与陪读人员一对一指导的内容和时间,促进陪读人员专业水平的提升。

(四)研究过程

1. 准备阶段(2021年9月—2021年12月)

文献研究和调查研究,收集相关资料,了解校内、学区内自闭症学生陪读现状,发现问题。

2. 实施阶段(2022年1月—2022年12月)

通过自学、专家培训、组内研讨等方式,初步提高教师和家长对陪读这一融合教育形式的认识。在达成共识的基础上,通过行动研究和经验总结,逐步厘清有效的陪读步骤、策略和方法。

3. 总结阶段(2023年1月—2023年8月)

梳理研究过程和案例,编制《陪读人员支持手册》,撰写结题报告。

三、研究结果

(一)梳理自闭症学生陪读人员进校流程,方便各方操作

经过几轮尝试与梳理,课题组将整个陪读过程简化为以下流程,如图1所示,方便学校、家长和陪读人员了解与操作。

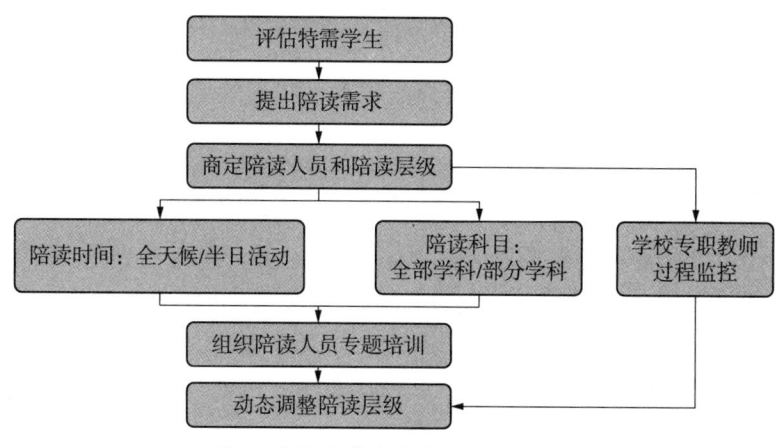

图1 自闭症学生陪读人员进校流程

1. 提出陪读需求

通常当学生在校内出现紧急行为、严重行为甚至过度行为,如在课堂上出现持续性的情绪崩溃、赖地,且对自身和他人产生不良影响时,就需要考虑陪读人员的

介入了。此外,有的学生可能没有出现严重的情绪与行为问题,但由于自身障碍难以独立参与学校的生活,也可能需要考虑陪读人员的支持。

2. 商定陪读人员和陪读层级

由各校分管领导、专职特教教师、班主任、学科老师及家长共同组成融合教育团队,对自闭症学生的发展现状进行全面评估。基于评估,与学生家长商定陪读人选,并及时将其加入教育团队,明确陪读层级。陪读层级包含陪读时长(全天陪读还是部分时段陪读)、陪读科目(全面参与各学科的陪读,还是有选择性地针对学生困难较大的部分学科进行陪读)等。

3. 组织专题培训

调研结果显示,陪读人员存在多方面的指导需求,亟需提升陪读有效性。为此,在流程中设计"专题培训"环节,各校由专职特教教师牵头,组织陪读人员进行形式多样、内容适切的专题培训。形式如一对一指导、专家讲座学习等;内容包含《陪读人员须知》《陪读人员支持手册》等。

4. 过程监控,动态调整

陪读支持启动后,专职特教教师负责过程中的跟进:与班主任、学科教师和陪读人员等有关各方保持沟通,收集过程性资料,解决需求、化解矛盾。每半个学期,专职教师召集该生的融合教育工作组成员召开会议,评估学生的发展情况和陪读的支持成效,基于评估灵活调整陪读层级。若自闭症学生情况得以改善,则逐步降低陪读层级(如缩短陪读时间等),最终实现辅助力量的撤出;若情况加重,则加大对陪读人员的个别化指导力度,并视需要提升陪读层级。

(二) 明确区域自闭症学生陪读人员现状及指导需求

本次调查对象以徐汇区自闭症学生陪读人员为主,参与调查的陪读人员共31人,自闭症学生的年龄以6~10岁为主,共22人,11岁以上8人,1人小于6岁。

本次调研内容主要围绕"陪读人员的基本情况""陪读面临的困难"及"陪读需要的支持"3方面开展,明确了随班就读陪读人员的主要需求和有待进一步探讨的问题。

1. 陪读人员情况

随班就读学生陪读人员最高学历以大专及以上为主。其中,最高学历为本科及研究生的占比52%,大专学历占比20%,其余28%的人员学历为大专以下学历。近1/3的随班就读陪读人员为专业陪读,近1/3的随班就读陪读人员为父母,22%的随班就读陪读人员为祖辈,16%的陪读人员是非直系亲属的非专业陪读人员。

2. 陪读人员面临的困难

在谈及陪读困难时,大约45%的陪读人员认为陪读过程较顺利,过程中得到了教师的关心和支持,超过一半的陪读人员都面临着各式各样的困难,总结归纳后分为难以有效支持学生学习、他人不接纳、家长心理压力大3类。其中72%的陪读人员都提到缺乏有效支持随班就读学生学习和自理的方法,如面对作业问题、上课问题、如厕问题、突发情况问题、心理问题、情绪管理问题难以处理。有个别陪读人员提出陪读行为不被理解,随班就读学生及陪读行为受到他人指指点点。还有一位家长提到,陪读过程中看到孩子与其他学生的差异,心理压力很大。

3. 陪读人员的指导需求

(1) 指导内容。指导内容的统计结果见表1。

表1 指导内容的统计结果

选项	小计	比例
陪读时具体有效的做法指导	15	48.39%
陪读过程中提供硬件上的帮助(如座位、休息区域、饮用水等)	2	6.45%
学校教师和学生的尊重与理解	13	41.94%
其他	1	3.22%
本题有效填写人次	31	100%

48%的陪读人员到校陪读需要具体有效的做法指导,42%的陪读人员到校陪读需要学校教师和学生的尊重与理解,极少人需要硬件上的帮助,这从一定程度上反映了学校基本上都能为陪读提供良好的物理环境。

(2) 指导方式。指导方式的统计结果如图2所示。

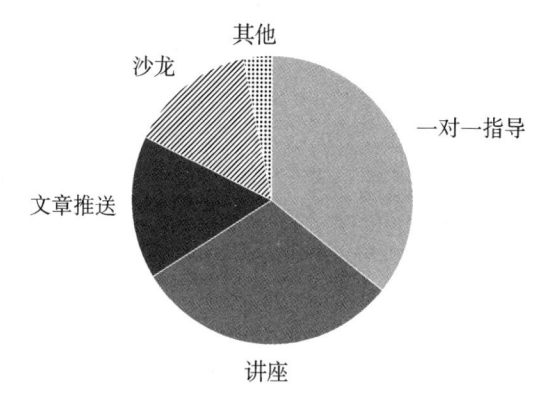

图2 指导方式的统计结果

超过一半的陪读人员更愿意获得一对一和讲座等方式的指导,这两种方式互动性强,一对一的方式能根据陪读人员的实际需要给予针对性的辅导,讲座也提供了交流的机会,方便专家为陪读人员答疑解惑。

(3) 交流对象。交流对象的统计结果如图 3 所示。

作为陪读人员,你希望与谁有更多交流?

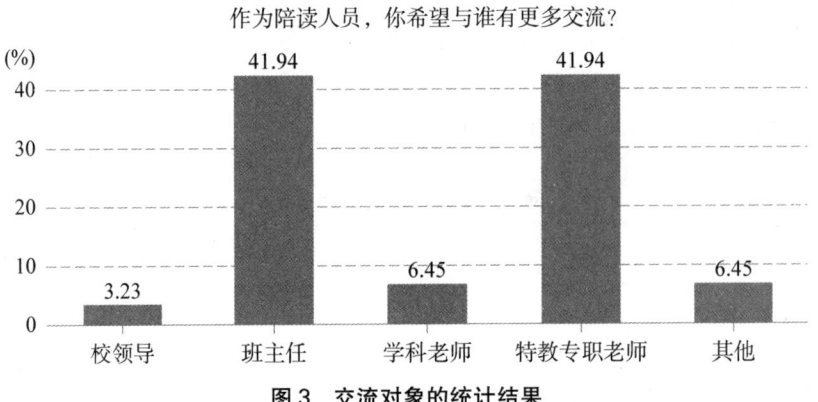

校领导	班主任	学科老师	特教专职老师	其他
3.23	41.94	6.45	41.94	6.45

图 3　交流对象的统计结果

近 84% 的陪读人员希望和班主任及特教专职教师有更多的交流,极少人选择与校领导、学科老师交流。由此可见,绝大部分陪读人员认为从班主任和专职教师处可以获得更多专业支持,帮助学生及陪读人员自身有所提高。

(三) 总结自闭症学生陪读的职责、步骤和策略,形成《陪读人员支持手册》

基于调查结果和文献研究所得,课题组立足区域内各校的实际情况,在专家老师的指导下,梳理形成了《普通学校特需学生陪读人员支持手册(试用版)》(以下简称《陪读人员支持手册》)。《陪读人员支持手册》内容包含了陪读的意义和职责、陪读的开始与结束以及陪读的支持策略等,希望能给陪读人员提供一些基础的理论指导和专业方面的支持。

1. 陪读的意义和职责

陪读人员身处帮助特需学生的第一线,为学生建立基本的安全保障,并支持学生顺利完成学业要求,满足其社交需求。陪读人员不仅弥补了普通教师和特教专业人员的不足,也在一定程度上促进自闭症学生在普通班级学习和生活质量的提高[3]。在特教专职教师的指导下,陪读人员势必成为个别化教育中非常重要的一环,起到不容忽视的作用。

普通学校中自闭症学生的陪读人员主要有:支持辅助与沟通联络两方面的职责。同时还要注意几个要点,如遵守学校和班级的要求,适度辅助、避免包办,灵活调整支持力度,提供其他辅助等。

2. 陪读的开始与结束

学生是否需要陪读,须从学生自身各方面需求综合考量,家校协商,达成一致目标,才能启动陪读支持介入。

在陪读开始前,需要家校共同制定陪读支持方案,确定陪读人员、陪读时间、责任分工等方面的内容。在陪读进行中,需要班级教师、家长与陪读人员建立和保持协作关系,齐心协力,提供有效的教育教学干预。当自闭症学生的支持需求降低,且越来越稳定时,陪读人员应逐渐减少辅助的时长、强度等,逐步撤离,甚至结束陪读。

3. 陪读的支持策略

总结自闭症学生和陪读人员的需求,《陪读人员支持手册》分别从学业学习、社交沟通、情绪行为和校园适应4个维度出发,以提出问题——分析原因——提供策略的结构,对自闭症学生经常会发生的若干个问题进行具体分析。

学业学习中包含如何帮助学生提升注意力、参与课堂活动、听从教师指令、完成课堂练习等;社交沟通中包含如何支持学生顺利交友、表达想法、面对冲突等;情绪行为中包含如何引导学生缓解焦虑情绪,同时提供策略以应对学生可能出现的发脾气、破坏性行为、攻击或自伤行为,以及不雅行为等问题;校园适应中包括指导学生按顺序活动、遵守集体规则、适应临时变化等。

以社交沟通维度中的如何支持学生顺利交友为例,如图4所示。《陪读人员支持手册》先提出问题——学生不愿意和其他同学交朋友,怎么办?然后分析上述问题形成的原因,最后分别给出了几条行之有效的支持策略建议,帮助陪读人员迅速了解自闭症学生的状况,并及时找到应对方法。

学生不愿意和其他同学交朋友,怎么办?
　一些特需学生由于反应速度较慢,可能关注不到别人对他说话,因而在他人发出社交邀请时,可能反应不过来或不搭理别人。还有部分特需学生(如自闭症学生)对于人际交往的兴趣较低,对身边的人或事缺少回应。

【支持策略】
● 建立和同学的信任关系。陪读人员可以从简单的小组任务活动入手引导学生逐步参与集体活动,和班级同学建立联系和信任。
● 教给学生和他人互动交往的方式。如上、下学时和同学、老师问好;在接受他人邀请时说"好的""我愿意",或者点头微笑;在拒绝时说"我不想做",或者摇头等语言或手势动作。
● 同伴帮助。与班主任沟通,为特需学生选择社交表现较好的同伴,引导特需学生观察模仿同伴良好的社交表现,其他同伴做到能够包容或者给予帮助。

图4　如何支持学生顺利交友

（四）建构自闭症学生陪读人员的学校指导策略

1. 提供必要支持，与陪读人员共同进行个案评估、建档

陪读人员刚入校时，对学生的情况和家长的需求有了一定的了解，但对学校的规章制度以及班级内的要求并不是很明确。专职特教老师要结合自闭症学生的实际，搭建家长、陪读人员、班主任等的沟通平台，详细了解学生的基本情况，如家庭教养情况、主要问题成因等，初步确认整体干预目标。通过沟通，让陪读人员进一步了解学生，更清晰陪读的目的以及学校、班级的基本情况，指导陪读人员以学期为单位记录干预子目标、干预方法、干预成效以及反思总结等，每个阶段对陪读人员和学生都有一个目标和预期成效。在每个阶段（每学期）结束之后，都会有一个达成情况和小结反思。其中达成情况是根据学生本学期的表现和陪读人员支持方式的改变来评价，小结反思则通过举例（学校、家庭）来评价学生在本阶段的总体表现和达成度，学生在校出现的问题，教师所采取的方法，陪读人员的具体支持，也要及时和家长沟通，形成完整的干预思路和干预方案，建立陪读支持档案，如图5所示。

自闭症学生陪读支持档案

学生姓名：_____ 小名：_____ 性别：□男 □女 班级：_____ 年龄_____
陪读人员与学生关系：□父母 □祖辈 □专业人员 □其他_____
陪读人员最高学历：□大学本科及以上 □高中 □初中及以下
是否接受过特殊教育专业培训：□是 □否
家长期望：
老师期望：
学生在校需要考虑的环境因素：
学生喜欢的物品/人/活动（能成为强化物的）
阶段目标：
集体环境中的学习生活常规：
语言/交流：
游戏：
学业：
计划详情：

时间	目标	方法	预期成效
……			

实际情况记录：
第一阶段（ 年 月 日～ 年 月 日）
阶段目标：
方法：
达成情况：
小结反思：
第二阶段
 ……

图 5　自闭症学生陪读支持档案

2. 掌握沟通技巧,和陪读人员进行有效交流

根据调查结果,了解到大多陪读人员在陪读期间面临着他人的不理解和自身心理压力大等困难。面对陪读人员的这些担心,教师应该多从陪读人员的角度考虑问题,在尊重和理解的基础上引导与交流,所以在沟通时切记不要直接否定陪读人员的行为或者观念,而是找到适合的切入点。

与陪读人员沟通时,教师要总结一些小技巧,比如首先充分肯定学生近期的进步和陪读人员的辛苦付出,使其感受到教师对学生的喜爱以及对陪读人员的肯定,从内心自觉接受教师的意见和建议,必要的时候可以邀请陪读人员到资源教室观摩专职教师对学生的个别教学。教师在和学生父母的交流过程中,要突出陪读人员的辛苦和努力,介绍陪读人员在校具体事例;同时也要让陪读人员充分地了解教师的工作,如详细记录和家长、陪读人员的交流过程,及时发现学生身上发生的变化,让陪读人员产生成就感,并在过程中不断寻找和调整适合每个陪读人员的教育指导方式,完全赢得陪读人员的信任和配合。

3. 采用多种形式,促进陪读人员专业水平提升

基于调查可知,陪读人员亟需特殊教育方面的专业指导,但是面对不同年龄、不同身份、不同学习背景的陪读人员,教师的指导形式势必不能千篇一律。为此,课题组采用了多元化的指导形式,旨在为不同类型的陪读人员提供既灵活又高效的指导,进而促进他们专业能力的提升。

(1) 专业引领,共同学习。针对自闭症学生普遍存在的问题,课题组积极组织线上线下的讲座和会议,对前期以学校为单位向陪读人员征集的"作业单"中的问题进行集中指导。如课题组引导陪读人员共同研读《陪读人员须知》;邀请专家就自然情境干预、基于ABA理论的问题行为干预与积极行为支持等科学策略进行专题讲座;组织有经验的专职教师分享在自闭症学生学校适应等方面的有效干预方法。

(2) 一对一指导,有的放矢。结合每个自闭症学生的行为或情绪问题,一对一指导陪读人员如何进行干预和支持,帮助指导陪读人员完成档案的记录,让他们更清楚地了解学生问题形成的原因以及解决的方法。尤其是祖辈陪读人员,对专家讲座内容的理解相对较弱,更愿意接受针对具体问题解决的指导方案。专职教师可以根据学生的具体事例,先提出行之有效的解决方案,事后再引导陪读人员运用理论进行分析,最后记录在案。当然,并不是每一次的干预方案都能获得成功,即使失败,也是一次经验,都能促使教师和陪读人员的进步。

(3) 增加交流,互学互助。通过学区沙龙,让较为专业的影子老师带头发言,在发言中分析各种常见问题行为的可能原因及干预方法,帮助其他陪读人员发现

自己的不足之处。同时也可提出困惑,请大家出出主意。在互动互学过程中,宣泄压力,感受团队的力量。与此同时,陪读人员和教师达成家校合作共识——对学生多一些信任和放手,少一些包揽和替代,陪读人员不是为学生做事,而是提供适度辅助,鼓励学生独立完成自己能做的事情,最终能依靠自己参与学校生活。

4. 运用问题导向,提高陪读人员实践能力

限于陪读人员的自身条件,很难要求他们完全掌握相关的特教理论,在陪读过程中,更需要实际操作的技巧和方法。因此,从实际问题出发,结合最基本的理论知识,提供相应的支持策略是陪读人员最迫切需要的。

基于陪读人员对学校和班级制度的陌生,课题组引导陪读人员共同研读《陪读人员须知》,学习校内相关的规章制度,明确在校期间应知、应会的内容,让陪读人员在维护校内秩序的同时保障自闭症学生在校园内顺利学习生活。

针对普遍反映的学生情绪与行为管理两方面的问题,课题组还组织了学区内相关陪读人员共同学习一些先进的、被广泛运用的科学策略,商讨陪读人员在自闭症学生的学校适应等方面行之有效的干预方法。

根据陪读人员的指导需求,为每一位陪读人员提供《陪读人员支持手册》。其中列举了自闭症学生在学业学习、社交沟通、情绪行为、校园适应等方面遇到的常见问题,也提供了相应的支持策略。陪读人员可以根据实际情形,从中选择合适的干预方法进行尝试。《陪读人员支持手册》作为陪读人员重要的工具之一,帮助陪读人员尽快掌握陪读方法,为自闭症学生提供适切的支持。

四、研究成效

(一) 提升陪读人员的专业水平

通过课题组开展的理论学习和实践操作,相关陪读人员在思想认识、理论水平和实操经验上都有所提升。认识上,大家坚信只要对自己充满信心,运用科学的、适合学生的干预策略,小步走,每周甚至每月完成一个小目标,积累起来一定能有所收获。理论学习上,课题组成员和陪读人员都了解到,不论是 ABA 理论还是 PRT 都是以应用行为分析为原理的行为干预策略,应从不同的策略中找到适合学生、陪读人员和学校教育者的简单实用的方法,并在此基础上制定干预目标。实操上,根据干预目标制定干预计划,请干预有一定成效的陪读人员介绍经验和心得,也请所有陪读人员交流干预实施的情况,大家一起分析讨论成功或失败的原因。伴随着陪读人员专业水平的提升,陪读成效也逐步显现,家校合作共同提升陪读成

效的机制也呈现雏形。

（二）促进特需学生的能力发展

我校最初有 3 位学生需要陪读,小 S 和小 Z 是自闭症儿童,都是严重扰乱课堂秩序或存在安全问题,小 W 属于发育迟缓,自理能力薄弱,情绪不稳定。家校协商后,小 S 和小 Z 由奶奶陪读,小 W 由家政阿姨陪读。随着陪读项目研究的推进,小 Z 的进步明显,情绪控制和自我管理有显著提升,奶奶很快从全天陪读转变成上午陪读,然后再改为课后服务陪同,目前小 Z 已基本适应学校生活,不再需要陪读支持。小 S 和小 W 的课堂参与度也有所提高,问题行为逐渐减少,小 S 还交到了两位朋友。值得一提的是,小 S 奶奶积极参与到学校的科研课题中,与专职教师共同记录孩子课内与课间的行为、教师和陪读人员的应对措施及结果。第二学期,小 S 已经能做到在课内基本保持安静,完成适当的练习,课间用合适的活动替代危险行为,因此奶奶的陪读层级也随之降低,由原先的全天陪读改为半天陪读,有时甚至只要中午来校陪伴。小 W 的家政阿姨也不再一味地埋怨、批评,而是慢慢用奖励调动小 W 的积极性,鼓励他自己的事情自己做,不要事事依赖阿姨,逐渐由原先的全部学科陪读调整为部分学科陪读,对于小 W 喜欢的体育学科阿姨已经可以完全撤出。

此外,本项目还促进了自闭症学生的"小升初"转衔。由于学区内小学毕业生基本升入本学区初中,课题组专门组织初中和小学五年级的陪读人员"面对面",由初中段陪读介绍经验、答疑解惑,为自闭症学生适应初中提前做好准备。该活动得到陪读人员的一致好评。

（三）辐射引领学区内的陪读指导

课题组梳理了陪读人员进校流程、陪读人员须知及制度文本等,可为学区乃至整个区域普通学校接纳陪读进校辅助提供可借鉴的工作流程。经过现状调研和实践,课题组积累了陪读指导方法、陪读支持手册等一系列资料,在学区及区域内都具有一定推广价值,将辐射带动其他学校陪读成效的提升。

五、反思与展望

在学区项目研究过程中,课题组取得一定的成果,但也存在两个亟待改善的方面。

第一,由于陪读人数有限,本研究样本量小。未来需要进一步扩大调查研究和案例实践的对象范围。有陪读需求的学生不一定局限于自闭症学生，可以扩展到学校内有特殊需要的学生。

第二，受客观因素影响，项目研究主要完成了现状调查和文本研究工作，相关成果的运用还有待加强。下阶段，课题组计划在学区内更多学校、区域内其他学校试用本项目的研究成果，并尝试将现有成果转化为更直观的视频形式，服务于更多特需学生及陪读人员，让陪读人员"进得来，退得出"，以此检验成果的有效性和可行性，更好地支持每一位有特殊需求的学生。

（指导专家：刘春玲）

参考文献

[1] 连福鑫,王雁.美国融合教育专业助手制度评析[J].比较教育研究,2016(1):66-71.
[2] 董欣.自闭症者及家庭的社会支持现状分析与建议[J].现代特殊教育,2016(1):14-17.
[3] 唐越明,杰德·贝克.学校影子老师简明手册[M].北京:华夏出版社,2023.
[4] 戴玉蓉,朱霖丽.融合教育实践指南[M].上海:上海交通大学出版社,2018.

编后语

《勤思·善学·跨越——上海市第一届自闭症教育科学研究成果集》是由上海市自闭症儿童教育指导中心（以下简称"中心"）主编的，提炼、总结了上海市自闭症儿童教育指导中心统筹的2021—2023年的19项自闭症教育科学研究课题的优秀结题成果，是自闭症儿童教育实践探索和成功经验的集锦。

2021年5月上海市自闭症儿童教育指导中心发布了《关于开展2021年度自闭症教育科研课题申报工作的通知》和《自闭症儿童教育研究课题指南》。7月，中心组织专家对申报课题进行遴选，确定了立项课题名单。自此，为了支持课题的推进，在历时两年的时间里，中心依次组织开展了开题论证会、中期辅导、中期论证会、结题辅导等系列活动。2023年9月，19项课题顺利结题。为进一步促进课题成果的推广与应用，中心策划出版《勤思·善学·跨越——上海市第一届自闭症教育科学研究成果集》一书。在整个筹划过程中，本书得到了各相关学校领导和课题组成员的积极响应和行动，不少教师在专家的指导下多次研讨，几易其稿，精益求精。上海市自闭症儿童教育指导中心的研究人员从征文策划、全书框架，到修改统稿，全程参与，通力合作，可以说本书的出版是多方人员共同努力、辛勤耕耘的集体智慧。

本书编辑过程中得到了上海市教委基教处副处长刘中正和魏倩老师的热情支持，得到了华东师范大学特殊教育学系刘春玲教授、昝飞教授、于素红教授、马红英副教授、王和平副教授、陈莲俊副教授等的悉心指导，还得到了上海市教委领导的殷切关心，市教委杨振峰副主任为本书作序，对于他们的大力支持我们表示衷心的感谢！

本书的顺利出版还要感谢上海社会科学院出版社领导和编辑的大力支持和协助。

《勤思·善学·跨越——上海市第一届自闭症教育科学研究成果集》呈现的19篇研究成果，既有从宏观层面聚焦自闭症儿童转衔服务、职业教育、家庭指导的实践研究，又有从微观层面聚焦自闭症儿童社交沟通能力提升、情绪行为问题处理、课堂教学实践的个案研究，主题全面多样，研究深入透彻，理论与实践并重。我们期待本书能给一线的自闭症教育工作者们带来新的启示，打开新的视角。让我们勠力同心，携手并进，共同为办好人民满意的教育不懈奋斗，为促进自闭症儿童教育高质量发展贡献力量。

  自闭症儿童教育的成功经验和实践智慧，其精华远不止我们呈现的19篇研究成果。限于时间精力和研究水平，我们无法穷尽所有的好经验和好做法，还请大家多多见谅。由于我们造诣不深，学识有限，如有错漏和不当之处，恳请读者批评指教。

编者

2024 年 11 月

图书在版编目(CIP)数据

勤思·善学·跨越 ：上海市第一届自闭症教育科学研究成果集 / 上海市自闭症儿童教育指导中心主编. --上海：上海社会科学院出版社，2024. -- ISBN 978-7-5520-4590-1

Ⅰ.G766-53

中国国家版本馆 CIP 数据核字第 20240X9T26 号

勤思·善学·跨越

上海市第一届自闭症教育科学研究成果集

主　　编	：上海市自闭症儿童教育指导中心
责任编辑	：杜颖颖
封面设计	：杨晨安
出版发行	：上海社会科学院出版社
	上海顺昌路 622 号　邮编 200025
	电话总机 021－63315947　销售热线 021－53063735
	https://cbs.sass.org.cn　E-mail：sassp@sassp.cn
照　　排	：南京前锦排版服务有限公司
印　　刷	：上海龙腾印务有限公司
开　　本	：710 毫米×1010 毫米　1/16
印　　张	：19.25
字　　数	：359 千
版　　次	：2024 年 11 月第 1 版　2024 年 11 月第 1 次印刷

ISBN 978-7-5520-4590-1/G·1368　　　　定价：78.00 元

版权所有　翻印必究